प्राचीन भारत के कलात्मक विनोद

प्राचीन भारत के कलात्मक विनोद

हजारीप्रसाद द्विवेदी

राजकमल प्रकाशन

ISBN : 978-81-267-0440-8

मूल्य : ₹595

पहला संस्करण : 1963
छठा संस्करण : 2023
This book is printed on **Print on Demand** Technology : 2025

प्रकाशक : राजकमल प्रकाशन प्रा. लि.
1-बी, नेताजी सुभाष मार्ग, दरियागंज
नई दिल्ली-110 002
शाखाएँ : अशोक राजपथ, साइंस कॉलेज के सामने, पटना-800 006
पहली मंजिल, दरबारी बिल्डिंग, महात्मा गांधी मार्ग, प्रयागराज-211 001
1, अनमोल सोराबजी संतुक लेन, धोबी तलाव, मरीन लाइंस, मुम्बई-400 002
वेबसाइट : www.rajkamalprakashan.com
ई-मेल : info@rajkamalprakashan.com

PRACHEEN BHARAT KE KALATMAK VINOD
by Hazari Prasad Diwedi

प्राचीन भारत के कलात्मक विनोद

क्रम

कलात्मक विलासिता की योग्यता

प्राचीन भारत के कलात्मक विनोदों की चर्चा थोड़े में कर सकना सम्भव नहीं है। 'प्राचीन भारत' बहुत व्यापक शब्द है। इसका साहित्य हजारों वर्षों में परिव्याप्त है और इसके इतिहास का पद-संचार लाखों वर्गमील में फैली एकाधिक मानव-मंडलियों के जीवन-विश्वासों और विचारों के ऊपर चिह्नित है, इसलिए दो या तीन व्याख्यानों में हम उसके उस पहलू का सामान्य परिचय भी नहीं पा सकेंगे जिसे कला-विलास या कलात्मक विनोद कहा जा सकता है। फिर इस देश के इतिहास का जितना अंश जाना जा सका है, उसकी अपेक्षा वह अंश कम महत्त्वपूर्ण नहीं है जिसे नहीं जाना जा सका। कभी-कभी तो वह अधिक महत्त्वपूर्ण है। हमारे पास जो पुराना साहित्य उपलब्ध है, उसका एक महत्त्वपूर्ण अंश वैरागी साधुओं द्वारा वैरागी साधुओं के लिए ही लिखा गया है। नाच-गान का स्थान उसमें है ही नहीं, फिर भी वह लोकविच्छिन्न नहीं है, इसीलिए किसी-न-किसी बहाने उसमें लोक-प्रचलित कलात्मक विनोदों की बात आ ही जाती है। बौद्धों और जैनों के विशाल साहित्य में ऐसे उल्लेख नितान्त कम नहीं हैं।

परन्तु इन विनोदों का यथार्थ वर्णन लौकिक रस के उपस्थापक काव्यों, नाटकों, कथा-आख्यायिकाओं और इनकी विवेचना करनेवाले ग्रन्थों में ही मिलता है। दुर्भाग्यवश हमें इस श्रेणी का पुराना साहित्य बहुत कम मिला है। इसमें तो कोई सन्देह ही नहीं कि सन् ईसवी के पूर्व इस प्रकार का साहित्य प्रचुर मात्रा में विद्यमान था। भरत के नाट्य-शास्त्र में, नृत्य, नाट्य आदि का जैसा सुसम्बद्ध विश्लेषण है और नाट्यरूढ़ियों की जैसी सुविस्तृत सूची प्राप्त है, वह इस बात का पक्का प्रमाण है कि भरत मुनि को इस श्रेणी का बहुत विशाल साहित्य ज्ञात था। प्राचीनतर साहित्य से इस बात का पर्याप्त प्रमाण भी मिल जाता है। पर वह समूचा साहित्य केवल अनुमान का ही विषय रह गया है। यद्यपि हम इस विषय का यथार्थ वर्णन खोजें तो सन् ईसवी के कुछ सौ वर्ष पहले से लेकर कुछ सौ वर्ष बाद तक के साहित्य को प्रधान अवलम्ब बनाना पड़ेगा। पाली-साहित्य से तात्कालिक सामाजिक पृष्ठभूमि का अच्छा आभास मिलता है, पर निश्चित रूप से यह कहना कठिन ही है कि वे

बुद्ध के समकालीन हैं ही। उनका अन्तिम रूप से सम्पादन बहुत बाद में हुआ था। यही कहानी जैन आगमों की है जिनका संकलन और भी बाद में हुआ। इनमें नई बात आई ही नहीं होगी, यह जोर देकर नहीं कहा जा सकता।

इसलिए सन् ईसवी के थोड़ा इधर-उधर से आरम्भ करना ही ठीक जान पड़ता है। फिर इसके ऐतिहासिक कारण भी हैं जिनके विषय में अभी निवेदन कर रहा हूँ। इस दृष्टि से देखिए तो इस पुस्तक का विवेच्य—कला—आपको सबसे अधिक सामग्री देने योग्य ही मालूम होगा।

यह स्पष्ट हो जाना चाहिए कि विलासिता और कलात्मक विलासिता एक ही वस्तु नहीं है। थोथी विलासिता में केवल भूख रहती है—नंगी बुभुक्षा; पर कलात्मक विलासिता संयम चाहती है, शालीनता चाहती है, विवेक चाहती है। सो, कलात्मक विलास किसी जाति के भाग्य में सदा-सर्वदा नहीं जुटता। उसके लिए ऐश्वर्य चाहिए, समृद्धि चाहिए, त्याग और भोग का सामर्थ्य चाहिए और सबसे बढ़कर ऐसा पौरुष चाहिए जो सौन्दर्य और सुकुमारता की रक्षा कर सके। परन्तु इतना ही काफी नहीं है। उस जाति में जीवन के प्रति ऐसी एक दृष्टि सुप्रतिष्ठित होनी चाहिए जिससे वह पशु-सुलभ इन्द्रिय-वृत्ति को और बाह्य पदार्थों को ही समस्त सुखों का कारण न समझने में प्रवीण हो चुकी हो, उस जाति की ऐतिहासिक और सांस्कृतिक परम्परा बड़ी और उदार होनी चाहिए और उसमें एक ऐसा कौलीन्य-गर्व होना चाहिए जो आत्म-मर्यादा को समस्त दुनिया की सुख-सुविधाओं से श्रेष्ठ समझता हो, और जीवन के किसी भी क्षेत्र में असुन्दर को बर्दाश्त न कर सकता हो। जो जाति सुन्दर की रक्षा और सम्मान करना नहीं जानती वह विलासी भले ही हो ले, पर कलात्मक विलास उसके भाग्य में नहीं बदा होता। भारतवर्ष में एक ऐसा समय बीता है जब इस देश के निवासियों के प्रत्येक कण में जीवन था, पौरुष था, कौलीन्य-गर्व था और सुन्दर के रक्षण-पोषण और सम्मान का सामर्थ्य था। उस समय उन्होंने बड़े-बड़े साम्राज्य स्थापित किए थे, सन्धि और विग्रह के द्वारा समूचे ज्ञात जगत् की सभ्यता का नियंत्रण किया था और वाणिज्य और यात्राओं के द्वारा अपने को समस्त सभ्य जगत् का सिरमौर बना लिया था। उस समय इस देश में एक ऐसी समृद्ध नागरिक सभ्यता उत्पन्न हुई थी, जो सौन्दर्य की सृष्टि, रक्षण और सम्मान में अपनी उपमा स्वयं ही थी। उस समय के काव्य, नाटक, आख्यान, आख्यायिका, चित्र, मूर्ति, प्रासाद आदि को देखने से आज का अभागा भारतीय केवल विस्मय-विमुग्ध होकर देखता रह जाता है। उस युग की प्रत्येक वस्तु में छन्द है, राग है और रस है। उस युग में भारतवासियों ने जीने की कला आविष्कार की थी। यह काल बहुत दिनों तक जीता रहा है, पर मैंने अपने वक्तव्य के लिए गुप्तकाल के कुछ सौ वर्ष पूर्व से लेकर कुछ सौ वर्ष बाद तक के साहित्य को ही प्रधान रूप से उपजीव्य मान लिया है। इस प्रकार हमारा काल सीमित हो गया है।

काल-सीमा का औचित्य

पूछा जा सकता है कि हमारे इस सीमा-निर्धारण का औचित्य क्या है? हजारों वर्ष की विपुल साहित्य-साधना को छोड़कर मैंने इन आठ-दस सौ वर्षों की साहित्यिक साधना को ही क्यों आलोचना के लिए चुना है?

कारण बताता हूँ। सन् ईसवी की पहली शताब्दी में मथुरा के कुषाण सम्राटों के शासन-सम्बन्धी ऐतिहासिक चिह्नों का मिलना एकाएक बन्द हो जाता है। इसके बाद के दो-तीन सौ वर्षों का काल भारतीय इतिहास का अन्धकार-युग कहा जाता है। आए दिन विद्वान् इस युग के इतिहास-सम्बन्धी नए-नए सिद्धान्त उपस्थित करते रहते हैं, और पुराने सिद्धान्तों का खंडन करते रहते हैं। अब तक इस काल का इतिहास लिखने योग्य पर्याप्त सामग्री नहीं उपलब्ध हुई है। किन्तु 220 ई. में मगध का प्रसिद्ध पाटलिपुत्र 400 वर्षों की गाढ़ निद्रा के बाद अचानक जाग उठता है। इसी वर्ष चन्द्रगुप्त नामधारी एक साधारण राजकुमार, जिसका विवाह सुप्रसिद्ध लिच्छवि-वंश में हुआ था और इसीलिए जिसकी ताकत बढ़ गई थी, अचानक प्रबल पराक्रम से उत्तर भारत में स्थित विदेशियों को उखाड़ फेंकता है। उसके पुत्र समुद्रगुप्त ने, जो अपने योग्य पिता का योग्य पुत्र था, इस उन्मूलन-कार्य को और भी आगे बढ़ाया और उसके योग्यतर प्रतापी पुत्र द्वितीय चन्द्रगुप्त या सुप्रसिद्ध विक्रमादित्य ने अपने रास्ते में एक भी काँटा नहीं रहने दिया। उसका सुव्यवस्थित साम्राज्य ब्रह्मदेश से पश्चिम समुद्र तक और हिमालय से नर्मदा तक फैला हुआ था। गुप्त सम्राटों के इस सुदृढ़ साम्राज्य ने भारतीय जनसमूह में नवीन राष्ट्रीयता और विद्याप्रेम का संचार किया। इस युग में राजकार्य से लेकर समाज, धर्म और साहित्य तक में एक अद्भुत क्रान्ति का परिचय मिलता है। ब्राह्मण धर्म और संस्कृत भाषा एकदम नवीन प्राण लेकर जाग उठे, पुराने क्षत्रपों द्वारा व्यवहृत प्रत्येक शब्द मानो उद्देश्य के साथ बहिष्कार कर दिए गए। कुषाणों द्वारा समर्थित गान्धार-शैली की कला एकाएक बन्द हो गई और सम्पूर्णतः स्वदेशी मूर्ति-शिल्प और वास्तु-शिल्प की प्रतिष्ठा हुई। राजकीय पदों के नाम नए सिरे से एकदम बदल दिए गए। समाज और जाति की व्यवस्था में भी परिवर्तन किया गया था—इस बात का सबूत मिल जाता है। सारा उत्तरी भारत जैसे एक नया जीवन लेकर नई उमंग के साथ प्रकट हुआ। इस काल से भारतीय चिन्ता-स्रोत एकदम नई दिशा की ओर मुड़ता है। कला और साहित्य की चर्चा करनेवाला कोई भी व्यक्ति इस नए घुमाव की उपेक्षा नहीं कर सकता। जिन दो-तीन सौ वर्षों की ओर शुरू में इशारा किया गया है, उनमें भारतवर्ष में शायद विदेशी जातियों के एकाधिक आक्रमण हुए थे, प्रजा संत्रस्त थी, नगरियाँ विध्वस्त हो गई थीं, जनपद आग की लपटों के शिकार हुए थे। कालिदास

ने अयोध्या की दारुण दीनावस्या दिखाने के बहाने मानो गुप्त सम्राटों के पूर्ववर्ती काल के समृद्ध नागरिकों की जो दुर्दशा हुई थी, उसका अत्यन्त हृदयविदारी चित्र खींचा है। शक्तिशाली राजा के अभाव में नगरियों की असंख्य अट्टालिकाएँ भग्न, जीर्ण और पतित हो चुकी थीं, उनके प्राचीर गिर चुके थे, दिनान्तकालीन प्रचंड आँधी से छिन्न-भिन्न मेघपटल की भाँति वे श्रीहीन हो गए थे। नागरिकों के जिन राजपथों पर घनी रात में भी निर्भय विचरण करनेवाली अभिसारिकाओं के नूपुरशिंजन का स्वर सुनाई देता था, वे राजपथ शृगालों के विकट नाद से भयंकर हो उठे थे। जिन पुष्करिणियों में जलक्रीड़ा-कालीन मृदंगों की मधुर ध्वनि उठा करती थी, उनमें जंगली भैंसे लोटा करते थे और अपने शृंग-प्रहार से उन्हें गँदला कर रहे थे। मृदंग के ताल पर नाचने के अभ्यस्त सुवर्णयष्टि पर विश्राम करनेवाले क्रीड़ा-मयूर अब जंगली हो चुके थे, उनके मुलायम बर्हभार दादाग्नि से दग्ध हो चुके थे। अट्टालिकाओं की जिन सीढ़ियों पर रमणियों के सराग-पद संचरण करते थे, उन पर व्याघ्रों के लहूलुहान पद दौड़ा करते थे। बड़े-बड़े राजकीय हाथी, जो पद्मभवन में अवतीर्ण होकर मृणालनालों द्वारा करेणुओं की सम्वर्द्धना किया करते थे, सिंहों से आक्रान्त हो रहे थे। सौधस्तम्भों पर लकड़ी की बनी स्त्री-मूर्तियों का रंग धूसर हो गया था और उन पर साँपों की लटकती हुई केंचुली ही उत्तरीय का कार्य कर रही थी। हर्म्यों में के अमल-धवल प्राचीर काले पड़ गए थे, दीवारों के फाँक में से तृणावलियाँ निकल पड़ी थीं, चन्द्रकिरणें भी उन्हें पूर्ववत उद्‌भासित नहीं कर सकती थीं। जिन उद्यानलताओं से विलासिनियाँ अति सदय भाव से पुष्प चयन करती थीं, उन्हीं को वानरों ने बुरी तरह से छिन्न-भिन्न कर डाला था; अट्टालिकाओं के गवाक्ष रात में न तो मांगल्य प्रदीप से और न दिन में गृहलक्ष्मियों की मुखकान्ति से ही उद्‌भासित हो रहे थे, मानो उनकी लज्जा ढकने के लिए ही मकड़ियों ने उन पर जाला तान दिया था! नदियों के सैकतों पर पूजन-सामग्री नहीं पड़ती थी, स्नान की चहल-पहल जाती रही थी, उपान्त देश के वेतसलता कुंज सूने पड़ गए थे ('रघुवंश', 16-11-21)। ऐसे ही विध्वस्त भारतवर्ष को गुप्त-सम्राटों ने नया जीवन दिया। कालिदास के ही शब्दों में कहा जाय तो सम्राट के नियुक्त शिल्पियों ने प्रचुर उपकरणों से उस दुर्दशाग्रस्त नगरी को इस प्रकार नई बना दिया जैसे निदाघ-ग्लपित धरित्रि को प्रचुर जल-वर्षण से मेघगण!

तां शिल्पिसंघाः प्रभुणा नियुक्तास्तथागतां संभृतसाधनत्वात्।
पुरं नवीचक्रुरपां विसर्गात् मेघा निदाघग्लपितामिवोर्वीम्॥

('रघुवंश', 16-38)

गुप्त सम्राटों के इस पराक्रम को भारतीय जनता ने भक्ति और प्रेम से देखा। शताब्दियाँ और सहस्राब्दक बीत गए, पर आज भी भारतीय जीवन में गुप्त-सम्राट घुले

हुए हैं। केवल इसलिए नहीं कि विक्रमादित्य और कालिदास की कहानियाँ भारतीय लोक-जीवन का अविच्छेद्य अंग बन गई हैं, बल्कि इसलिए कि आज के भारतीय धर्म, समाज, आचार-विचार, क्रिया-कांड आदि में सर्वत्र गुप्तकालीन साहित्य की अमिट छाप है। जो पुराण और स्मृतियाँ तथा शास्त्र निस्सन्दिग्ध रूप से आज प्रमाण माने जाते हैं, वे अन्तिम तौर पर गुप्त-काल में रचित हुए थे, वे आज भी भारतवर्ष का चित्त हरण किए हुए हैं। जो शास्त्र उन दिनों प्रतिष्ठित हुए थे, वे आज भी भारतीय चिन्तास्रोत को बहुत-कुछ गति दे रहे हैं। आज गुप्तकाल के पूर्ववर्ती शास्त्र और साहित्य की भारतवर्ष केवल श्रद्धा और भक्ति से पूजा-भर करता है, व्यवहार के लिए उसने इस काल के निर्धारित ग्रन्थों को ही स्वीकार किया है। गुप्त-युग के बाद भारतीय मनीषा की मौलिकता भोथी हो गई। टीकाओं और निबन्धों का युग शुरू हो गया। टीकाओं की टीका और उसकी भी टीका, इस प्रकार मूल ग्रन्थ की टीकाओं की प्रक्रिया छः-छः, आठ-आठ पुश्त तक चलती रही। आज जब हम किसी विषय की आलोचना करते समय 'हमारे यहाँ' के शास्त्रों की दुहाई देते हैं, तो अधिकतर इसी काल के बने ग्रन्थों की ओर इशारा करते हैं। यद्यपि गुप्त-सम्राटों का प्रबल पराक्रम छठी शताब्दी में ढल पड़ा था, पर साहित्य के क्षेत्र में उस युग के स्थापित आदर्शों का प्रभाव किसी-न-किसी रूप में ईसा की नौवीं शताब्दी तक चलता रहा। मोटे तौर पर इस काल तक को हम गुप्त-काल ही कहे जाएँगे।

इस काल के साहित्य का प्रभाव

सन् 1883 ई. में मैक्समूलर ने अपना वह प्रसिद्ध मत उपस्थित किया था जिसमें कहा गया था कि यवनों, पार्थियनों और शकों आदि के द्वारा उत्तर-पश्चिम भारत पर बार-बार आक्रमण होते रहने के कारण कुछ काल के लिए संस्कृत में साहित्य बनना बन्द हो गया था। कालिदास के युग से, नए सिरे से संस्कृत भाषा की पुनः प्रतिष्ठा हुई और उसमें एक अभिनव ऐहिकतापरक (सेक्यूलर) स्वर सुनाई देने लगा। ('इंडिया', 1883, पृ. 281)। यह मत बहुत दिनों तक विद्वन्मंडली में समादृत रहा, पर अब नहीं माना जाता। फिर भी, जैसाकि डाक्टर कीथ ने कहा है, यह इस रूप में अब भी जी रहा है कि उक्त पुनःप्रतिष्ठा के युग के पहले तक संस्कृत भाषा ऐहिकतापरक भावों के लिए बहुत कम प्रयुक्त होती थी। ऐसे भावों का प्रधान वाहक प्राकृत भाषा थी। प्राकृत की ही पुस्तकें बाद में चलकर ब्राह्मणों द्वारा संस्कृत में अनूदित हुईं ('हिस्ट्री आफ संस्कृत लिटरेचर', 1828,

पृ. 39)। स्वयं कीथ साहब इस मत को नहीं मानते। उन्होंने वैदिक साहित्य के प्रमाणों से यह सिद्ध कर दिखाने का प्रयत्न किया है कि ऐहिकतापरक काव्य का बीज बहुत प्राचीन काल के संस्कृत साहित्य में भी वर्तमान था। राजाओं की प्रशंसा या स्तुति गानेवाले कवि उन दिनों भी थे, और इन स्तुति-सम्बन्धी गानों को जो अधिकाधिक परिमार्जित रूप देने की चेष्टा की गई होगी, इस कल्पना में बिलकुल ही अतिरंजना नहीं है। परन्तु संस्कृत में ऐहिकतापरक रचना होती रही हो या नहीं, निर्विवाद बात यह है कि सन् ईसवी के आसपास ऐहिकतापरक रचनाओं का बहुत प्राचुर्य हो गया था। इनका आरम्भ भी सम्भवतः प्राकृत से हुआ था। इस प्रकार की रचनाओं का सबसे प्राचीन और साथ ही सबसे प्रौढ़ संकलन 'हाल' की सत्तसई में बताया जाता है। इस ग्रन्थ का काल कुछ लोग सन् ईसवी के आसपास मानते हैं और कुछ लोग चार-पाँच सौ वर्ष बाद। कुछ पंडितों का मत है कि हाल की सत्तसई में जो ऐहिकतापरक रचनाएँ हैं उनके भावों का प्रवेश भारतीय साहित्य में किसी विजातीय मूल से हुआ है। यह मूल आभीरों या अहीरों की लोकगाथाएँ हैं। यहाँ इस विषय पर विस्तारपूर्वक विचार नहीं किया जा सकता, क्योंकि यह हमारे वक्तव्य के बाहर चला जाता है। हमने अपनी पुस्तक 'हिन्दी साहित्य की भूमिका' में इस प्रश्न पर कुछ ज्यादा विस्तार के साथ विचार किया है। यहाँ प्रकृत इतना ही है कि गुप्त-सम्राटों की छत्रच्छाया में एकाएक नवीन अज्ञातपूर्व स्फूर्ति का परिचय मिलता है।

ऐहिकतापरक काव्य

यद्यपि वैदिक साहित्य में गद्य-पद्य में लिखी हुई कहानियों की कमी नहीं है, पर जिसे हम अलंकृत काव्य कहते हैं, जिसका प्रधान उद्देश्य रस-सृष्टि है, निश्चित रूप से उसका बहुल प्रचार गुप्त-सम्राटों की छत्रच्छाया में ही हुआ। यद्यपि यह निश्चित है कि जिस रूप में सुविकसित गद्य का प्रचार इस युग में दिखाई देता है, उस रूप को प्राप्त होने में उसे कई शताब्दियाँ लग गई होंगी। सौभाग्यवश हमारे पास कुछ ऐसी प्रशस्तियाँ प्राप्त हैं जिन पर से अलंकृत गद्य के प्राचीन अस्तित्व में कोई सन्देह नहीं रह जाता। गिरनार में महाक्षत्रप रुद्रदामा (साधारणतः 'रुद्रदामन' रूप में परिचित) का खुदवाया हुआ जो लेख मिला है, उससे निस्सन्दिग्ध रूप से प्रमाणित होता है कि 150 ई. के पूर्व संस्कृत में सुन्दर गद्यकाव्य लिखे जाते थे। यह सारा लेख गद्यकाव्य का एक नमूना है। इसमें महाक्षत्रप ने अपने को 'स्फुट-लघु-मधुर-चित्र-

कान्त-शब्द-समयोदारालंकृत-गद्य-पद्य' का मर्मज्ञ बताया है, जिससे अलंकृत गद्यों के ही नहीं, अलंकार शास्त्र के अस्तित्व का भी प्रमाण पाया जाता है। यह गद्यकाव्य क्या थे, यह तो हमें नहीं मालूम, पर उनकी रचना प्रौढ़ और गुम्फ आकर्षक होते होंगे, इस विषय में सन्देह की जगह नहीं है। सम्राट समुद्रगुप्त ने प्रयाग के स्तम्भ पर हरिषेण कवि द्वारा रचित जो प्रशस्ति खुदवाई थी, वह एक दूसरा सबूत है। हरिषेण ने इस प्रशस्ति को सम्भवतः 530 ई. में लिखा होगा। इसमें गद्य और पद्य दोनों का समावेश है और रचना में काव्य के सभी गुण उपस्थित हैं। सुबन्धु और बाण ने अपने रोमांसों के लिए जिस जाति का गद्य लिखा है, इस प्रशस्ति का गद्य उसी जाति का है। हरिषेण के इस काव्य से निश्चित रूप से प्रमाणित होता है कि इसके पहले भी सरस पद्य और गद्यकाव्य का अस्तित्व था।

भरत के 'नाट्यशास्त्र', नन्दिकेश्वर के 'अभिनयदर्पण', वात्स्यायन के 'कामसूत्र', भास के अनेक नाटक, कौटिल्य के अर्थशास्त्र आदि महत्त्वपूर्ण ग्रन्थों के प्रकाशन और आलोचन के बाद इस बात में अब किसी को सन्देह नहीं रह गया है कि सन् ईसवी के आसपास भारतीय जनता के पास ऐहिकतापरक सरस साहित्य की कमी नहीं थी। अब शायद ही कोई संस्कृतवेत्ता ऊपर की अटकल-पच्चू बातों को महत्त्व देता हो। परन्तु फिर भी यह सत्य है कि उस विशाल और महान साहित्य का एक अंशमात्र ही हमें मिल सका है और अधिकतर हमें परवर्ती काल के ग्रन्थों का ही आश्रय लेना पड़ता है।

इसलिए इस वक्तव्य को मैंने जो गुप्त साम्राज्य के कुछ इधर-उधर के समय तक सीमित रखा है, वह बहुत अनुचित नहीं है। मैं उसके पूर्व और पश्चात् के साहित्य से भी कभी-कभी साधन जुटाने का प्रयास करूँगा, पर प्रधान उपजीव्य इस काल के साहित्य को मानूँगा। यह तो कहना ही व्यर्थ है कि इस सीमित काल का भी पूरा परिचय मैं नहीं दे सकूँगा। आपका दिया हुआ समय और मेरी अल्प जानकारी, दोनों ही ऐसे अंकुश हैं जो मुझे इधर-उधर नहीं भटकने देंगे।

कला : महामाया का चिन्मय विलास

कलात्मक आमोदों की चर्चा करने के पहले यह जान रखना आवश्यक है कि इन आचरणों के तीन अत्यन्त स्पष्ट पहलू हैं : (1) उनके पीछे का तत्त्ववाद; (2) उनका कल्पनात्मक विस्तार; और (3) उनकी ऐतिहासिक परम्परा। मनुष्य-समाज में सामाजिक रूप से प्रचलित प्रत्येक आचरण के पीछे एक प्रकार का

दार्शनिक तत्त्ववाद हुआ करता है। कभी-कभी जाति उस तत्त्व को अनजान में स्वीकार किए रहती है और कभी-कभी जान-बूझकर। जो बातें अनजान में स्वीकृत हुई हैं वे सामाजिक रूढ़ियों के रूप में चलती रहती हैं, परन्तु जाति की ऐतिहासिक परम्परा के अध्ययन से स्पष्ट ही पता चलता है कि वह किस कारण प्रचलित हुआ था। इस प्रकार प्रथम और तृतीय पहलू आपाततः विरुद्ध दिखने पर भी जाति की सुचिन्तित तत्त्व-विद्या पर आश्रित होते हैं। दूसरा पहलू इन आचरणों की गाढ़ अनुभूतिवश प्रकट किया हुआ हार्दिक उल्लास है। उसमें कल्पना का खूब हाथ होता है। परन्तु वह चूँकि हृदय से सीधे निकला हुआ होता है इसलिए वह उस जाति की उस विशेष प्रवृत्ति को समझने में अधिक सहायक होता है जिसका आश्रय पाकर वह आनन्दोपभोग करती है। इस पुस्तक में इसी विशेष प्रवृत्ति को सामने रखने का प्रयत्न किया गया है।

सच्चिदानन्दस्वरूप महाशिव की आदि-सिसृक्षा ही शक्ति के रूप में वर्तमान है। प्रलयकाल में जब महाशिव निष्क्रिय रहते हैं तब समस्त जगत्प्रपंच को आत्मसात् करके महामाया विराजती रहती है। जब शिव को लीला के प्रयोजन की अनुभूति होती है तो फिर यही महाशक्तिरूपा महामाया जगत् को प्रपंचित करती है। शिव की लीलासखी होने के कारण ही उन्हें ललिता कहते हैं। यह लोक-रचना उनकी क्रीड़ा है, इसमें उन्हें आनन्द आता है; चिन्मय शिव उनके प्रिय सखा हैं, क्रीड़ा विनोद के साथी हैं; सदानन्द उनका आहार है, आनन्द ही उनका एकमात्र भोग्य है; और सद्भक्तों का पवित्र हृदय ही उनकी वासभूमि है। 'ललितास्तवराज' में कहा है :

क्रीड़ा ते लोकरचना सखा ते चिन्मयः शिवः।
आहारस्ते सदानन्दो वासस्ते हृदयं सताम्॥

'ललिता सहस्रनाम' में इन्हें 'चित्कला', 'आनन्दकलिका', 'प्रेमरूपा', प्रियंकरी', 'कलानिधि', 'काव्यकला', 'रसज्ञा', 'रसशेवधि' कहकर स्तुति की गई है। जहाँ कहीं मनुष्य-चित्त में सौन्दर्य के प्रति आकर्षण है, सौन्दर्य-रचना की प्रवृत्ति है, सौन्दर्य के आस्वादन का रस है, वहाँ महामाया का यही रूप वर्तमान रहता है। इसलिए सौन्दर्य के प्रति आकर्षण से मनुष्य के चित्त में परमशिव की आदिक्रीड़ेप्सा ही मूर्तिमान हो उठती है, वह प्रकारान्तर से महाशक्ति के ललिता-रूप की ही पूजा करता है। ललिता, कला और आनन्द की निधि हैं, वे ही समस्त प्रेरणाओं के रूप में विराजती हैं।

कला : महामाया की सम्मूर्तनशक्ति

शैव-सिद्धान्त में कला का प्रयोग माया के कंचुक के रूप में भी हुआ है। यह कला का स्थूलतर रूप है। यह शिव के रूप में, रेखा में, मूर्तभाव प्रकाश करनेवाली मानसी शक्ति है—व्यक्ति में नहीं, समष्टि में। सो, आगमों और तंत्रों में कला का दार्शनिक अर्थ में भी प्रयोग हुआ है। इस प्रयोग को समझने पर आगे की विवरणी ज्यादा स्पष्ट रूप से समझ में आएगी। कला माया के पाँच कंचुकों या आवरणों में से एक कंचुक या आवरण होती है। काल-नियति-राग-विद्या-कला, ये माया के पाँच कंचुक हैं। इन्हीं से शिवरूप व्यापक चैतन्य आवृत होकर अपने को जीवात्मा समझने लगता है। इन पाँच कंचुकों से आवृत होने के पहले वह अपने वास्तविक स्वरूप को समझता रहता है। उसका वास्तविक स्वरूप क्या है? नित्यत्व-व्यापकत्व-पूर्णत्व-सर्वज्ञत्व और सर्वकर्तृत्व उसके सहज धर्म हैं। अर्थात् वह सर्वकाल और सर्वदेश में व्याप्त है, वह अपने-आपमें परिपूर्ण है, वह ज्ञानस्वरूप है और सब कुछ करने का सामर्थ्य रखता है। माया से आच्छादित होने के बाद वह भूल जाता है कि वह नित्य है, यही माया का प्रथम आवरण या कंचुक है। इसका दार्शनिक नाम काल है। जो नित्य है, उसे काल का अनुभव नहीं होता, काल तो सीमाबद्ध व्यक्ति ही अनुभव करता है। इसी प्रकार जो सर्वदेश में है, वह अपने को नियत देश में स्थित एकदेशी मानने लगता है। यह माया का दूसरा कंचुक या आवरण है। इसका शास्त्रीय नाम नियति है। नियति अर्थात् निश्चित देश में अवस्थान। फिर जो पूर्ण था, वह अपने में अपूर्णता अनुभव करने लगता है, अपने को कुछ पाने के लिए उत्सुक बना देता है, उसे जिस 'कुछ' का अभाव खटकता है, उसके प्रति राग होता है। यह माया का तीसरा कंचुक है। जो सर्वज्ञ है, वह अपने को अल्पज्ञ मानने लगता है। उसे कोई सीमित वस्तु के ज्ञान प्राप्त करने की उत्सुकता अभिभूत कर लेती है। यह ज्ञान का कल्पित अभाव ही उसे छोटी-मोटी जानकारियों की ओर आकृष्ट करता है। यही विद्या है। यह माया का चौथा कंचुक है। फिर, जो सब कुछ कर सकनेवाला होता है, वह भूल जाता है कि 'मैं सर्वकर्ता हूँ'। वह छोटी-मोटी वस्तु के बनाने में रस पाने लगता है। यही कला है। यह माया का पाँचवाँ कंचुक है, अर्थात् यह माया की रूपविधायिनी शक्ति है। इसी शक्ति के बल पर माया जीवत्वप्राप्त शिव को कुछ नई रचना करने की बुद्धि देती है। नया रचा क्या जा सकता है? सब कुछ तो महामाया ने स्वयं प्रस्तुत कर रखा है। परन्तु इन्हीं उपादानों से इन्हीं के समान और फिर भी इनसे विशिष्ट रचना की प्रवृत्ति महामाया की दी हुई प्रवृत्ति है। इससे वह सुन्दर की रचना करता है, लीला का आनन्द पाता है और यदि सम्हलकर चला तो महामाया के ललिता-रूप का साक्षात्कार पाता है। ये सब कंचुक-सत्य हैं। प्रत्येक मनुष्य

इनसे बँधा है। परन्तु इनके दो पहलू होते हैं। जब ये मनुष्य को अपने-आप तक ही सीमित रखते हैं तो ये बन्धन बन जाते हैं; परन्तु जब ये अपने ऊपरवाले तत्त्व की ओर उन्मुख करते हैं तो मुक्ति के साधन बन जाते हैं। इसीलिए जिस कंचुक का लक्ष्य वह कंचुक ही होता है, वह कभी भारतीय समाज में समादृत नहीं हुआ; परन्तु जो परमतत्त्व की ओर उन्मुख कर देता है, वही उत्तम है। कला भी वही श्रेष्ठ है जो मनुष्य को अपने-आपमें ही सीमित न रखकर परमतत्त्व की ओर उन्मुख कर देती है। कला का लक्ष्य कला कभी नहीं है। उसका लक्ष्य है आत्मस्वरूप का साक्षात्कार या परमतत्त्व की ओर उन्मुखीकरण। हम आगे जो विवरण उपस्थित करेंगे, उसमें यथासम्भव उसके अन्तर्निहित तत्त्ववाद की ओर बार-बार अंगुलिनिर्देश नहीं करेंगे। हमारा यह भी वक्तव्य नहीं है कि विलासियों ने सब समय उस अन्तर्निहित तत्त्ववाद को समझा ही है, परन्तु इतना हम अवश्य कहेंगे कि भारतवर्ष के उत्तम कवियों, कलाकारों और सहृदयों के मन में यह आदर्श बराबर काम करता रहा है। इसकी जो भोग में विश्रान्ति है वह ठीक नहीं है, वह कला बन्धन है; पर जिसका इशारा परमतत्त्व की ओर है, वही कला कला है :

विश्रान्तिर्योऽस्य सम्भोगे सा कला न कला मता।
लीयते परमानन्दे ययात्मा सा परा कला॥

कला की साधना

प्राचीन भारत का रईस केवल दूसरों से सेवा कराने में ही जीवन की सार्थकता नहीं समझता था, वह स्वयं कलाओं का जानकार होता था। नागरकों को खास-खास कलाओं का अभ्यास कराया जाता था। केवल शारीरिक अनुरंजन ही कला का विषय न था, मानसिक और बौद्धिक विकास का ध्यान पूरी मात्रा में रखा जाता था। उन दिनों किसी पुरुष को राजसभा और सहृदय-गोष्ठियों में प्रवेश पा सकने के लिए कलाओं की जानकारी आवश्यक होती थी, उसे अपने को गोष्ठीविहार का अधिकारी सिद्ध करना होता था। 'कादम्बरी' में वैशम्पायन नामक तोते को जब चांडाल-कन्या राजा शूद्रक की सभा में ले गई, तो उसके साथी ने उस तोते में उन सभी गुणों का होना बताया था जो किसी पुरुष को राजसभा में प्रवेश पाने के योग्य प्रमाणित कर सकते थे। उसने कहा था (कथामुख) कि यह तोता सभी शास्त्रार्थों को जानता है; राजनीति के प्रयोग में कुशल है; गान और संगीत-शास्त्र की बाईस श्रुतियों

का जानकार है; काव्य-नाटक, आख्यायिका-आख्यानक आदि विविध सुभाषितों का मर्मज्ञ भी है और कर्ता भी है; परिहासालाप में चतुर है; वीणा, वेणु, मुरज आदि वाद्यों का अतुलनीय श्रोता है; नृत्यप्रयोग के देखने में निपुण है; चित्रकर्म में प्रवीण है; द्यूत-व्यापार में प्रगल्भ है; प्रणय-कलह में कोप करनेवाली मानवती प्रिया को प्रसन्न करने में उस्ताद है; हाथी, घोड़ा, पुरुष और स्त्री के लक्षणों को पहचानता है। 'कादम्बरी' में ही आगे चलकर चन्द्रापीड़ को सिखाई गई कलाओं की विस्तृत सूची दी गई है (दे. परिशिष्ट)। इसमें व्याकरण, गणित और ज्योतिष भी हैं; गान, वाद्य और नृत्य भी हैं; तैरना, कूदना आदि व्यायाम भी हैं; लिपियों और भाषाओं का ज्ञान भी है; काव्य, नाटक और इन्द्रजाल भी हैं और बढ़ई तथा सुनार के काम भी हैं। वात्स्यायन के 'कामसूत्र' में कुछ और ही प्रकार की कला-विद्याओं की चर्चा है। बौद्ध ग्रन्थों में 84 प्रकार की कलाओं का उल्लेख है, और जैन ग्रन्थों में 72 प्रकार की कलाओं का। कुछ ग्रन्थों में दी हुई सूचियाँ इस ग्रन्थ के अन्त में संकलित कर दी गई हैं।

परन्तु इन सूचियों के देखने से ही यह स्पष्ट हो जाएगा कि कला की संख्या कोई सीमित नहीं है। सभी प्रकार की सुकुमार और बुद्धिमूलक क्रियाएँ कला कहलाती थीं। कला के नाम पर कभी-कभी लोगों से ऐसा काम करने को कहा गया है कि आश्चर्य होता है। एक-अपेक्षाकृत परवर्ती ग्रन्थ में इस सम्बन्ध में एक मनोरंजक कहानी दी हुई है। काशी के राजा जयित्रचन्द्र की एक रखेली रानी सूहव देवी थी। कुछ दिनों तक उसका दरबारियों पर निरंकुश शासन था। कहते हैं, उसने एक बार श्रीहर्ष कवि से पूछा कि 'तुम क्या हो?' कवि ने जवाब दिया कि मैं 'कला-सर्वज्ञ' हूँ। रानी ने कहा, 'अगर तुम सचमुच कला-सर्वज्ञ हो तो मेरे पैरों में जूता पहनाओ।' मनस्वी ब्राह्मण-कवि उस रानी को घृणा की दृष्टि से देखता था, पर कलासर्वज्ञता तो दिखानी ही थी। दूसरे दिन चमार का वेश धारण करके कवि ने रानी को जूता पहनाया और फिर से ब्राह्मणवेश धारण ही नहीं किया, बल्कि संन्यासी होकर गंगातट पर प्रस्थान किया ('प्रबन्ध-कोश', पृ. 57)!

वात्स्यायन की कलाएँ

ईसवी सन् के आसपास ऐतिहासिक जीवन को आनन्दमय बनानेवाले जो शास्त्र लिखे गए उनमें वात्स्यायन का 'कामसूत्र' बहुत महत्त्वपूर्ण है। इस ग्रन्थ से पता चलता है कि बहुत पुराने जमाने से ही इस विषय पर बहुत बड़ा साहित्य उपलब्ध

था। 'कामसूत्र' के आरम्भ में ही लिखा है कि प्रजापति ने प्रजाओं को सृष्टि करके उनकी स्थिति के लिए धर्म, अर्थ और काम नामक त्रिवर्गों के साधन के लिए एक लाख अध्यायों का कोई ग्रन्थ लिखा था। फिर प्रत्येक वर्ग पर मनु, बृहस्पति और महादेवानुचर नन्दी ने अलग-अलग ग्रन्थ लिखे, नन्दी का ग्रन्थ एक सहस्र अध्यायों का था। उसे औद्दालकि श्वेतकेतु ने पाँच सौ अध्यायों में संक्षिप्त किया और उसे भी वाभ्रव्य पांचाल ने और छोटा करके डेढ़ सौ अध्यायों में संक्षिप्त किया। इसमें सात अधिकरण थे—साधारण, साम्प्रयोगिक, भार्याधिकारिक, पारदारिक, वैशिक और औपनिषदिक। इन सातों को भिन्न-भिन्न आचार्यों ने अलग से सम्पादित किया। वात्स्यायन का ग्रन्थ इनका सार है। इसमें नागरक-जनों के जानने योग्य कलाओं की सूची है (परिशिष्ट में देखिए), और पांचाल की बताई हुई कलाएँ भी दी गई हैं।

वात्स्यायन की गिनाई हुई कलाओं में लगभग एक तिहाई तो विशुद्ध साहित्यिक हैं। बाकी में कुछ नायक-नायिकाओं की विलास-क्रीड़ा में सहायक हैं, कुछ मनोविनोद में साधक हैं और कुछ ऐसी भी हैं जिन्हें दैनिक प्रयोजनों का पूरक कहा जा सकता है। गाना, बजाना, नृत्य, चित्रकारी, प्रिया के कपोल और ललाट की शोभा बढ़ा सकनेवाले भोजपत्र के काटे हुए पत्रों की रचना करना (विशेषकच्छेद्य), फर्श पर विविध रंगों के पुष्पों और रंगे हुए चावलों से नाना प्रकार के नयनाभिराम चित्र बनाना (तन्दुल-कुसुम-विकार), फूल बिछाना, दांत और वस्त्रों का रंगना, फूलों की सेज रचना, ग्रीष्मकालीन विहार के लिए मरकत आदि पत्थरों का गज बनाना, जल-क्रीड़ा में मुरज-मृदंग आदि बाजों को फूलों से सजाना, कान के लिए हाथीदाँत के पत्तरों से आभरण बनाना, सुगन्धित धूप-दीप और बत्तियों का प्रयोग जानना, गहना पहनाना, इन्द्रजाल और हाथ की सफाई, चोली आदि का सीना, भोजन और शरबत आदि बनाना, कुशासन बनाना, वीणा-डमरू आदि बजा लेना इत्यादि कलाएँ उन दिनों सभी सभ्य व्यक्तियों के लिए आवश्यक मानी जाती थीं। संस्कृत साहित्य में इन कलाओं का विपुल भाव से वर्णन है। किसी विलासिनी के कपोल-तल पर प्रिय ने सौभाग्य-मंजरी अंकित कर दी है, किसी प्रिया के कानों में आगंड-विलम्बि-केसरवाला शिरीष-पुष्प पहनाया जा रहा है, कहीं विलासिनी के कपोल-देश की चन्दन-पत्रलेखा कपोल-भित्ति पर कुसुमवाणों के लगे घाव पर पट्टी की भाँति बँधी दिख रही है, कहीं प्रिया के कमल-कोमल पदतल पर वेपथुविकम्पित हाथों की बनी हुई अलक्तक-रेखा टेढ़ी हो गई है, कहीं नागरकों के द्वारा स्थंडिल-पीठिकाओं पर कुसुमास्तरण हो रहा है, कहीं जलक्रीड़ा के समय क्रीड़ा-दीर्घिका से उत्थित मृदंग-ध्वनि ने तीरस्थित मयूरों को उत्कंठित कर दिया है। इस प्रकार के सैकड़ों कला-विलास उस युग के साहित्य में पद-पद पर देखने को मिल जाते हैं।

परवर्ती साहित्य और नागरिक-जीवन में भी वात्स्यायन द्वारा निर्धारित कलाओं का बड़ा प्रभाव है। काव्य-नाटकों के साहित्य में मनुष्य की भोग-वृत्ति का जब

प्रसंग आता है, तो वात्स्यायन की कलाएँ और कामसूत्रीय विधान कवि के प्रधान मार्गदर्शक हो जाते हैं। संसार के कम देशों के कामशास्त्रों ने काव्य-साहित्य को इतना प्रभावित किया होगा।

इन कलाओं में कुछ उपयोगी कलाएँ भी हैं। उदाहरणार्थ, वास्तुविद्या या गृह-निर्माण कला, रूप्य-रत्न-परीक्षा, धातु-विद्या, कीमती पत्थरों का रंगना, वृक्षायुर्वेद या पेड़-पौधों की विद्या, हथियारों की पहिचान, हाथी-घोड़ों के लक्षण इत्यादि। वराहमिहिर की 'वृहत्संहिता' से ऐसी बहुतेरी कलाओं की जानकारी हो सकती है। जैसे, वास्तुविद्या (अध्याय 53), वृक्षायुर्वेद (अध्याय 55), वज्रलेप (अध्याय 57), कुक्कुट-लक्षण (अध्याय 63), शय्यासन (अध्याय 78), गन्धयुक्ति (अध्याय 77), रत्नपरीक्षा (अध्याय 80-83) इत्यादि। कलाओं में ऐसी भी बहुत हैं जिनका सम्बन्ध किसी मनोविनोद मात्र से है; जैसे, भेड़ों की और मुर्गों की लड़ाई, तोतों और मैनों को पढ़ाना आदि। सम्भ्रान्त परिवारों के महलों का एक हिस्सा भेड़-मुर्गे, तीतर-बटेर के लिए होता था और अन्तःचतुःशाल के भीतर तोतामैना अवश्य रहा करते थे। हम आगे चलकर देखेंगे कि उन दिनों सम्भ्रान्त रईस के अन्तःपुर में कोकिल, हंस, कारंडव, चक्रवाक, सारस, मयूर और कुक्कुट बड़े शौक से पोसे जाते थे। अन्तःपुरिकाओं और नागरकों के मनोविनोद में इन पक्षियों का पूरा हाथ होता था।

नाट्यशास्त्र

सन् ईसवी के आरम्भ होने के एकाध शताब्दी के बाद का लिखा हुआ एक और भी महत्त्वपूर्ण ग्रन्थ है, जिससे तत्कालीन सुसंस्कृत लोकरुचि का बहुत सुन्दर परिचय मिलता है। यह है भरत का 'नाट्यशास्त्र'। इसमें उन दिनों के नाच, गान, बाजा, छन्द, अलंकार, वेशभूषा का बहुत ही सुन्दर और प्रामाणिक विवरण मिलता है। यह ग्रन्थ एक विशाल विश्वकोष है। इसके पूर्व अनेक नाट्यग्रन्थ और नाटक लिखे गए होंगे और नृत्य, संगीत आदि सुकुमार विनोदों की बहुत पुरानी परम्परा रही होगी; क्योंकि 'नाट्यशास्त्र' में सैकड़ों ऐसी नाट्यरूढ़ियाँ बताई गई हैं जो बिना दीर्घकाल की परम्परा के बन ही नहीं सकतीं। बाद में इस ग्रन्थ के आधार पर 'नाट्यलक्षण', 'दशरूपक' आदि ग्रन्थ लिखे गए, पर उनकी दृष्टि प्रधान रूप से कवियों को नाटक बनाने की विधि बता देने तक ही सीमित थी। परन्तु भरत के 'नाट्यशास्त्र' की दृष्टि बहुत व्यापक थी। वे केवल कवियों के लिए नाटक तैयार करने का फारमूला नहीं बता रहे थे, अभिनेताओं के लिए रंगमंच पर उतरने का कौशल और अभिनय की

महिमा भी बताना चाहते थे और दर्शकों को रस ग्रहण करने का उपाय भी बताना उनका उद्देश्य था। इसलिए 'नाट्यशास्त्र' नाना दृष्टियों से अत्यन्त महत्त्वपूर्ण ग्रन्थ हो गया है। हमें इस ग्रन्थ से बहुत सहायता मिलती है। अत्यन्त प्राचीन काल के तिमिरावृत इतिहास में यह ग्रन्थ प्रदीप का कार्य करता है।

'नाट्यशास्त्र' जैसे-तैसे व्यक्ति को प्रेक्षक नहीं मानता। जो व्यक्ति नाटक का या नृत्यादि का अच्छा प्रेक्षक हो, वह सब प्रकार से सदगुणशील हो तभी रस ठीक-ठीक ग्रहण कर सकता है। वह शास्त्रों का जानकार, नाटक के छः अंगों का ज्ञाता, चार प्रकार के आतोद्य बाजों का मर्मज्ञ। सब प्रकार के पहनावे का जानकार, नाना देशभाषाओं का पंडित, सब कलाओं और शिल्प में विचक्षण, चतुर और अभिनय-मर्मज्ञ हो तो ठीक है। (23-51-52)। 'नाट्यशास्त्र' जानता है कि ऐसे मर्मज्ञ कम होते हैं और जब बड़े भारी समाज में अभिनय किया जाता है तो मर्मज्ञों का अनुपात बहुत अल्प होता है, पर आदर्श प्रेक्षक वही है। इस प्रेक्षक को नाना कलाओं की शिक्षा से सुसंस्कृत करना पड़ता है। उसे नाट्यधर्मी और लोकधर्मी रीतियों का अभ्यास करना पड़ता है। 'नाट्यशास्त्र' ने यह कर्तव्य भी सुन्दर ढंग में निबाहा है।

कलाओं की प्राचीनता

यह तो नहीं कहा जा सकता कि कलाओं की गणना बौद्ध-पूर्वकाल में प्रचलित ही थी, पर अनुमान से निश्चय किया जा सकता है कि बुद्ध-काल और उसके पूर्व भी कला-मर्मज्ञता आवश्यक गुण मानी जाने लगी थी। ललितविस्तर में केवल कुमार सिद्धार्थ को सिखाई हुई पुरुष-कलाओं की गणना ही नहीं है, चौंसठ काम-कलाओं का भी उल्लेख है[1] और यह निश्चित रूप से कहा जा सकता है कि बुद्ध-काल में कलाएँ नागरिक जीवन का आवश्यक अंग हो गई थीं। प्राचीन ग्रन्थों में इनकी संख्या निश्चित नहीं है, पर 64 की संख्या शायद अधिक प्रचलित थी। जैन ग्रन्थों में 72 कलाओं की चर्चा है। पर बौद्ध और जैन दोनों ही सम्प्रदाओं में 64 कलाओं की चर्चा भी मिल जाती है। जैन ग्रन्थ इन्हें 64 महिलागुण कहते हैं। 'कालिकापुराण' एक

---

1. चतु:षष्टि कामकलितानि चानुभविया।
   नूपुरमेखला अभिहनी विगलितवसना:॥
   कामसराहतास्समदना: प्रहसितवदना:।
   किन्तवार्यपुत्र विकृति यदि न भजसे॥

   —'ललित विस्तर', पृ. 497

अर्वाचीन उपपुराण है। सम्भवत: इसकी रचना विक्रम की दसवीं-ग्यारहवीं शताब्दी में असम प्रदेश में हुई थी। इस पुराण में कला की उत्पत्ति के विषय में यह कथा दी हुई है : ब्रह्मा ने पहले प्रजापति और मानसोत्पन्न ऋषियों को उत्पन्न किया, फिर सन्ध्या नामक कन्या को उत्पन्न किया और तत्पश्चात् सुप्रसिद्ध मदन देवता को, जिसे ऋषियों ने मन्मथ नाम दिया। ब्रह्मा ने मदन देवता को वर दिया कि तुम्हारे वाणों के लक्ष्य से कोई नहीं बच सकेगा। तुम अपनी इस त्रिभुवनविजयी शक्ति से सृष्टि-रचना में मेरी मदद करो। मदन देवता ने इस वरदान और कर्तव्य-भार को शिरसा स्वीकार किया। प्रथम प्रयोग उसने ब्रह्मा और सन्ध्या पर ही किया। परिणाम यह हुआ कि ब्रह्मा और सन्ध्या प्रेम-पीड़ा से अधीर हो उठे। उन्हीं के प्रथम समागम के समय ब्रह्मा के 49 भाव हुए तथा सन्ध्या के विव्वोक आदि हाव तथा 64 कलाएँ हुईं। कला की उत्पत्ति का यही इतिहास है। 'कालिकापुराण' के अतिरिक्त किसी अन्य पुराण से यह कथा समर्थित है कि नहीं, नहीं मालूम। परन्तु इतना स्पष्ट है कि 'कालिकापुराण' 64 कलाओं को महिलागुण ही मानता है।

श्रीयुक्त ए वेंकट सुब्बैया ने भिन्न-भिन्न ग्रन्थों से संग्रह करके कलाओं पर एक पुस्तिका प्रकाशित की है, जो इस विषय के जिज्ञासुओं के बड़े काम की है। उसकी सूचियों को देखने से पता चलता है कि कला उन सब प्रकार की जानकारियों को कहते हैं जिनमें थोड़ी-सी चतुराई की आवश्यकता हो। व्याकरण, छन्द, ज्योतिष, न्याय, वैद्यक और राजनीति भी कला है; उचकना, कूदना, तलवार चलाना और घोड़ा चढ़ना भी कला है; काव्य, नाटक, आख्यायिका, समस्यापूर्ति, बिन्दुमती, प्रहेलिका भी कला है; स्त्रियों का शृंगार करना, कपड़ा रँगना, चोली सीना, सेज बिछाना भी कला है; रत्न और मणियों को पहचानना, घोड़ा, हाथी, पुरुष-स्त्री, छाग-मेष और कुक्कुट का लक्षण जानना, चिड़ियों की बोली से शुभाशुभ का ज्ञान करना भी कला है और तित्तिर-बटेर का लड़ाना, तोता-मैना का पढ़ाना, जुआ खेलना भी कला है। पुराने ग्रन्थों से यह जान पड़ता है कि कलाएँ पुरुषों के ही योग्य मानी जाती थीं, यद्यपि कोई-कोई गणिका भी उन कलाओं में पारंगत पाई जाती थी। ये गणित, दर्शन, युद्ध, घुड़सवारी आदि की कलाएँ हैं। कुछ कलाएँ विशुद्ध कामशास्त्रीय हैं और हमारे विषय के साथ उनका दूर का ही सम्बन्ध है। सब मिलाकर यह ज्ञात होता है कि 64 कोमल कलाएँ स्त्रियों के सीखने की हैं; और चूँकि पुरुष भी उनकी जानकारी रखकर ही स्त्रियों को आकृष्ट कर सकते हैं, इसीलिए स्त्री-प्रसादन के लिए इन कलाओं का ज्ञान आवश्यक है। 'कामसूत्र' में पंचाल की कला की बात है, वह कामशास्त्रीय ही है। परन्तु वात्स्यायन की अपनी सूची में केवल कामशास्त्रीय कलाएँ ही नहीं हैं, अन्यान्य सुकुमार जानकारियों का भी स्थान है।

श्री वेंकट सुब्बैया ने भिन्न-भिन्न पुस्तकों से कलाओं की दस सूचियाँ संग्रह की हैं। इनमें पंचाल और यशोधर की कलाओं को छोड़ दिया जाए तो बाकी में

ऐसी कोई सूची नहीं है जिसमें काव्य, आख्यान, श्लोक-पाठ और समस्यापूर्ति आदि की चर्चा न हो। वेंकट सुब्बैया ने जिन पुस्तकों से कलाओं की सूची ग्रहण की है उनके अतिरिक्त भी बहुत-सी पुस्तकें हैं, जिनमें थोड़े-बहुत हेर-फेर के साथ 64 कलाओं की सूची दी हुई है।

ऐसा जान पड़ता है कि आगे चलकर कला का अर्थ कौशल हो गया था और भिन्न-भिन्न ग्रन्थकार अपनी रुचि, वक्तव्य, वस्तु और संस्कार के अनुसार 64 भेद कर लिया करते थे। सुप्रसिद्ध कश्मीरी पंडित क्षेमेन्द्र ने 'कलाविलास' नाम की एक छोटी-सी पुस्तक लिखी थी जो 'काव्यमाला सिरीज'(प्रथम गुच्छ) में छप चुकी है। इस पुस्तक में वेश्याओं की 64 कलाएँ हैं, जिनमें अधिकांश लोकाकर्षण और धनापहरण के कौशल हैं; कायस्थों की सोलह कलाएँ हैं जिनमें लिखने के कौशल से लोगों को धोखा देना आदि बातें ही प्रमुख हैं; गानेवालों की अनेक प्रकार की धनापहरणरूपी कलाएँ हैं; सोना चुरानेवाले सुनारों की 64 कलाएँ हैं, गणकों या ज्योतिषियों की बहुविध धूर्तताएँ हैं और अन्तिम अध्याय में उन चौंसठ कलाओं की गणना की गई है जिनकी जानकारी सहृदय को होनी चाहिए। इनमें धर्म-अर्थ-काम-मोक्ष की बत्तीस तथा मात्सर्य, शील, प्रभाव, मान की बत्तीस कलाएँ हैं। 10 भेषज कलाएँ वे हैं जो मनुष्य के भीतरी जीवन को नीरोग और निर्बाध बनाती हैं और सबके अन्त में कला-कलाप में श्रेष्ठ सौ सार कलाओं की चर्चा है। क्षेमेन्द्र की गिनाई हुई इन कलाओं में कहीं भी काव्य या समस्यापूर्ति को स्थान नहीं है। इस प्रकार यह स्पष्ट होता है कि अपने-अपने वक्तव्य विषय के कौशल को 64 या ततोधिक भागों में विभक्त करके 'कला' नाम दे देना बाद में साधारण नियम हो गया था। परन्तु इसका मतलब यह नहीं कि कोई अनुश्रुति इस विषय में थी ही नहीं। 64 की संख्या का घूम-फिरकर आ जाना ही इस बात का सबूत है कि 64 की अनुश्रुति अवश्य रही होगी। 72 की अनुश्रुति जैन लोगों में प्रचलित है। साधारणतः वे पुरुषोचित कलाएँ हैं। ऐसा लगता है कि 64 की संख्या के अन्दर प्राचीन अनुश्रुति में साधारणतः वे ही कलाएँ रही होंगी जो वात्स्यायन की सूची में हैं। कला का साधारण अर्थ उसमें स्त्री-प्रसादन और वशीकरण है और उद्देश्य विनोद और रसानुभूति।

कलाओं के आश्रयदाता रईस

आज के यांत्रिक युग में विलासिता सस्ती हो गई है। पुराने जमाने में ऐसी बात नहीं थी। प्राचीन भारत का रईस विद्या और कला के पीछे मुक्तहस्त से धन लुटाता था;

क्योंकि वह जानता था कि धन के दो ही उपयोग हैं : दान और भोग। यदि दान और भोग के बिना भी कोई अपने को अपनी अपार सम्पत्ति के कारण धनी माने तो भला दरिद्र ही क्यों न उस सम्पत्ति से अपने को सम्पत्तिवान मान ले?

दानभोगविहीनेन धनेन घनिनो यदि।
तेनैव धनजातेन कथं न धनिनो वयम्॥

आजकल भी, और उन दिनों भी, दान-भोग के अतिरिक्त सम्पत्ति एक तीसरी वस्तु देती है : शक्ति और सम्मान। उन दिनों भी रईस समाज का सम्मानभाजन होता था; परन्तु उन दिनों साधुकर्म और तपोमय जीवन का सम्मान भी कम नहीं था, बल्कि उपलब्ध प्रमाणों के बल पर कहा जा सकता है कि उसका सम्मान अधिक था। फिर भी रईस काफी सम्मान पाता था। वह केवल अपने अपार धन का कृपण भोक्ता मात्र नहीं था, बल्कि अपने प्रत्येक आचरण से शिल्पियों और सेवकों की एक बड़ी जमात को धन बाँटता रहता था। सुबह से शाम तक वह किसी-न-किसी शिल्प को अपनी विलासिता से पोषण देता रहता था। उसके उठने-बैठने से लेकर चलने-फिरने तक में आभिजात्य था। पुराना भारतीय नागरक सुबह ब्राह्ममुहुर्त में उठ जाता था और उसके उठने के साथ ही शिल्पियों और सेवकों का दल कार्यव्यस्त हो जाता था। उसके मामूली-से-मामूली आचरण से भी आभिजात्य की महिमा व्यंजित होती थी। उसके छोटे-से-छोटे आचरण के लिए भी प्राचीन ग्रन्थों में विस्तृत उल्लेख मिलता है। आगे रईस के कुछ दैनिक कृत्यों का आभास दिया जा रहा है, जिससे उसकी कला-पोषकता का अनुमान किया जा सके।

मुखप्रक्षालन और दातून

प्रात:काल उठकर आवश्यक मुख-प्रक्षालनादि से निवृत्त होकर वह सबसे पहले दातून से दाँत साफ करता था ('कामसूत्र', पृ. 45)। परन्तु उसकी दातून पेड़ से ताजी तोड़ी हुई मामूली दातून नहीं होती थी, वह औषधियों और सुगन्धित द्रव्यों से सुवासित हुआ करती थी। कम-से-कम एक सप्ताह पहले से उसे सुवासित करने की प्रक्रिया जारी हो जाती थी। 'बृहत्संहिता'(77, 31-34) में यह विधि विस्तारपूर्वक बताई गई है। गोमूत्र में हर्रे का चूर्ण मिला दिया जाता था और दातून उसमें एक सप्ताह तक छोड़ रखी जाती थी। उसके बाद इलायची, दालचीनी, तेजपात, अंजन, मधु और मरिच से सुगन्धित किए हुए पानी में उसे डुबा दिया जाता था (बृ. सं.,

77-31-32)। विश्वास किया जाता था कि यह दन्त-काष्ठ स्वास्थ्य और मांगल्य का दाता होता है। इस दातून को तैयार करने के लिए प्राचीन नागरक (रईस) के सुगन्धकारी भृत्य नियमित रूप से रहा करते थे।

साधारणत: यह समझना कठिन ही है कि दाँत साफ करने के लिए इतनी घटा की क्या आवश्यकता है? वराहमिहिर ने कुछ संकेत किया है। दातुन अगर विधिपूर्वक बनी हो तो मुँह का रंग निखार देती है, कान्ति बढ़ा देती है, सुगन्धि ला देती है और वाणी को ऐसी बना देती है जो सुननेवालों के कान को सुख देती है :

वर्णप्रसादं वदनस्य कान्ति वैशद्यमास्यस्य सुगन्धितां च।
संसेवितुः श्रोत्रसुखां च वाचां कुर्वन्ति काष्ठान्यसकृद्भवानाम्॥

सो, उन दिनों दातून केवल शरीर के स्वास्थ्य और स्वच्छता के लिए ही आवश्यक नहीं समझी जाती थी, मांगल्य भी मानी जाती थी। इस बात का बड़ा विचार था कि किस पेड़ की दातून किस तिथि को व्यवहार की जानी चाहिए। पुस्तकों में इस बात का भी उल्लेख मिलता है कि किस-किस तिथि को दातून का प्रयोग एकदम करना ही नहीं चाहिए। सो, नागरक की दातून कोई मामूली बात नहीं थी। उसके लिए पुरोहित से लेकर गृह की चेरी तक चिन्तित हुआ करती थी।

अनुलेपन

दातून की क्रिया के समाप्त होते ही सुशिक्षित भृत्य अनुलेपन का पात्र लेकर उपस्थित होता था। अनुलेपन में विविध प्रकार के द्रव्य हुआ करते थे। कस्तूरी, अगुरु, केसर आदि के साथ दूध की मलाई के मिश्रण से ऐसा उपलेपन तैयार किया जाता था जिसकी सुगन्धि देर तक भी रहती थी और शरीर की चमड़ी को कोमल और स्निग्ध भी बनाती थी। 'थेरगाथा', 'संयुक्त-निकाय' और 'अंगुत्तर-निकाय' की अट्ठकथाओं में पिल्ली नामक ग्राम के निवासी एक अत्यन्त धनी ब्राह्मण की कथा आती है। उस ब्राह्मण के पुत्र माणवक के लिए शरीर में उबटन लगाने का जौ-चूर्ण नित्य तैयार होता था, उसका वजन मगध में प्रचलित नाली नामक माप से 12 नाली हुआ करता था। आधुनिक वजन से यह करीब दस सेर होना चाहिए। इसमें थोड़ी अत्युक्ति भी हो तो अनुलेपन द्रव्य की मात्रा का अन्दाज तो लग ही जाता है।

परन्तु 'कामसूत्र' की गवाही से हम अनुमान कर सकते हैं कि चन्दन का अनुलेपन ही अधिक पसन्द किया जाता था। इस अनुलेपन को उचित मात्रा में

लगाना भी एक सुकुमार कला मानी जाती थी। 'जयमंगला टीका' में बताया गया है कि जैसे-तैसे पोत लेना भद्दी रुचि का परिचायक है, इसलिए अनुलेपन उचित मात्रा में होना चाहिए।

केश-संस्कार

अनुलेपन के बाद धूप से बालों को धूपित करने की क्रिया शुरू होती थी। स्त्रियों में यह क्रिया अधिक प्रचलित थी, पर विलासी नागरक भी अपने केशों की कम परवा नहीं किया करते थे। केशों के शुक्ल हो जाने की आशंका बराबर बनी रहती थी और वराहमिहिराचार्य ने ठीक ही कहा है कि 'जितनी भी माला पहनो, वस्त्र धारण करो, गहनों से अपने को अलंकृत कर लो, पर अगर तुम्हारे केशों में सफेदी है तो ये कुछ भी अच्छे नहीं लगेंगे, इसलिए मूर्धजों (केशों) की सेवा में चूकना ठीक नहीं है' (बृ. सं. 77-1)। सो, साधारणत: उस शुक्लतारूपी भद्दी वस्तु को आने ही न देने के लिए और उसे देर तक सुगन्धित बनाए रखने के लिए केशों को धूपित किया जाता था। परन्तु यह शुक्लता कभी-कभी हजार बाधा देने पर आ धमकती थी और नागरक को प्रयत्न करना पड़ता था कि आने पर भी वह लोगों की नजरों में न पड़े। केशों या मूर्धजों में धूप देने के कितने ही नुस्खे पाए जाते हैं। किसी से कपूर की गन्ध, किसी से कस्तूरी की सुवास, और किसी से अगुरु की खुशबू उत्पन्न की जाती थी।

पुरुषों की अपेक्षा स्त्रियों के केश अधिक सुगन्धित बनाए जाते थे। ग्रीष्मकाल में तो सुगन्धित तेल या स्नान के समय व्यवहार किए जानेवाले कषायकल्क से यह कार्य हो जाता था, किन्तु जाड़े के दिनों में धूपित करके सुगन्ध लाई जाती थी। कालिदास ने ग्रीष्म ऋतु में 'स्नान-कषाय-वासित' केशों का उल्लेख किया है और वर्षाकाल में पुष्पावतंस या फूलों के गुच्छों से ही सुन्दरियों के केशों का सुगन्धित होना बताया गया है (ऋतु. 2-22)। शरत्काल में भी धूपित केशों की बात उन्होंने नहीं बताई। उस समय 'नितान्त-धननीलविकुञ्चिताग्र' केशों में—घुँघराली काली लटों में—नवमालती की मनोहर माला पर्याप्त समझी जाती थी (ऋतु. 3-19), किन्तु शिशिर और हेमन्त में काले अगुरु का धूप देकर केशों को सुगन्धित किया जाता था (ऋतु. 4-5, 5-12)। इस प्रकार हर ऋतु में केशों को सुगन्धियुक्त बनाने का विधान था। वसन्त में इतने झमेले की जरूरत नहीं महसूस की जाती होगी। उस पुष्प सौरभ से समृद्ध ऋतु में सुगन्धि बहुत यत्नसाध्य नहीं होती। ऐसा कोई भी पुष्प चुन लिया

जाता था जो सुन्दरियों के चंचल नील अलकों के साथ ताल मिला सके। अशोक के लाल-लाल स्तबक या नवमल्लिका की माला उत्तम अलंकरण माने जाते थे, कर्णिकार के सुनहरे फूल भी कानों में शोभित हो रहे हों तो फिर क्या कहना है! कालिदास इस मनोहर अलंकरण का महत्त्व समझते थे।

कर्णेषु योग्यं नवकर्णिकारं चलेषु नीलेष्वलकेष्वशोकम्।
पुष्पं च फुल्लं नवमल्लिकाया: प्रयान्तिं कान्तिं प्रमदाजनानाम्॥

(ऋतु., 6-6)

सुगन्धि प्राचीन भारत का केवल विलास नहीं था, वह उसका जीवनांग था। देव-मन्दिर से लेकर सुहाग-सेज तक उसका अबाध प्रवेश था। धूप-धूम सर्वत्र सुगन्धि लाने के साधन थे। कपड़े भी इन धूपों से धुपे जाते थे। वस्तुत: भारत के प्राचीन रईस—क्या पुरुष और क्या स्त्री—जितना सुगन्धि से प्रेम करते थे, उतना और किसी भी वस्तु से नहीं। और केशों के लिए तो सुगन्धित तेल की भी विधियाँ बताई गई हैं। साधारणत: केशों को पहले धूपित करके कुछ देर तक उन्हें छोड़ दिया जाता था और फिर स्नान करके सुगन्धित तेल व्यवहार किया जाता था। (बृ. सं. 77-11)

केश रखने के अनेक प्रकार थे। बौद्ध-जैन आदि साधुओं के सिर मुंडित हुआ करते थे, पर विलासी लोग सुन्दर केश-रचना किया करते थे। 'नाट्यशास्त्र' में केश-रचना के सिलसिले में (23-147) बताया गया है : राज-पुरुषों के, वधुओं के और शृंगारी पुरुषों के केश कुंचित होने चाहिए। केशों को बड़े यत्न से कुंचित बनाया जाता था।

छुरे का व्यवहार इस देश में बहुत जमाने से होता रहा है। दाढ़ी रखने के विविध रूप थे। 'नाट्यशास्त्र' में चार प्रकार की दाढ़ियों का उल्लेख है। शुक्ल, श्याम, विचित्र और रोमश। किसी-किसी प्रति में शुक्ल के स्थान में 'शुद्ध' पाठ है। शुक्ल का अर्थ स्वच्छ शुभ्र वृद्धजनोचित दाढ़ी हो सकता है, पर 'शुद्ध' पाठ हो तो उसका अर्थ साफ, रोमविहीन 'क्लीनशेव्ड' किया जा सकता है। वस्तुत: चौखम्भा वाले 'नाट्यशास्त्र' में भी आगे चलकर 'शुद्ध' पाठ ही स्वीकृत किया गया है और बताया गया है कि संन्यासियों, मंत्रियों, पुरोहितों तथा मध्यवित्त व्यक्तियों की दाढ़ी 'शुद्ध' होनी चाहिए। शुद्ध अर्थात् साफ बनी हुई। चित्रों और मूर्तियों में इस श्रेणी के लोगों की ऐसी ही दाढ़ी मिलती भी है। श्याम दाढ़ी कुमारों की होती थी और विचित्र दाढ़ियों की बनावट नाना प्रकार की होती थी। राजा लोग, शौकीन (शृंगारी) नागरिक लोग और जवान राजपुरुष चित्र-विचित्र दाढ़ी रखते थे। 'रोमश' दाढ़ी उसे कहते हैं जो अपने-आप उगकर असंस्कृत पड़ी हो। 'शकुन्तला' नाटक में जिन तपस्वियों को राजा ने देखा था, उनकी ऐसी ही दाढ़ियाँ थीं। जब राजा ने शकुन्तला के चित्र में इन तापसों को अंकित करना चाहा तो विदूषक को आशंका हुई थी कि

यह सुन्दर चित्र अब झाड़नुमा दाढ़ियों से भर जाएगा। बालों की सेवा हो जाने के बाद नागरिक माला धारण करता था। माला चम्पा, जूही, मालती आदि विविध पुष्पों की होती थी। इनकी चर्चा आगे की जाएगी।

अधर और नाखून की रँगाई

वात्स्यायन के 'कामसूत्र' में मोम और अलक्तक धारण करने की क्रिया का उल्लेख है। किसी-किसी का अनुमान है कि अधरों को अलक्तक (लाख से बना हुआ लाल रंग का महावर) से लाल किया जाता होगा, जैसा कि आधुनिक काल में लिपस्टिक से स्त्रियाँ रंगा करती हैं और फिर उन्हें चिक्कन करने के लिए उन पर सिक्थक या मोम रगड़ दिया जाता होगा। मुझे अन्य किसी मूल से इस अनुमान का पोषक प्रमाण नहीं मिला है। पर यदि अनुमान ही करना हो तो नखों के रंगने का भी अनुमान किया जा सकता है। वस्तुतः प्राचीन भारत के विलासी का नखों पर इतना मोह था कि इस युग में न तो हम उसकी मात्रा का अन्दाज लगा सकते हैं और न कारण ही समझ सकते हैं। नखों के काटने की कला की चर्चा प्रायः आती है। वे त्रिकोण, चन्द्राकार, दन्तुल तथा अन्य अनेक प्रकार की आकृतियों के होते थे। गौड़ के लोग बड़े-बड़े नखों को पसन्द करते थे, दाक्षिणात्यवाले छोटे नखों को और उत्तरापथ के नागर रसिक, न बहुत बड़े न बहुत छोटे मझोले नखों की कदर करते थे। जो हो, सिक्थक और अलक्तक के प्रयोग के बाद नागरक दर्पण में अपना मुख देखता था। सोने या चाँदी की समतल पट्टी को घिसकर खूब चिकना किया जाता था। उससे ही आदर्श या दर्पण का काम लिया जाता था। दर्पण में मुख देखने के बाद जब वह अपने बनाव-सिंगार से सन्तुष्ट हो लेता था तो सुगन्धित ताम्बूल ग्रहण करता था।

ताम्बूल-सेवन

ताम्बूल प्राचीन भारत का बहुत उत्तम प्रसाधन था। वह पूजा और शृंगार, दोनों कामों में समान रूप से व्यवहृत होता था। ऐसा जान पड़ता है कि आर्य लोग इस देश में आने के पहले ताम्बूल (पान) का प्रयोग नहीं जानते थे। उन्होंने नाग जाति से

इसका व्यवहार सीखा था।[1] अब भी संस्कृत में इसे नागवल्ली कहते हैं। राजशेखर सूरि के 'प्रबन्ध-कोष' में एक मजेदार कहानी दी हुई है जिसके अनुसार पाताल के राजा वासुकि नाग ने भूलोक के राजा उदयन को अपनी कन्या ब्याही थी और दहेज में चार अद्‌भुत रत्न दिए थे : सवत्सा कामधेनु, विशिष्ट नागवल्ली (पान), सोपधान सतूलिका शय्या और रत्नोद्योत प्रदीप। तब से नाग लोगों की दुलारी वल्लरी के पत्ते (पर्ण-पण्ण-पान) भारतीय अन्त:पुरों से लेकर सभागृहों तक और राजसभा से लेकर आपानकों तक समान रूप से आदर पा सके। किसी कवि ने ठीक ही कहा है कि वल्लियाँ तो दुनिया में हजारों हैं, वे परोपकार भी कम नहीं करतीं, पर सबको छापकर विराजमान है एकमात्र नाग जाति की दुलारी वल्ली ताम्बूल-लता, जो नागरिकाओं के वदन-चन्द्रों को अलंकृत करती है :

किं वीरुधो भुवि न सन्ति सहस्रशोऽन्या:
यासां दलानि न परोपकृतिं भजन्ते।
एकैव वल्लिषु विराजति नागवल्ली,
या नागरीवदनचन्द्रमलंकरोति॥

इस ताम्बूल के बीटक (बीड़ा) का सजाना बहुत बड़ी कला माना जाता था। उसमें नाना भाव से सुगन्धि ले आने की चेष्टा की जाती थी। पान का बीड़ा नाना मंगलों और सौभाग्यों का कारण माना जाता था। वराहमिहिर ने कहा है कि उससे वर्ण की प्रसन्नता आती है, मुख में कान्ति और सुगन्धि आती है, वाणी में मधुरिमा का संचार होता है; वह अनुराग को प्रदीप्त करता है, रूप को निखार देता है, सौभाग्य का आवाहन करता है, वस्त्रों को सुगन्धित बनाता है और कफजन्य रोगों को दूर करता है (वृ. सं., 77-34-35)। इसलिए इस सर्वगुण-युक्त शृंगार-साधन के लिए सावधानी और निपुणता बड़ी आवश्यक है। सुपारी, चूना और खैर, ये पान के आवश्यक उपादान हैं। इनमें से प्रत्येक को विविध भाँति से सुगन्धित बनाने की विधियाँ पोथियों में लिखी हैं, पर इनकी मात्रा कला-मर्मज्ञ को ही मालूम होती है। खैर ज्यादा हो जाय तो लालिमा ज्यादा होकर भद्‌दी हो जाती है, सुपारी अधिक हो जाय तो लालिमा क्षीण होकर अशोभन हो उठती है, चूना अधिक हो जाय तो

1. मेरे मित्र प्रो. प्रह्लाद प्रधान ने अनेक प्राचीन ग्रन्थों से और बरई-जाति में पाए जाने वाले प्रवादों से मेरे इस अनुमान का समर्थन किया है कि पान नाग जाति की देन है। उन्होंने 'कथासरित्सागर' (2-1-80-81), 'बृहत्कथा-श्लोक-संग्रह' (6-12) से भी उदयन के नागों से इस लता के प्राप्त करने को कथाओं का संग्रह किया है। कहीं यह बताया गया है कि नागवल्ली यौतुक में प्राप्त हुई, कहीं यह बताया गया है कि वह प्रत्युपकार में प्राप्त हुई, कहीं पांडवों के अश्वमेध यज्ञ के लिए इसे मँगाया जाना बताया गया है। पर सर्वत्र नागों से इसके प्राप्त होने का समर्थन होता है ('विश्वभारती पत्रिका', खंड-4, पृ. 164-165)।

मुख की गन्ध भी बिगड़ जाती है और क्षत हो जाने की सम्भावना रहती है, परन्तु पत्ते अधिक हों तो सुगन्धि बिखर जाती है। सो, प्राचीन भारत का नागरिक ताम्बूल का महत्त्व जानता था और मानता था। सुन्दरियाँ इसके गौरव की कायल थीं। और सच पूछिए तो, जैसा माघ कवि ने कहा है, स्वच्छ जल से धुले अंग, ताम्बूलद्युति से जगमगाते होंठ और महीन निर्मल हल्की-सी साड़ी—यही तो विलासिनियों का वास्तविक श्रृंगार है। माघ कवि ने एक टेढ़ी शर्त अवश्य लगा दी है। लेकिन खैर—

स्वच्छाम्भ:स्नपनविधौतमंगमोष्ठस्ताम्बूलद्युतिविशदो विलासिनीनाम्।
वासस्तु प्रतनुविविक्तमस्त्वितीयान् आकल्पो यदि कुसुमेषुणा न शून्य: ॥

कहना बेकार है कि इतना महत्त्वपूर्ण और फिर भी इतना सुकुमार प्रसाधन सावधानी चाहेगा, इसलिए इनकी मात्रा का निर्णय होशियारी से होना चाहिए। रात को पत्ते अधिक देने चाहिए और दिन को सुपारी (वृ. सं. 77-36-37)। सो, प्राचीन भारत का नागरक पान के बीड़े के विषय में बहुत सावधान हुआ करता था। 'कामसूत्र' की गवाही से हम कह सकते हैं कि पान खानेवाले रईस और राजा के घर में पीकदान या पतद्ग्रह जरूर हुआ करते थे। उसके बिना पान की रसिकता केवल कुरुचिपूर्ण गन्दगी ही उत्पन्न करती है। 'कामसूत्र'(14-8-9) में इसीलिए नागरक की शय्या के पास एक पतद्ग्रह की व्यवस्था की गई है। राजाओं और रईसों की कन्याएँ जब पतिगृह जाती थीं तो उन्हें वस्तुओं के साथ सुन्दर पीकदान भी दिया जाता था। 'नैषध' (16-27) में बताया गया है कि राजा भीम ने अपने जामाता को सुन्दरमणि-खचित पीकदान दहेज में दिया था। परन्तु अगर पीकदान नहीं हुआ और पान का लाल-लाल रस कहीं उगलना ही पड़ा तो नागरक उसमें भी सावधान होता था। कभी-कभी तो पान थूकने के कौशल का भी उल्लेख मिलता है। 'दशकुमारचरित' में लिखा है कि किस प्रकार राजकुमार नागदत्त ने राजकन्या अम्बालिका के घर चोरी-चोरी पहुँचकर उस सोई हुई कन्या का और अपना चित्र भी बनाया था और सफेद दीवार पर इस सफाई से पीक फेंकी थी कि उससे चक्रवाक के जोड़े बन गए थे। पान के डिब्बे के लिए संस्कृत में दो शब्द आते हैं : करंक और स्थगिका। संस्कृत के कथा-आख्यायिका और काव्य-नाटक, साहित्य में ताम्बूलकरंकवाहिनी स्त्रियों का बहुत उल्लेख है। 'कादम्बरी' में चन्द्रापीड़ की करंकवाहिनी पत्रलेखा का वर्णन कवि ने प्राण ढालके किया है। करंक सोने-चाँदी के बनते थे और मणिखचित होते थे। ताम्बूल-सेवन के बाद पुराना रईस उत्तरीय संभालता था और अपने कार्य में जुट जाता था। वह कार्य-व्यापार भी हो सकता है, राजशासन भी हो सकता है और मंत्रणादिक भी हो सकता है।

रईस की जाति

समृद्ध रईस ब्राह्मणों, क्षत्रियों और वैश्यों में से ही हुआ करते थे। परन्तु शूद्रों का उल्लेख न मिलने से यह नहीं समझना चाहिए कि शूद्र लोग समृद्ध कभी होते ही नहीं थे। सच्ची बात यह है कि समृद्ध लोग शूद्र नहीं हुआ करते थे। समृद्ध होने के बाद लोग या तो ब्राह्मण या वैश्य—अधिकतर वैश्य—सेठ हो जाया करते थे, या क्षत्रिय सामन्त। उन दिनों भारतवर्ष का व्यापार बहुत समृद्ध था और ब्राह्मण और क्षत्रिय भी सेठ हुआ करते थे। 'मृच्छकटिक' का सेठ नागरक चारुदत्त ब्राह्मण था। यह धारणा गलत है कि ब्राह्मण सदा से यजन-याजन का ही काम करते थे। वस्तुतः यह बात ठीक नहीं है। 'मृच्छकटिक' नाटक में चार ब्राह्मण पात्र हैं। चारुदत्त श्रेष्ठिचत्वर में वास करता है, सकल कलाओं का समादरकर्ता सुपुरुष नागर है, विदेश में समुद्रपार उसके धन-रत्न से पूर्ण जहाज भेजे जाते हैं, दरिद्र हो जाने पर भी वह नगर के प्रत्येक स्त्री-पुरुष का श्रद्धा-भाजन है और अत्यन्त उदार और गुणान्वित है। दूसरा ब्राह्मण एक विट है जो राजा के मूर्ख साले की खुशामद पर जीता है, गणिकाओं का सम्मान भी करता है और उन्हें प्रसन्न भी रखता है, पंडित भी है और कामुक भी है। तीसरा ब्राह्मण विदूषक है जिसे संस्कृत बोलने का भी अभ्यास नहीं है और चौथा ब्राह्मण शार्विलक है जो पंडित भी है, चोर भी है और वेश्या-प्रेमी भी है। चोरी करना भी एक कला है, एक शास्त्र है, शार्विलक ने उसका अच्छा अध्ययन किया था। कैसे सेंध मारना होता है, दीपक बुझा देने के लिए कीट को कैसे उड़ाया जाता है, दरवाजे पर पानी छिड़क के उसे कैसे निःशब्द खोला जा सकता है, यह सारी बातें उसने सीखी थीं। ब्राह्मण के जनेऊ का जो गुण वर्णन इस चोर पंडित ने किया वह उपभोग्य भी है और सीखने लायक भी! इस यज्ञोपवीत से भीत में सेंध मारने की जगह मापी जा सकती है, इसके सहारे स्त्रियों के गले आदि में गँसी हुई भूषणावली खींच ली जा सकती है, जो कपाट यंत्र से दृढ़ होता है—ताला लगाकर न खुलने योग्य बना दिया गया होता है—उसका यह उद्घाटक बन जाता है और साँप-गोजर के काट खाने पर कटे हुए घाव को बाँधने का काम भी वह दे जाता है :

एतेन मापयति भित्तिषु कर्ममार्गम्,
एतेन मोचयति भूषणसंप्रयोगान्।
उद्घाटको भवति यंत्रदृढे कपाटे,
दष्टस्य कीटभुजगैः परिवेष्टनं च।

(मृ., 3-17)

इस प्रकार ब्राह्मण उन दिनों सेठ भी होते थे, विट और विदूषक भी होते थे और शार्विलक के समान धर्मात्मा चोर भी! धर्मात्मा इसलिए कि शार्विलक चोरी करते समय भी नीति-अनीति का ध्यान रखता था, स्त्रियों पर हाथ नहीं उठाता था, बच्चों को चुराकर उनके गहने नहीं छीन लेता था, कमजोर और गरीब नागर के घर में सेंध नहीं मारता था, ब्राह्मण के धन और यज्ञ के निमित्त सोने पर लोभ नहीं रखता था और इस प्रकार चोरी करते समय भी उसकी मति कार्याकार्य का विचार रखती थी! (मृ., 4-6)

धनाढ्य ब्राह्मणों की बात केवल 'मृच्छकटिक' के काल में ही मिलती हो सो बात नहीं है। बौद्ध-कथाओं में भी ऐसी बातें मिलती हैं जिनसे पता चलता है कि बुद्ध के काल में भी समृद्ध ब्राह्मण विद्यमान थे। अट्टकथाओं में, मगध के पिल्ली नामक ग्राम के महातित्थ (महातीर्थ) ब्राह्मण की अपार सम्पत्ति की बात लिखी है। 'ताले के भीतर साठ बड़े चहवच्चे (तड़ाग), बारह योजन तक फैले खेत, अनुराधपुर जैसे चौदह दासों के गाँव, चौदह हाथियों के झुंड, चौदह घोड़ों के झुंड, चौदह रथों के झुंड थे।' उसके पुत्र माणवक ने (जो किसी बहाने विवाह नहीं करना चाहता था) एक सहस्र सोने के मोहर लगाकर सुनार से एक सुन्दर स्त्री-मूर्ति बनवाई थी और माता से कहा था कि यदि ऐसी बहू मिले तो मैं विवाह करूँ। शायद उसे विश्वास था कि किसी ब्राह्मण के घर ऐसी सुन्दरी मिलना सम्भव नहीं होगा। पर यह विश्वास गलत सिद्ध हुआ। मद्रदेश में ऐसी ही सुन्दरी मिल गई जो उस "स्वर्ण-प्रतिमा से सौ गुना, हजार गुना, लाख गुना अधिक सुन्दरी थी और बारह हाथ के घर में बैठी रहने पर ही दीपक का काम नहीं, जिसकी शारीरिकी प्रभा से ही अन्धकार दूर हो जाता था।" अत्युक्ति कुछ अवश्य है, पर समृद्ध ब्राह्मण होते थे, इसमें सन्देह नहीं। ('बुद्धचर्या', पृ. 41-42)

रईस और राजा

कभी-कभी रईसों का विलास समसामयिक राजाओं से भी बढ़कर होता था, इस बात के प्रमाण मिल जाते हैं। राजाओं को युद्ध, विग्रह, राज्य-संचालन आदि अनेक कठोर कर्म भी करने पड़ते थे, पर सुराज्य से सुरक्षित समृद्धिशाली नागरिकों को इन झंझटों से कोई सरोकार नहीं था। वे धन और यौवन का सुख निश्चिन्त होकर भोगते थे। एक अपेक्षाकृत परवर्ती जैन-प्रबन्ध में राजा भोज और माघ कवि की बड़ी ही मनोरंजक कहानी दी हुई है। कहानी की ऐतिहासिकता तो निश्चित रूप से कमजोर

भित्ति पर है, पर इससे राजाओं और रईसों की विलासिता की एक मनोरंजक झलक मिल जाती है। इस दृष्टि से ही इस कहानी का महत्त्व है। कहानी यों है कि एक बार दत्त ब्राह्मण के पुत्र माघ कवि महाराज भोज के घर अतिथि होकर गए। राजा ने कवि का सम्मान करने में कोई बात उठा न रखी, पर कवि को न तो स्नान में ही सुख मिला और न भोजन में ही, न शयन में ही। महाराज भोज ने आश्चर्य के साथ सोचा कि न जाने यह अपने घर में कैसे रहता है। कवि के निमंत्रण पर महाराज भोज ने भी एक दिन कवि के घर जाने का निश्चय किया। दूसरे वर्ष शीतऋतु में बड़ा भारी लाव-लश्कर लेकर महाराज कवि के श्रीमालपुर नामक ग्राम में उपस्थित हुए। कवि के विशाल प्रासाद को देखकर राजा आश्चर्यचकित रह गए। मकान देखने के लिए प्रासाद के भीतर प्रविष्ट हुए। स्थान-स्थान पर विचित्र कौतुक देखते हुए एक ऐसे स्थान पर आए जहाँ बहुत-सी धूप की घटियाँ सुगन्धित धूप उद्गिरण कर रही थीं, कुट्टिम भूमि सुगन्धित परिमल से गमक रही थी; राजा ने पूछा "पंडित, यह क्या आपका पूजा-गृह है?" पंडित ने ईपत् लज्जित होकर जवाब दिया, "महाराज, आगे बढ़ें, यह स्थान पवित्र संचार का नहीं है।" राजा लज्जित हो रहे। स्नान के पूर्व मर्दनिक भृत्यों ने इस सुकुमार भंगी से मर्दन किया कि राजा प्रसन्न हो गए। सोने के स्नानपीठ पर बड़े आडम्बर के साथ राजा को स्नान कराया गया। नाक की साँस से उड़ जाने योग्य वस्त्र राजा को दिए गए। सोने के थाल में, जो 32 कच्चोलकों (कटोरों) से परिवृत था, क्षीर का बना पक्वान्न, क्षीर-तन्दुल का कूर, उसी के बड़े और अन्य नाना भाँति के व्यंजन भोजन के लिए दिए गए। अब राजा को समझ पड़ा कि जो ऐसी रसोई खाता है उसे मेरी रसोई कैसे अच्छी लग सकती थी। भोजन के पश्चात् पंच-सुगन्धि नामक ताम्बूल सेवन करके राजा पलंग पर लेटे। यद्यपि शीतऋतु का समय था, पर पंडित के गृह में कुछ ऐसी व्यवस्था थी कि राजा चन्दनलिप्त होकर रात को बड़े आनन्द से मीठी-मीठी व्यजन-वीजित वायु का सेवन करते हुए निद्रित हुए। वे भूल ही गए कि मौसम सर्दी का है ('पुरातन प्रबन्ध', पृ. 17)। इस कहानी से यह अनुमान सहज ही होता है कि उन दिनों ऐसे रईस थे जिनका विलास समसामयिक राजाओं के लिए भी आश्चर्य का विषय था।

ब्राह्मण का कला से सम्बन्ध

भारतवर्ष के सबसे प्राचीन उपलब्ध साहित्य में ही ब्राह्मण और विद्या का सम्बन्ध बहुत घनिष्ठ पाया जाता है। जाति-व्यवस्था जैसी इस समय है वैसी ही बहुत

प्राचीन काल में भी नहीं रही होगी; परन्तु ब्राह्मण बहुत-कुछ एक जाति के रूप में ही रहा होगा, इसका प्रमाण पुराने साहित्य में ही मिल पाता है। ऐसा जान पड़ता है कि पुराने जमाने से ही भारतवर्ष में विद्या और कला के दो अलग-अलग क्षेत्र स्वीकार कर लिये गए थे। वेदों और ब्रह्म-विद्या का अध्ययन-अध्यापन 'विद्या' या 'ज्ञान' के रूप में था और लिखना-पढ़ना, हिसाब लगाना तथा जीवन-यात्रा में उपयोगी अन्यान्य बातें 'कला' का विषय समझी जाती रहीं। बहुत पहले से ही 'शिक्षा' एक विशेष वेदांग का नाम हो गया था और इसीलिए लिखना-पढ़ना, हिसाब-किताब रखना, विविध भाषाओं और कौशलों की जानकारी 'कला' नाम से चलने लगी थी। 'विद्या' का क्षेत्र बहुत पहले से ब्राह्मण के हाथ में रहा और 'कला' का क्षेत्र क्षत्रियों, राजकुमारों और राजकुमारियों तथा वैश्यों के लिए नियत था। भारतवर्ष के दीर्घ इतिहास में यह नियम हमेशा बना रहा होगा, ऐसा सोचना ठीक नहीं है। वस्तुतः इस प्रकार की स्थिति एक खास अवस्था में रही होगी। पुराने साहित्य में अनेक उदाहरण हैं, जहाँ ब्राह्मण क्षत्रियों से ब्रह्म-विद्या पढ़ते थे। 'शतपथ ब्राह्मण' (11-6-21-5) से पता चलता है कि याज्ञवल्क्य ने जनक से विद्या सीखी थी। काशी के राजा अजातशत्रु से बालाकि गार्ग्य ने विद्या सीखी थी। यह बात बृहदारण्यक और कौशीत की उपनिषदों से मालूम होती है। छान्दोग्य से जान पड़ता है कि श्वेतकेतु आरुणेय ने प्रवाहण जैवलि से ब्रह्मविद्या सीखी थी। इस प्रकार के और भी बहुत-से उदाहरण दिए जा सकते हैं। डायसन-जैसे कुछ चोटी के यूरोपीय विचारक तो इन प्रसंगों से यहाँ तक अनुमान करते हैं कि ब्रह्मविद्या के मूल प्रचारक वस्तुतः क्षत्रिय ही थे। यह अनुमान कुछ अधिक व्याप्तिमय जान पड़ता है; परन्तु यह सत्य है कि कर्मकांड के उग्र और मृदु विरोधियों में क्षत्रियों की संख्या बहुत अधिक थी और जिन महान् नेताओं को भारतवर्ष आज भी याद किया करता है, उनमें क्षत्रियों की संख्या बहुत बड़ी है। जनक, श्रीकृष्ण, भीष्म, बुद्ध, महावीर—सभी क्षत्रिय थे। महाभारत से तो अनेक शूद्रकुलोत्पन्न ज्ञानी गुरुओं का पता चलता है। मिथिला में एक धर्मनिष्ठ व्याध परमज्ञानी थे। तपस्वी ब्राह्मण कौशिक ने उनसे ज्ञान पाया था (वन., 206 अ.)। शूद्रागर्भजात विदुर बड़े ज्ञानी थे। सूत जाति के लोमहर्षण, संजय और सौति धर्म-प्रचारक थे। सौति ने तो महाभारत का ही प्रचार किया था, परन्तु सम्पूर्ण हिन्दू शास्त्रों में प्रधानतः ब्राह्मण ही गुरु-रूप में स्वीकृत पाए जाते हैं।

यद्यपि जाति-व्यवस्था भारतीय समाज की अपनी विशेषता है, तथापि संसार भर में आदिम युग में खास-खास कौशल वर्गविशेष में ही प्रचलित पाए जाते हैं। इसका कारण यह होता है कि साधारणतः पिता से विद्या सीखने की प्रथा हुआ करती थी। इसीलिए विशेष विद्याएँ विशेष-विशेष कुलों में ही सीमाबद्ध रह जाती थीं। वेदों से ही पता चलता है कि ब्रह्मविद्या और कर्मकांड आदि विद्याएँ वंश-

परम्परा से सीखी जाती थीं। बाद में तो इस प्रकार की भी व्यवस्था मिलती है कि जिसके घर में वेद और वेदों की परम्परा तीन पुश्त तक छिन्न हो, उसे दुर्ब्राह्मण समझना चाहिए ('बौधायन गृह्यपरिभाषा', 1-10-5-6)। परन्तु नाना कारणों से पितृ-परम्परा से शिक्षा-प्राप्ति का क्रम चल नहीं पाया। समाज में जैसे-जैसे धन की प्रतिष्ठा बढ़ती गई और राजा और सेठ प्रमुख होते गए, वैसे-वैसे जानकारियों से द्रव्य उपार्जन की आवश्यकता और प्रवृत्ति भी बढ़ती गई। विद्या सिखाने के लिए भी धन मिलने लगा और धन की इस वितरण-व्यवस्था के कारण ही विद्या वंश के बाहर जाने लगी। ब्रह्मविद्या भी वंश-परम्परा तक सीमित नहीं रह सकी। महाभारत में दो प्रकार के अध्यापकों का उल्लेख है। एक प्रकार के अध्यापक तो अपरिग्रही होते थे। उनके पास विद्यार्थी जाते थे। भिक्षा माँगकर गुरु के परिवार का और अपना खर्च चलाते थे और गुरु के घर का सब काम-काज करते थे। कभी-कभी तो गुरु लोग विद्यार्थियों से बहुत काम लेते थे। इसकी प्रतिक्रिया के भी उदाहरण महाभारत में मिल जाते हैं। अपने गुरु वेदाचार्य के पास रहते समय उत्तंक को अनेक दुखपूर्ण कार्य करने पड़े थे। जब स्वयं उत्तंक आचार्य हुए तो उन्हें पुरानी बातें याद थीं और उन्होंने अपने विद्यार्थियों से काम लेना बन्द कर दिया (आदि., 3181), परन्तु सब मिलाकर गुरु का अपार प्रेम ही, अपने शिष्यों पर प्रकट होता है। दूसरे प्रकार के ऐसे अध्यापक थे, जिन्हें राजा लोग अपने घर पर वृत्ति देकर नियुक्त कर लेते थे। द्रोणाचार्य और कृपाचार्य ऐसे ही अध्यापक थे। द्रौपदी और उत्तरा की कथाओं से पता चलता है कि राजकुमारियों के लिए इसी प्रकार वृत्तिभोजी अध्यापक रखे जाते होंगे। बौद्धयुग में भी यह प्रथा पाई जाती है। यह नहीं समझना चाहिए कि केवल 'कला' सिखाने के लिए ही घर पर अध्यापक नियुक्त किए जाते थे। ब्रह्मविद्या सिखाने के लिए भी अध्यापक बुलाकर पास रखने के उदाहरण मिलते हैं। राजर्षि जनक ने आचार्य पंचशिख को चार वर्ष तक घर पर रखा था। सम्भवत: उन्होंने कोई वृत्ति नहीं ली थी।

स्नान-भोजन

पुराना रईस स्नान नित्य करता था। परन्तु उसका स्नान कोई मामूली व्यापार नहीं था। काम-काज समाप्त होने के बाद मध्याह्न से थोड़ा पूर्व वह उठ पड़ता था। पहले तो अपने समवयस्क मित्रों के साथ मधुर व्यायाम किया करता था, उसके दोनों कपोलों पर और ललाट देश में पसीने की दो-चार बूँदें सिन्धुवार पुष्प की मंजरी के समान

झलक उठती थीं, तब वह व्यायाम से विरत होता था। परिजनों में तब फिर एक बार दौड़-धूप मच जाती थी। रईस अपने स्नानागार में पहुँचता था, वहाँ स्नान की चौकी होती थी जो साधारणतः संगमर्मर की बनी होती थी और बहुमूल्य धातुओं के पात्र में सुगन्धित जल रखा हुआ रहता था। उस समय परिचारक या परिचारिका उसके केशों में सुगन्धित आमलक (आँवले) का पिसा हुआ कल्क धीरे-धीरे मलती थी और शरीर में सुवासित तैल मर्दन करती थी। नागरक की गर्दन या मन्या तैल का विशेष भाग पाती थी, उस पर देर तक तेल की मालिश होती थी; क्योंकि विश्वास किया जाता था कि बुद्धिजीवी व्यक्ति की मन्या पर तेल मलने से मस्तिष्क के तन्तु अधिक सचेत होते हैं। स्नान-गृह में एक जल की द्रोणी (टब) होती थी, उसमें रईस थोड़ी देर बैठते थे और बाद में स्नान की चौकी पर आ विराजते थे। उनके सिर पर सुगन्धित वारिधारा पड़ने लगती थी और तृप्ति के साथ उनका स्नान समाप्त होता था। फिर वे सर्पनिर्मोक (केंचुल) के समान श्वेत और चमकीली धोती पहनते थे। धोती अर्थात् धौत-वस्त्र। इस शब्द का अर्थ है धुला हुआ वस्त्र। ऐसा जान पड़ता है कि नागरक के वस्त्रों में सिर्फ धोती ही नित्य धोई जाती थी, बाकी कई दिन तक अधौत रह सकते थे। कुछ दूसरे पंडित 'धौत' शब्द को अधोवस्त्र का रूपान्तर मानते हैं। पुराने जमाने से ही उष्णीष (पाग), उत्तरीय (चादर) और अधोवस्त्र (धोती) इस देश के नागरिकों के पहनावे रहे हैं। सिले वस्त्र इस देश में चलते अवश्य थे, यद्यपि कई सूत्रकारों ने सिले वस्त्र पहनने का निषेध ही किया है। आजकल जितने प्रकार के हिन्दू पहनावों के नाम हैं वे अधिकांश में विदेशी प्रभाववश आए हैं। अचकन का मूल रूप भी कुषाणों की देन है। कुर्ता, जिसका एक नाम पंजाबी है, सम्भवतः पंजाब में बसे हुए हिन्दू-यवनों की देन है और कमीज और शेमीज एक ही विदेशी शब्द के रूपान्तर है। खैर उन दिनों का नागरिक धौत-वस्त्र और उत्तरीय का प्रेमी था। धौत-वस्त्र का अर्थ धोया जानेवाला वस्त्र ही अधिक उपयुक्त जान पड़ता है। इसका कारण स्पष्ट है, क्योंकि नागरक का उत्तरीय या चादर कुछ ऐसा-वैसा वस्त्र तो होता नहीं था; उसमें न जाने कितने आयास के बाद दीर्घकाल तक टिकनेवाली सुगन्धि हुआ करती थी। इसलिए धौत-वस्त्र (धोती) की अपेक्षा उत्तरीय (चादर) ज्यादा मूल्यवान होता था। मस्तक पर नागरक एक क्षौम-वस्त्र का अंगौछा-सा लपेट लेता था, जिसका उद्देश्य केशों की आर्द्रता सोखना होता था। यह सब करके नागरक सन्ध्यातर्पण और सूर्योपासन आदि धार्मिक क्रियाओं से निवृत्त होता था ('कादम्बरी', कथामुख)।

अजन्ता में कुमार गौतम के स्नान का एक मनोहर दृश्य चित्रित किया गया है। इसमें कुमार एक स्फटिक की चौकी पर बैठे हैं। दो परिचारक सिर पर सफेद गमछा बाँधे पीछे से पानी डाल रहे हैं। चौकी के पास ही एक परिचारिका थाली में कुछ लिये खड़ी है। स्नानागार के बगलवाले हिस्से में एक भृत्य सुगन्धित जल से

भरा हुआ कलश ले आ रहा है, कलश के भार से उसकी गर्दन झुक गई है। तीन परिचारिकाएँ और हैं। एक के सिर पर से कुछ द्रव्य दूसरी उतार रही है और तीसरी कोई प्रसाधन-सामग्री लेकर स्नानागार की ओर जा रही है। स्नान की चौकी के पास एक और परिचारिका का अस्पष्ट चित्र है। इसी प्रकार 17वीं गुहा के एक चित्र में स्नान के पश्चात् रानी के प्रसाधन का बड़ा ही अभिराम चित्र है। इसमें रानी स्वयं मुकुर लेकर प्रसाधन-नैपुण्य को देख रही हैं। यह चित्र अजन्ता के उत्तम कलात्मक चित्रों में से एक है। इस प्रकार स्नान और स्नानोत्तर प्रसाधन के और भी अनेकानेक चित्र उपलब्ध हुए हैं।

जैसा कि शुरू में ही कहा गया है, नागरक स्नान नित्य किया करता था, पर शरीर का उत्सादन एक दिन अन्तर देकर कराता था। उसके स्नान में एक प्रकार की वस्तु का प्रयोग होता था जिसे फेनक कहते थे, वह आधुनिक साबुन का पूर्वपुरुष था। उससे शरीर में स्वच्छता आती थी, परन्तु प्रतिदिन उसका व्यवहार नहीं किया जाता था, हर तीसरे दिन फेनक से स्नान विहित था (का.सू., पृ. 47)।

स्नान, पूजा और तत्सम्बद्ध अन्य कृत्यों के समाप्त होने के बाद नागरक भोजन करने बैठता। भोजन दो बार विहित था, मध्याह्न को और अपराह्न को। यह वात्स्यायन का मत है। चारायण सायाह्न को दूसरा भोजन होना ज्यादा अच्छा समझते थे। नागरक के भोजन में भक्ष्य, भोज्य, लेह्य (चटनी), चोष्य (चूसने योग्य), पेय सब होता था। गेहूँ, चावल, जौ, दाल, मांस सब तरह का होता था, अन्त में मिठाई खाने की भी विधि थी। भोजन समाप्त करने के बाद नागरक आराम करता था और एक प्रकार की धूमवर्त्ति (चुरुट) भी पीता था। धूम्रपान के बाद वह ताम्बूल या पान लेता था और कोई संवाहक धीरे-धीरे उसके पैर दबा देता था ('कादम्बरी', कथामुख)। संवाहन की भी कला होती थी। 'मृच्छकटिक' नाटक के नायक चारुदत्त का एक उत्तम संवाहक था, जो उसके दरिद्र हो जाने के बाद जुआ खेलने लगा था। चारुदत्त की प्रेमिका वसन्तसेना से जब उसका परिचय हुआ तो वसन्तसेना ने उसकी कला की दाद देते हुए कहा कि 'भाई, तुमने तो बहुत उत्तम कला सीखी है?' इस पर उसने जवाब दिया कि 'आर्ये, कला समझकर ही सीखी थी, पर अब तो यह जीविका हो गई है!'

ऊपर हमने भोजन का बहुत संक्षिप्त उल्लेख कर दिया है। इससे यह भ्रम नहीं होना चाहिए कि हमारे पुराने रईस का भोजन-व्यापार बहुत संक्षिप्त हुआ करता था।

भोजनोत्तर विनोद

भोजन के बाद दिवा-शय्या (दिन का सोना) करने के पहले नागरक लेटे-लेटे थोड़ा मनोविनोद करता था। शुक-सारिका (तोता-मैना) का पढ़ाना, तित्तर और बटेरों की लड़ाई, भेड़ों की भिड़न्त उसके प्रिय विनोद थे (का.सू., पृ. 47)। उसके घर में हंस, कारंडव, चक्रवाक, मोर, कोयल आदि पक्षी; वानर, हरिन, व्याघ, सिंह आदि जन्तु भी पाले जाते थे। समय-समय पर वह उनसे भी अपना मनोरंजन करता था (का. सू., पृ. 284)। इस समय उसके निकटवर्ती सहचर पीठमर्द, विट, विदूषक भी आ जाया करते थे। वह उनसे आलाप भी करता था। फिर सो जाता था। सोकर उठने के बाद वह गोष्ठी-विहार के लिए प्रसाधन करता था; अंगराग, उपलेपन, माल्यगन्ध और उत्तरीय सँभालकर वह गोष्ठियों में जाता था। हमने आगे इन गोष्ठियों का विस्तृत वर्णन किया है। यहाँ उनकी चर्चा संक्षेप में ही कर ली है। गोष्ठियों से लौटने के बाद वह सान्ध्य कृत्यों से निवृत्त होता था और सायंकाल संगीतोनुष्ठानों का आयोजन करता था या अन्यत्र आयोजित संगीत का रस लेने जाता था। इन संगीतकों में नाच, गान, अभिनय आदि हुआ करते थे (का. सू., पृ. 47-48)। साधारण नागरक भी इन उत्सवों में सम्मिलित होते थे। 'मृच्छकटिक' के रेमिल नामक सुकंठ नागरक ने सायं-सन्ध्या के बाद ही अपने घर पर आयोजित संगीतक नामक मजलिस में गान किया था। इन सभाओं से लौटने के बाद भी नागरक कुछ विनोदों में लगा रहता था, परन्तु वे उसके अत्यन्त निजी व्यापार होते थे। इस प्रकार प्राचीन भारत का रईस प्रात:काल से सन्ध्या तक एक कलापूर्ण विलासिता के वातावरण में वास करता था। उसके विलास से किसी न किसी कला को उत्तेजना मिलती थी, उसके प्रत्येक उपभोग्य वस्तु के उत्पादन के लिए एक सुरुचिपूर्ण परिश्रमी परिचारक-मंडली नियुक्त रहती थी। वह धन का सुख जमकर भोगता था और अपनी प्रचुर धन-राशि के उपभोग में अपने साथ एक बड़े भारी जनसमुदाय की जीविका की भी व्यवस्था करता था। वह काव्य, नाटक, आख्यान, आख्यायिका आदि की रचना को प्रत्यक्ष रूप से उत्साहित करता था और नृत्य, गीत, चित्र और वादित्र का तो वह शरणरूप ही था। वह रूप-रस-गन्ध-स्पर्श आदि सभी इन्द्रियार्थों के भोगने में सुरुचि का परिचय देता था और विलासिता में आकंठ मग्न रहकर भी धर्म और अध्यात्म से एकदम उदासीन नहीं रहता था। उस युग के साहित्य में भोग के साथ-ही-साथ त्याग का, विलासिता के साथ शौर्य का और सौन्दर्य-प्रेम के साथ आत्मदान का आदर्श सर्वत्र सुप्रतिष्ठित था। सब समय आदर्श के अनुकूल आचरण नहीं हुआ करता था, परन्तु फिर भी आदर्श का महत्त्व भुलाया नहीं जा सकता।

अन्तःपुर

परन्तु कलाओं का सबसे बड़ा आश्रयदाता था राजाओं और रईसों का अन्तःपुर। पुरुषों की दुनिया उतनी निर्विघ्न नहीं होती थी। प्राय: ही वास्तविकता के कठोर आघात रोमांस के वातावरण को क्षुब्ध कर जाते थे। युद्ध-विग्रह, दंगा-फसाद, व्यापार-हानि, चोर-डाकुओं का उपद्रव, दूर-दूर देशों की यात्रा, लौटने में अनिश्चित विश्वास; ये और ऐसे ही अनेक अन्य उत्पात पुरुषों की बैठक को चंचल बनाते रहते थे। पर अन्तःपुर तक विक्षोभ की लहरियाँ बहुत कम पहुँच पाती थीं। शत्रु और मित्र, दोनों ही उन दिनों अन्तःपुर की शान्ति का सम्मान करते थे। प्राचीन ग्रन्थों से अनुमान होता है कि राजकीय अन्तःपुरों में नाट्यशालाएँ भी होती थीं। रामायण के पुराने युग में ही 'वधूजन-नाट्य-संघ' की चर्चा मिलती है। 'प्रियदर्शिका' में जो नाटक खेला गया था और 'मालविकाग्निमित्र' में जिस अभिनय प्रतिद्वंद्विता की चर्चा है, वे अन्तःपुर के रंगमंच पर ही अभिनीत हुए थे। नाच, गान, वाद्य, चित्रकारी आदि सुकुमार कलाएँ अन्तःपुर में जीती थीं।

'कामसूत्र' से जान पड़ता है कि तत्कालीन नागरकजन अपना घर पानी के आसपास बनाया करते थे (पृ. 41), पर परवर्ती ग्रन्थों से जान पड़ता है कि इस बात को कोई बहुत आवश्यक नहीं समझा जाता था। घर के दो भाग तो होते ही थे। बाहरी प्रकोष्ठ पुरुषों के लिए और भीतरी प्रकोष्ठ अन्तःपुर की स्त्रियों के लिए। वराहमिहिर ने 'वृहत्संहिता' में ऐसे मकान बनाने की विस्तृत विधि बताई है। साधारणतः ये मकान नगरी के प्रधान राजपथों के दोनों ओर हुआ करते थे। अन्तःपुर की वधुएँ ऊपरी तल्ले में रहा करती थीं, क्योंकि प्राचीन काव्यों और नाटकों में किसी विशेष उत्सवादि के देखने के सिलसिले में ऊपरी तल्ले के गवाक्षों से अन्तःपुरिकाओं के देखने का वर्णन प्रायः मिल जाया करता है। अन्तःपुर के ऊपरी तल्ले के घरों में गवाक्ष निश्चित रूप से रहते थे। राजपथ की ओर गवाक्षों का रखना आवश्यक समझा जाता था। ये अन्तःपुर के ऊपरी तल्ले के गवाक्ष कुछ ऊँचे पर बैठाए जाते थे। 'मालती-माधव' की मालती ऊपर के तल्ले पर से माधव को रथ्या (रथ के चलने लायक चौड़ी सड़क) मार्ग से भ्रमण करते हुए देखा करती थी। देखनेवाला वातायन 'तुंग' था अर्थात् ऊँचाई पर था। ऊँचे पर बनाने का उद्देश्य सम्भवतः यह होता था, कि अन्तःपुरिकाएँ तो बाहर की ओर देख सकें, पर बाहर के लोग उन्हें न देख सकें। प्रथम अंक में कामन्दकी के कहे हुए इस श्लोक से यही अनुमान पुष्ट होता है :

भूयोभू यः सविधनगरीरथ्यया पर्यटन्तं
दृष्ट्वा दृष्ट्वा भवनवलभीतुगवातायनस्था।

साक्षात्कामं नवमिव रतिमलिती माधवं तत्
गाढोत्कंठालुलितलुलितैरंगकैस्ताम्यतीति ॥

जो महल नदी के किनारे होते थे, उनमें उस ओर जालीदार गवाक्ष लगे रहते थे। इन जालीदार गवाक्षों से वधुएँ नदी की चंचल तरंगों की शोभा देख सकती थीं। सुनन्दा ने इन्दुमती को इन जालीदार गवाक्षों से जलवेणि-सी रमणीय तरंगोंवाली रेवा की चटुल शोभा देखने को कहा था, जो माहिष्मती के किले के नीचे करधनी की भाँति लिपटी हुई थी। जिस राजा के प्रासाद-गवाक्षों से इस सुन्दर शोभा का देखना सम्भव था, उसकी अंक-लक्ष्मी होना सौभाग्य की बात थी :

अस्यांकलक्ष्मी व दीर्घवाहोर्माहिष्मतीवप्रनितम्बकाञ्चीम्
प्रासादजालैर्जलवेणिरम्यां रेवां यदि प्रेक्षितुमस्ति काम।

(रघु., 6.43)

पर इन्दुमती की ऐसी इच्छा हुई नहीं। अस्तु। इस प्रकार के गृह का फाटक बहुत भव्य और विशाल हुआ करता था। नाटकों, काव्यों आदि में जो वर्णन मिलता है, उसमें थोड़ी अतिरंजना हो सकती है; क्योंकि बहुत प्राचीन काल से भारतीय कवि ने इस सहज-सीधी बात को जान लिया था कि कला-वस्तु केवल वास्तव का अनुकरण नहीं है। उसमें कुछ कृत्रिम मूल्यों का आरोप करना पड़ता है। कवि-कौशल उन मूल्यों के उपयोग और सजावट में है। सो, इन रचनाओं में कल्पित मूल्य अवश्य है। उतना हिस्सा छानकर भी हम कुछ बातें जान सकते हैं।

साहित्यिक वर्णनों को देखकर अनुमान किया जा सकता है कि सामने की भूमि को पहले पानी से आर्द्र करके बाद में झाड़ दिया जाता था और उसके ऊपर गोबर से लीप दिया जाता था। भूमि का भाग या मकान की चौकी को नाना प्रकार के सुगन्धित पुष्पों और रँगे हुए चावलों से सुसज्जित किया जाता था। ऊँचे फाटक के ऊपर गजदन्तों (खूँटियों) में मालती की माला मनोहर भंगी में लटका दी जाती थी। फाटक के ऊपर उपरले तल्ले का जो वातायन (खिड़की) हुआ करता था, उसके नीचे मोतियों की (या कम-से-कम फूलों की) माला लटकती रहती थी। तोरण के कोनों में हाथी की मूर्तियाँ बनी होती थीं जो अपने दाँतों पर या सूँड़ पर भार धारण करती हुई जान पड़ती थीं (मृच्छ., चतुर्थ अंक)। ईसवी-पूर्व दूसरी शती का एक तोरण ब्रैकेट साँची में पाया गया है, जिसमें हाथी के सामने अत्यन्त सुकुमार भंगी में एक स्त्री-मूर्ति वृक्षशाखा पकड़कर खड़ी है। इस प्रकार की नारी-मूर्तियों को तोरणशाल-भंजिका कहते थे। शालभंजिका पुतली या मूर्ति को भी कहते हैं और वेश्या को भी। सन् ईसवी की दूसरी शताब्दी की एक तोरणशाल-भंजिका मिली है, जिसका दाहिना चरण हाथी के कुम्भ पर है और बायाँ जरा ऊपर उठे हुए सूँड़ पर। अश्वघोष के 'बुद्धचरित' में खिड़की के सहारे लेटी हुई धनुषाकार झुकी हुई नारी

की तोरणशाल-भंजिका से उपमा दी गई है :

अवलंब्य गवाक्षपार्श्वमन्या
शयिता चापविभुग्नगात्रयष्टिः।
विरराज विलंबिचारुहारा
रचिता तोरणशालभंजिकेव॥

(25, 52)

काव्यों, नाटकों, मूर्तियों और प्रासादों के भग्नावशेषों से यह अनुमान पुष्ट होता है कि नागरिक के मकान में तोरणशाल-भंजिकाओं के विविध रूप की मनोहर भंगिमाएँ पाई जाती होंगी। साधारणतः तोरण-द्वार महारंजन या कुसुम्भी रंग से पुता होता था, प्रत्येक गृह पर सौभाग्यपताकाएँ भी फहराती रहती थीं (मृच्छ., चतुर्थ अंक)। तोरणस्तम्भ के पार्श्व में वेदियाँ बनी होती थीं, जिन पर स्फटिक के मंगल-कलश सुशोभित रहते थे। इन कलशों को जल से भर दिया जाता था और ऊपर हरित आम्र-पल्लव से आच्छादन करके अत्यन्त ललाम बना दिया जाता था। बाद में चलकर वेदी के पास पल्लावाच्छादित पूर्णकुम्भ उत्कीर्ण कर देने की भी प्रथा चल पड़ी थी। 'स्कन्दपुराण' के अवन्तिका खंड में अवन्ती नगर का वर्णन करते समय पुराणकार ने बताया है कि "उसमें अनेक बड़े-बड़े हाट-बाजार थे। विशाल चौराहे थे। सड़क के दोनों ओर सुन्दर-सुन्दर महल बने हुए थे, जिससे सड़कों की शोभा बढ़ रही थी। वे प्रासाद स्फटिक से निर्मित थे, उनके फर्श वैडूर्य मणि के थे। वे सुवर्णजटित प्रवालस्तम्भों पर टिके हुए थे। उनमें लाल पत्थरों की देहलियाँ बनी हुई थीं—बाहर मोती की झालरें टँगी हुई थीं, प्रत्येक भवन में सुवर्ण के स्तम्भों पर सौभाग्यपताकाएँ लहरा रही थीं, मणिजटित सुवर्ण के कलश प्रत्येक भवन की शोभा बढ़ा रहे थे।" इस वर्णन में सुवर्ण और मणि की अतिरंजना कम कर दी जाय, तो साधारण नागरकों के घर का एक चित्र मिल जाता है। उन दिनों पूर्णकुम्भ-स्थापना की प्रथा इतनी व्यापक थी कि कवियों ने उपमा के लिए उसका व्यवहार किया है। हाल ने प्रेमिका के हृदय-मन्दिर में पधारनेवाले प्रेमी के लिए सुसज्जित पूर्णकुम्भ की जो कल्पना की थी, वह इसी प्रथा के कारण :

रत्थापइण्णणअणुप्पला तुमं सा पडिच्छए एतम्।
दारणिहिएहिं दोहिं वि मंगलकलसेहिं व थणेहिं॥

(गाथा., 2-40)

इन वेदियों के पीछे विशाल कपाट हुआ करते थे और दूर से प्रासाद के भीतर जानेवाली सोपान-पंक्तियाँ दिखाई देती थीं। सीढ़ियों पर चन्दन-कपूर आदि के संयोग से बना हुआ सुगन्धित चूर्ण बिछा रहता था। इन्हीं सीढ़ियों के आरम्भ-स्थान के पास

दौवारिक या द्वारपाल बैठा रहता था। घर की देहली पर दधि और भात या अन्य खाद्य वस्तु देवताओं को दी हुई बलि के रूप में रख दी जाती थी, जिसे या तो काक खा जाते थे या घर के पाले हुए सारस, मयूर, लाव, तित्तिर आदि पक्षी (मृच्छ., चतुर्थ अंक)। चारुदत्त जब दरिद्र हो गया तो इस देहली में तृणांकुर उत्पन्न हो आए थे।

संस्कृत के काव्य में जिन अन्तःपुरों का वर्णन मिलता है, वे साधारणतः बड़े-बड़े राजकुलों के या अत्यधिक सम्भ्रात लोगों के होते हैं। इसीलिए संस्कृत का कवि इनका वर्णन बड़े ठाट-बाट से करता है। अन्तःपुर के भीतरी भाग की बनावट कैसी होती होगी, इसका अनुमान ही हम काव्यों-नाटकों आदि से कर सकते हैं। 'मृच्छकटिक' का विदूषक अभ्यन्तरचतुःशाल या अन्तःचतुःशाल के द्वार पर बैठकर पक्वान्न खाया करता था। इस अन्तःचतुःशाल शब्द से अनुमान किया जा सकता है कि भीतर एक आँगन होता होगा और उसके चारों ओर शालाएँ (घर) बनी होती होंगी। वराहमिहिर अन्तःपुर से आँगन के चारों अलिन्दों या बरामदों की व्यवस्था देते हैं। इन बरामदों के खम्भे शुरू में लकड़ी के हुआ करते थे, बाद में पत्थर और ईंट के भी बनने लगे थे। इन खम्भों पर भी शाल-भंजिकाएँ बनी होती थीं। ये मूर्तियाँ सौभाग्य-सूचक होती थीं। रामायण (बालकांड, 5वाँ सर्ग) में आदिकवि ने अयोध्या के वर्णन के प्रसंग में वधू-नाटक-संघों, उद्यानों, कूटागारों और विमानगृहों की चर्चा की है। टीकाकार रामभट्ट ने वधूनाटक-संघ का अर्थ किया है वधुओं के लिए बनी हुई नाटकशाला; उद्यान का अर्थ किया है क्रीड़ा के लिए बनवाई हुई पुष्पवाटिका; कूटागार शब्द का अर्थ बताया है स्त्रियों के क्रीड़ागृह और विमानगृह का अर्थ किया है सप्तभूमि या सात तल्लों के मकान। इससे अनुमान किया जा सकता है कि रामायण-रचना के काल में भी विशाल प्रासादों के अन्तःपुरों का रूप उतना ही भव्य था जितना परवर्ती काव्यों में है। 'रघुवंश' के सोलहवें सर्ग में इन योषित्-मूर्तियों की बात है (16-17)। साँची, भरहुत, मथुरा, जागयपेट, भूतेश्वर आदि से खम्भों और रेलिंगों पर खुदी हुई बहुत-सी शालभंजिकाएँ पाई गई हैं। पुराने काव्यों में अन्तःपुरिकाओं की परिचारिकाओं के जो विविध क्रिया-कलाप हैं, वे इन मूर्तियों में देखे जाते हैं। अनुमान होता है कि अन्तःचतुःशाला के खम्भों पर जो मूर्तियाँ उत्कीर्ण रही होंगी, उनमें भी शृंगार और मांगल्य के व्यंजक भावों का ही प्राधान्य रहता होगा।

अन्तःपुर की वृक्ष-वाटिका

इस अन्तःपुर से लगी हुई एक वृक्ष-वाटिका हुआ करती थी। इसके बीचों-बीच एक

दीर्घिका या लम्बा तालाब रहा करता था। जगह कम हुई तो कुएँ या बावड़ी से ही काम चला लिया जाता था, पर आज हम उन लोगों की बात नहीं करने जा रहे हैं जो भाग्यदेवी के त्याज्य-पुत्र हैं। इसलिए कामचलाऊ चीजें बनानेवालों की चर्चा करके इस प्रसंग को छोटा नहीं बनने देंगे। तो, इस वृक्ष-वाटिका में फलदार वृक्षों के सिवा पुष्पों और लताकुंजों की भी व्यवस्था रहती थी। फूल के पौधे एक क्रम से लगाए जाते थे। वासगृह के आसपास छोटे-छोटे पौधे, फिर क्रमशः बड़े गुल्म, फिर लता-मंडप और सबसे पीछे बड़े-बड़े वृक्ष हुआ करते थे। एक भाग में एक ही श्रेणी के फूल लगाए जाते थे। अन्धकार में भी सहृदय नागरक को यह पहचानने में आयास नहीं होता था कि इधर चम्पकों की पाली है, यह सिन्धुवार का मार्ग है, इधर बकुलों की धनी वीथी है और इस ओर पाटल पुष्पों की पंक्ति है :

पालीयं चम्पकानां नियतमयमसौ सुन्दरः सिन्धुवारः
सान्द्रा वीथी तथेयं बकुलविटपिनां पाटला पंक्तिरेषा।
आघ्रायाघ्राय गन्धं विविधमधिगतैः पादपैरेवमस्मिन्
व्यक्ति पंथाः प्रयाति द्विगुणतरतमोनिह्नुतोऽप्येष चिह्नैः।

(रत्नावली, 3-53)

गृह-स्वामिनी अपनी रन्धनशाला के काम लायक तरकारियाँ भी इसी वाटिका के एक अंश से उत्पन्न कर लेती थीं। वात्स्यायन के 'कामसूत्र' (पृ. 228) में बताया गया है कि वे इस स्थान पर मूलक (मूली), आलुक (कन्द), पलंकी (पालक), दमनक (दवना), आम्रातक (आमड़ा), ऐर्वारुक (फूटी), त्रपुष (खीरा), वार्ताक (बैगन), कुष्मांड (कुम्हड़े), अलाबु (कद्दू), सूरण (सूरन), शुकनासा (अगस्ता), स्वयंगुप्ता (केंवाछ), तिलपर्णिका (शाकविशेष), अग्नि-मन्थ, लशुन, पलांडु (प्याज) आदि साग-भाजी उगाती थीं। इस सूची से जान पड़ता है कि भारतवर्ष में आज से दो हजार वर्ष पहले जो साग-भाजियाँ खाई जाती थीं, वे अब भी बहुत परिवर्तित नहीं हुई हैं। इन साग-भाजियों के साथ ये मसाले भी गृहदेवियाँ स्वयं उत्पन्न कर लेती थीं—जीरा, सरसों, अजवायन, सौंफ, तेजपात आदि। वाटिका के दूसरे भाग में कुब्जक (मालती?), आमलक, मल्लिका (बेला), जाती (चमेली?), कुरण्टक (कटसरैया), नवमालिका, तगर, जपा आदि पुष्पों के गुल्म भी गृहदेवियों के तत्त्वावधान में ही उगते थे। ये पुष्प नाना कार्यों में काम आते थे। इनसे घर सजाया जाता था, जल सुगन्धित किया जाता था, नव-वधुओं का वासक-वेश तैयार होता था, स्थंडिल-पीठिकाओं को सजाया जाता था और सबसे बढ़कर देव-पूजा की क्रिया सम्पन्न होती थी। वृक्ष-वाटिका की पुष्पिता लताएँ कुमारियों का मनोविनोद करती थीं, नवदम्पती के प्रणय-कलह में शर्त बनती थीं और निराश प्रेमिका के गले में फाँसी का काम भी करती थीं ('रत्नावली', तृतीय अंक)। अनुरागी नागरक और

उसकी प्रियतमा में पुष्पों के प्रस्फुटन को लेकर बाजी लगती, नाना कौशलों से मंत्र और मणि के प्रयोग से; प्रिया के दर्शन, वीक्षण, पदापात आदि से नाना वृक्षलताओं में अकाल-कुसुम उद्गत होते थे। जब प्रेमी हारते थे तो उन्हें प्रिया का शृंगार कर देने की सख्त सजा मिलती थी, और जब प्रेमिकाएँ हारती थीं तो सौत की भाँति फूली हुई अनुराग-भरी लता को बारम्बार आग्रहपूर्वक निहारनेवाले प्रियतम को देखकर उनका मुँह लाल हो उठता था :

उद्दामोत्कलिकां विपांडुररुचं प्रारब्धजृम्भां क्षणात्
आयासं श्वसनोद्गमैरविरलैरातन्वतीमात्मनः।
अद्योद्यानलतामिमां समदनां नारीमिवान्यां ध्रुवं
पश्यन्कोपविपाटलद्युतिमुखं देव्याः करिष्याम्यहम्।

('रत्नावली', द्वितीय अंक)

वृक्ष-वाटिका के अन्तिम किनारे पर बड़े-बड़े छायादार वृक्ष, जैसे अशोक, अरिष्ट पुन्नाग, शिरीष आदि लगाए जाते थे; क्योंकि इनको मांगल्य वृक्ष माना जाता था (वृ. सं., 55-3) और बीचों-बीच गृह-दीर्घिका हुआ करती थी। इन दीर्घिकाओं (तालाबों) में नाना भाँति के जल-पक्षियों का रहना मंगलजनक माना जाता था। इनमें कृत्रिम भाव से कमलिनी (पत्र-पुष्प-लतासमेत कमल) उत्पन्न की जाती थी। वराहमिहिर ने लिखा है कि जिस सरोवर में नलिनी (कमलिनी) रूप छत्र से सूर्य-किरणें निरस्त होती हैं; हंसों के कन्धों से धकेली हुई लहरियाँ कल्हारों से टकराती है; हंस, कारंडव, क्रौंच और चक्रवाकगण कल-निनाद करते रहते हैं, और जिसके तटान्त की वेत्रवन-छाया में जलजर-पक्षी विश्राम करते हैं; ऐसे सरोवरों के निकट देवतागण प्रसन्न भाव से विराजते हैं (वृ. सं., 56-4-7)। अनुमान किया जा सकता है कि दीर्घिकाओं के तट पर बेंत के कुंज जरूर रहते होंगे। काव्यों में ऐसे वेतस-कुंजों की चर्चा प्रायः पाई जाती है। इन्हीं दीर्घिकाओं के बीच में समुद्रगृह बनाए जाते थे। 'कामसूत्र' (पृ. 283-84) की गवाही पर हम कह सकते हैं कि समुद्रगृह पानी में बना करता था, उसमें गुप्त भाव से पानी के संचारित हो जाने की व्यवस्था रहा करती थी।

दोला-विलास

वात्स्यायन से पता चलता है (का. सू., पृ. 45) कि इस वाटिका में सघन छाया में प्रेंखा-दोला या झूला लगाया जाता था और छायादार स्थानों में विश्राम के लिए

स्थंडिल-पीठिकाएँ (बैठने के आसन) बनाई जाती थीं, जिन पर सुकुमार कुसुमदल बिछा दिए जाते थे। प्रेंखा-दोला की प्रथा वर्षाऋतु में ही अधिक थी। सुभाषितों में वर्षाऋतु के वर्णन के अवसर पर ही प्रेंखा-दोलाओं का वर्णन पाया जाता है। आज भी सावन में झूले लगाए जाते हैं। वात्स्यायन ने जो छायादार वृक्षों की घनी छाया में झूला लगाने को कहा है सो इसी वर्षा से बचने के लिए ही। वस्तुत: वर्षाकाल ही प्रेंखा-विलास का उत्तम समय है। द्युलोक और भूलोक में समानान्तर क्रियाओं के चलने की कल्पना कवियों ने इस प्रेंखा-विलास से की है, और कौन कह सकता है कि जब कमल-नयनाओं की आँखें दिशाओं को कमल-फूल की आरती से नीराजित कर देती होंगी, आनन्दोल्लास के हास से जब चन्द्रिका की वृष्टि करती रहती होंगी और विद्युद्गौर कान्तिवाली तरुणियाँ तेजी से झूलती रहती होंगी तो आकाश में अचानक विद्युत् चमकने का भान नहीं होता होगा?

दृशा विदधिरे दिश: कमलराजिनीराजिता:
कृता हसितरोचिषा हरति चन्द्रिकावृष्टय:।
अकारि हरिणीदृश: प्रबलदंडकप्रस्फुरद्—
वपुर्विपुलरोचिषा वियति विद्युतो विभ्रम:॥

भवन-दीर्घिका, वृक्षवाटिका और क्रीड़ापर्वत

भवन-दीर्घिका के अर्थात् घर में बनाए हुए तालाब के एक पार्श्व में क्रीड़ापर्वत हुआ करते थे, जिनके इर्द-गिर्द पाले हुए मयूर मँडराते रहते थे। यहाँ अन्त:पुरिकाएँ नाना भाँति की विलास-लीलाओं से मनोविनोद करती मग्न रहती थीं। 'कामसूत्र' में जिन समुद्र-गृहों का उल्लेख है वे सम्भवत: भवन-दीर्घिका के पास ही या भीतर बना करते थे। इन घरों में गुप्त मार्ग से निरन्तर पानी जाते रहने की व्यवस्था रहती थी, जिससे ग्रीष्मकाल में भी इनमें ठंडक बनी रहती थी। कहते हैं, 'विष्णु-स्मृति' (5.117) में इन्हीं समुद्र-गृहों को भेदनेवालों को दंड देने की व्यवस्था है। कालिदास ने 'रघुवंश' में जल-क्रीड़ा के प्रसंग में कुछ 'गूढ़-मोहन-गृहों' का वर्णन किया है। इन गृहों में भवन-दीर्घिका का पानी गुप्तमार्ग से जाया करता था। इन गूढ़-मोहन-गृहों में सदा शीतलता बनी रहती थी (रघु., 19-9)। अनुमान किया जा सकता है कि जिन लोगों को नदी सुलभ रहती है वे लोग इस कार्य के लिए नदी के पानी का भी अवश्य उपयोग करते होंगे और सम्भवत 'गंगायां घोष: ' मुहावरे के मूल में ऐसे ही घर हों। इन्हीं दीर्घिकाओं से धारायंत्र को भी पोषण मिला करता था। उनका स्थान तो वाटिका

में रहता था, पर उनके सदा जलोद्गारी होने का सौभाग्य भवन-दीर्घिका के जल के कारण ही हुआ करता था। वाटिका के इस धारायंत्र या फव्वारे से अन्त:पुरिकाएँ होली के दिनों अपनी पिचकारियों में जल भरा करती थीं और अबीर और सिन्दूर से उसकी जमीन को लाल-लाल कीचड़ से आच्छादित कर देती थीं (रत्ना., प्रथम अंक)। इन फव्वारों में जल-देवताएँ, हंस-मिथुन या चक्रवाक-मिथुन बने होते थे, जो जलधारा को उच्छ्वसित करते रहते थे। अलकापुरी में 'मेघदूत' की यक्षिणी के अन्त:पुर में एक ऐसी ही वाटिका थी जिसमें यक्षप्रिया ने एक छोटे-से मन्दारवृक्ष को जिसके पुष्पस्तवक हाथ पहुँच के भीतर थे—पुत्रवत् पाल रखा था (मेघ., 2-80)। इस उद्यान में मरकत-मणियों की सीढ़ीवाली एक वापी थी जिसमें वैदूर्यमणि के नालों पर स्वर्णकमल खिले हुए थे और हंसगण विचरण कर रहे थे। इस वापी के तीर पर एक क्रीड़ा-पर्वत था। वह इन्द्रनीलमणि से निर्मित था और कनक-कदली से वेष्टित था। क्रीड़ा-पर्वत वर्षाकाल के लिए बना करते होंगे। अग्निवेश वर्षाकाल में कुटज और अर्जुन की माला धारण करके और कदम्ब-रज का प्रसाधन करके कृत्रिम क्रीड़ा-पर्वतों पर विहार किया करता था। उन दिनों क्रीड़ा-पर्वत पर रहनेवाले पालित मयूर मेघदर्शन से प्रमत्त होकर नाच उठते थे :

अंसलंबिकुटजार्जुनस्रजस्तस्य नीपरसांगरागिण:।
प्रावृषि प्रमदवार्हिणेष्वभूत् कृत्रिमाद्रिषु विहारविभ्रम:॥

(रघु., 19-37)

वाटिका के मध्य भाग में लाल फूलोंवाले अशोक और बकुल के वृक्ष थे; एक प्रिया के पदाघात से और दूसरा वदन-मदिरा से उत्फुल्ल होने की आकांक्षा रखता था (मेघ., 2-86)। इसमें माधवीलता का मंडप था जिसका बेड़ा (वृति) कुरबक या पियावसा के झाड़ों का था। कुरबक के झाड़ निश्चय ही उन दिनों उद्यानों और लता-कुंजों के बेड़े का काम करते थे। शकुन्तला जब प्रथम दर्शन में राजा दुष्यन्त की प्रेम-परवश हो गई और सखियों के साथ विदा लेकर जाने लगी, तो जान-बूझकर अपना वल्कल कुरबक की काँटेदार शाखा में उलझा दिया था ताकि उसके सुलझाने के बहाने फिरकर एक बार राजा को देखने का मौका मिल जाए। निश्चय ही शकुन्तला के उद्यान का बेड़ा कुरबक पुष्पों के झाड़ों का रहा होगा और बेड़ा पार करके चले जाने पर राजा का दिखाई देना सम्भव नहीं रहा होगा, इसलिए चलते-चलते मुग्धा प्रेमिका ने अन्तिम बार कौशल का सहारा लिया होगा। इसी प्रकार के कुरबक के बेड़ेवाले मंडप में ही सोने की वास-यष्टि पर यक्षप्रिया का वह पालतू मयूर बैठा करता था, जिसे वह अपनी चूड़ियों की मंजुध्वनि से नचा लिया करती थी। उन दिनों के गृह-पालित पक्षी निश्चय ही बहुत भोले होते होंगे, क्योंकि मयूर चूड़ियों की झनकार से नाच उठता था (मेघ., 2-87), भवन-दीर्घिका का कलहंस

नूपुरों की रुनझुन से कोलाहल करने लगता था ('कादम्बरी', पूर्वभाग) और मुग्ध सारस रसना (करधनी) के मधुर रसित से उत्सुक होकर अपने क्रेंकारव से वायु-मंडप कँपा देता था (काद., पूर्व.)। बहुत भीतर जाने पर यक्षप्रिया के शयन-कक्ष के पास पिंजड़े में मधुरभाषिणी सारिका थी, जिससे वह यदा-कदा अपने प्रिय की बातें पूछा करती थी (मेघ.,2-87)। साँची तोरण पर जो ईसवीपूर्व दूसरी शताब्दी की उत्कीर्ण प्रतिकृतियाँ पाई गई हैं उनमें कनक-कदली से वेष्टित ऐसी भवन-दीर्घिकाएँ भी पाई गई हैं और वन्य-वृक्ष के छायातले क्रीड़ा-पर्वत भी पाए गए हैं जिनमें प्रेमियों की प्रेमलीलाएँ बहुत अभिराम भाव से दिखाई गई हैं। रेलिगों और स्तम्भों पर हस्तप्राप्य स्तवक-नमित मन्दार-वृक्ष भी हैं और पंजरस्था सारिकावाली प्रेमिका यक्षिणी भी। इस प्रकार जिस युग की कहानी हम कह रहे हैं, उस युग में ये बातें बहुत अधिक प्रचलित रही होंगी, ऐसा अनुमान होता है।

बाग-बगीचों और सरोवरों से प्रेम

यही नहीं समझना चाहिए कि बड़े आदमियों के अन्त:पुर में ही बाग-बगीचे और सरोवर हुआ करते थे। उन दिनों के किसी भी नगर का वर्णन देखिए तो बाग-बगीचों और सरोवरों के प्रति जनता का अनुराग प्रकट होता है। कपिलवस्तु के बाहर पाँच-सौ बगीचे थे, वाल्मीकि की अयोध्या उद्यानों से भरी हुई थी और कालिदास की उद्यान-परम्परावाली उज्जयिनी का तो कहना ही क्या! 'स्कन्दपुराण' में अवन्ती-खंड में भी इस उद्यान-परम्परा का बड़ा मनोहर वर्णन है। उद्यानों की इन लोभनीय शोभा ने पुराणकार के चित्त में भाववेग का कम्पन उत्पन्न किया था और उनके वर्णन में पुराणकार की कविप्रतिभा मुखर हो उठी है : "फूली हुई लताओं से आच्छादित तरु-समूह प्रियाओं से आलिंगित सुभगजनों की भाँति शोभ रहे थे, पवनान्दोलित मंजरियों से सुशोभित आम और तिलक के तरु सुजनों की भाँति प्रेमालाप-से करते जान पड़ते थे, पुष्प और फल-भार से समृद्ध वृक्ष-समूह उन सज्जनों की भाँति लग रहे थे जो अपना सर्वस्व दूसरों को देने में प्रसन्न बने रहते हैं, अमृत-वल्लरियों पर बैठे हुए भ्रमर हवा द्वारा हिलाई लताओं पर इस प्रकार नाच रहे थे मानो प्रियतमा के साहचर्य से मदमत्त कोई प्रेमीजन हो...।" इस प्रकार पुराणकार की भाषा अबाध भाव से वन-शोभा का वर्णन करती हुई थकना नहीं जानती। और फिर उज्जयिनी के "हर बाजार में वापियाँ, कुएँ, मनोहर सरोवर आदि जलाशय थे जिनमें अनेक प्रकार के जलजन्तु विहार कर रहे थे और लाल-नीले और श्वेत कमल खिलकर

शोभा बढ़ा रहे थे। नाना प्रकार के हंस क्रीड़ा कर रहे थे। भवन-दीर्घिकाओं के जल की सहायता से फव्वारे बने हुए थे। कहीं मदमत्त मयूर नाच रहे थे, तो कहीं मदविह्वला कोकिला कूक रही थी। गृहवाटिकाओं के पुष्पस्तवकों पर भ्रमरगण गुंजार कर रहे थे और सदाचारिणी कुलवधुएँ कहीं किनारे बैठकर, कहीं नीचे से और कहीं निकटवर्ती महलों के छज्जों से इस शोभा का आनन्द उठा रही थीं।" सुनन्दा ने इन्दुमती को लुभाने का एक प्रधान साधन उज्जयिनी की उद्यान-परम्पराओं को बताया था जो क्षिप्रा-तरंग से शीतल बनी हुई हवा से नित्य कम्पित हुआ करती थी।

अनेन यूना सह पार्थिवेन रम्भोरु कश्चिन्मनसो रुचिस्ते।
क्षिप्रातरंगानिलकम्पितासु विहर्त्तुमुद्यानपरम्परासु॥

(रघु., 6-35)

अवश्य ही, इन्दुमती इससे प्रलुब्ध नहीं हो सकी थी। शायद इसलिए कि ऐसी उद्यान-परम्पराएँ तो सभी राजधानियों में थीं और सिप्रा-तरंग कालिदास को कितने भी प्रिय क्यों न हो, सरयू-तरंगों से अधिक मोहक नहीं थे। गंगा-तरंगों से तो एकदम नहीं!

अन्तःपुर का सुरुचिपूर्ण जीवन

बाणभट्ट की 'कादम्बरी' में एक स्थान पर अन्तःपुर का बड़ा ही जीवन्त और रसमय वर्णन है। इस वर्णन से हमें कुछ काम लायक बातें जानने को मिल सकती हैं, वैसे यह वर्णन उस किन्नरलोक का है जहाँ कभी किसी को कोई चिन्ता नहीं होती। वह उन वित्तेशों का अन्तःपुर है जिनके विषय में कालिदास कह गए हैं कि वहाँ किसी की आँखों में अगर आँसू आते हैं तो आनन्दजन्य ही, और किसी कारण से नहीं; प्रेम-बाण की पीड़ाओं के सिवा वहाँ और कोई पीड़ा नहीं होती और यह पीड़ा होती भी है तो इसका फल अभीष्ट व्यक्ति की प्राप्ति ही होता है; वहाँ प्रेमियों में प्रणय-कलह के क्षणस्थायी काल के अतिरिक्त और वियोग कभी नहीं होता और यौवन के सिवा और कोई अवस्था उन लोगों की जानी हुई नहीं है :

आनन्दोत्थं नयनसलिलं यत्र नान्यैर्निमित्तै:
नान्यस्तापः कुसुमशरजादिष्टसंयोगसाध्यात्।
नाप्यन्यस्मात् प्रणयकलहाद्विप्रयोगोपपत्ति-
र्वित्तेशानां न खलु च वयो यौवनादन्यदस्ति॥

(मेघ., 2-4)

तो ऐसे भाग्यशालियों के अन्त:पुर में कुछ बातें ऐसी जरूर होंगी जो हमारी समझ के बाहर की होंगी। उस अन्त:पुर में कोई नवलिका केतिकी (केवड़े) की पुष्पधूलि से लवली (हरफा रेवड़ी) के आलवालों को सजा रही थी, कोई गन्ध जल की वापियों में रत्नवालुका निक्षेप कर रही थी, कोई मृणालिका कृत्रिम कमलनियों के यंत्रचक्रवाकों के ऊपर कुंकुमरेणु फेंक रही थी, कोई मकरिका कर्पूर-पल्लव के रस से गन्ध पात्रों को सुवासित कर रही थी, कोई तमाल-वीथिका के अन्धकार के मणियों के प्रदीप सजा रही थी, कोई कुमुदिका पक्षियों के निवारण के लिए दाड़िम फलों को मुक्ताजाल से अवरुद्ध कर रही थी, कोई निपुणिका मणि-पुत्तलियों के वक्ष:स्थल पर कुंकुमरस से चित्रकारी कर रही थी, कोई उत्पलिका कदली-गृह की मरकत वेदिकाओं को सोने की सम्मार्जनी (झाड़ू) से साफ कर रही थी, कोई केसरिका बकुल-कुसुम के माला-गृहों को मदिरारस से सींच रही थी और कोई मालतिका कामदेवायतन की हाथीदाँत की बनी वलविका (मंडप) को सिन्दूररेणु से पाटलित कर रही थी। ये सारी बातें ऐसी हैं जिनका अर्थ हम दरिद्र लेखनीधारियों की समझ में नहीं आ सकता। हम आँखें फाड़-फाड़कर देखते ही रह जाते हैं कि मधुमक्खियों के छत्ते की भी अपेक्षा अधिक व्यस्त दिखनेवाले इस अन्त:पुर के इन व्यापारों का अर्थ क्या है। खैर, आगे कुछ ऐसी बातें भी हैं जो समझ में आ जाती हैं। वहाँ कोई नलिनिका भवन के कल-हंसों को कमल का मधुरस पान कराने जा रही थी, कोई कदलिका मयूर को धारागृह या फव्वारे के पास ले जा रही थी—शायद वलय-झंकार से नचा लेने के लिए! कोई कमलिनिका चक्रवाकशावकों को मृणाल-क्षीर पिला रही थी, कोई द्यूतलतिका कोकिलों को आम्रमंजरी का अंकुर खिलाने में लगी थी, कोई पल्लविका मरिच (काली मिर्च) के कोमल किसलयों को चुन-चुनकर भवन-हारीतों को खिला रही थी, कोई लवंगिका पिंजड़ों में पिप्पली के मुलायम पत्ते निक्षेप कर रही थी, कोई मधुरिका पुष्पों का आभरण बना रही थी और इस प्रकार सारा अन्त:पुर पक्षियों की सेवा में व्यस्त था। सबसे भीतर वचनमुखरा सारिका (मैना) और विदग्ध शुक (तोता) थे जिनके प्रणय-कलह की शिक्षा पूरी हो चुकी थी और कुमार चन्द्रापीड़ के सामने अपनी रसिकता की विद्या का प्रदर्शन करके सारिकाओं ने कादम्बरी के अधरों पर लज्जायुक्त मुसकान की एक हल्की रेखा प्रकट कर दी थी।

विनोद के साथी : पक्षी

संस्कृत साहित्य में पक्षियों की इतनी अधिक चर्चा है कि अन्य किसी साहित्य में इतनी चर्चा शायद ही हो। जिन दिनों संस्कृत के काव्य-नाटकों का निर्माण अपने पूरे चढ़ाव पर था, उन दिनों केलि-गृह और अन्तःपुर के प्रासाद-प्रांगण से लेकर युद्धक्षेत्र और वानप्रस्थों के आश्रम तक कोई-न-कोई पक्षी भारतीय सहृदय के साथ अवश्य रहा करता था। वह विनोद का साथी या रहस्यालाप का दूत था, भविष्य के शुभाशुभ का द्रष्टा था, वियोग का सहारा था, संयोग का योजक था, युद्ध का सन्देश-वाहक था और जीवन का कोई ऐसा क्षेत्र नहीं था, जहाँ वह मनुष्य का साथ न देता हो। कभी भवन-वलभी में सोए हुए पारावत के रूप में, कभी मानिनी को हँसा देनेवाले शुक के रूप में, कभी अज्ञात प्रणयिनी के विरहोच्छ्वास को खोल देनेवाली सारिका के रूप में, कभी नागरकों की गोष्ठी को उत्तेजित कर देनेवाले योद्धा कुक्कुट के रूप में, कभी भवन-दीर्घिका (अन्तःपुर के तालाब) में मृणालतन्तुभक्षी कलहंस के रूप में, कभी अज्ञात प्रिय के सन्देशवाहक राजहंस के रूप में, कभी द्यूत-कषाय-कण्ट से विरहिणी के दिल में हूक पैदा कर देनेवाले कोकिल के रूप में, कभी नूपुर की झंकार से क्रेंकारध्वनिकारी सारस के रूप में, कभी कंकण की रुनझुन से नाच पड़नेवाले मयूर के रूप में, कभी चन्द्रिका-पान में मद-विह्वल होकर मुग्धा के मन में अपरिचित हलचल पैदा कर देनेवाले चकोर के रूप में, वह प्राय: इस साहित्य में पाठक की नजरों से टकरा जाता है। इन पक्षियों को संस्कृत-साहित्य में से निकाल दीजिए, फिर देखिए कि वह कितना निर्जीव हो जाता है। हमारे प्राचीन साहित्य को जिन्होंने इतना सजीव कर रखा है, इतना सरस बना रखा है, उनके विषय में अभी तक हिन्दी में कोई विशेष उल्लेखयोग्य अध्ययन नहीं हुआ है, यह हमारी उदासीनता का पक्का प्रमाण है।

महाभारत में एक पक्षी ने एक मनुष्य से कहा था कि मनुष्य और पक्षियों में सम्बन्ध दो ही तरह के हैं—भक्षण का सम्बन्ध और क्रीड़ा का सम्बन्ध। अर्थात् मनुष्य या तो पक्षियों को खाने के काम में लाता है या उन्हें फंसाकर उनसे मनोविनोद किया करता है, और कोई तीसरा सम्बन्ध इन दोनों में नहीं है। एक वध का सम्बन्ध है और दूसरा बन्ध का :

भक्षार्थं क्रीड़ानार्थं वा नरा वांच्छन्ति पक्षिणम्।
तृतीयो नास्ति संयोगो वधबंधादृते क्षमः।

(म. भा., शान्तिपर्व, 139-60)

परन्तु समस्त संस्कृत-साहित्य और स्वयं महाभारत इस बात का सबूत है कि

एक तीसरा सम्बन्ध भी है। यह प्रेम का सम्बन्ध है। अगर ऐसा न होता तो कमलपत्र पर विराजमान बलाका (वक-पंक्ति), जो मरकत मणि के पात्र में रखी हुई शंखशुक्ति के समान दीख रहे हैं, अकारण मानव-हृदय में आनन्दोद्रेक न पैदा कर सकती :

उअ णिच्चल-णिप्फंदा भिसिणी-पत्तम्मि रेहद बलाआ।
णिम्मल-मरगअ-भाअण-परिट्ठिया संखसुत्तिव्व॥

(हाल सत्तसई, 1-4)

तपोनिरता पर्वत-कन्या जब कड़ाके की सर्दी में जल-वास करती होतीं, तो दूर से एक-दूसरे को पुकारनेवाले चक्रवाक-दम्पति के प्रति अहेतुक कृपावती न हो जातीं ('कुमारसम्भव', 5-26); धान से लहराते हुए, मृगांगनाओं से अध्युषित और कौंच पक्षी के मनोहर निनाद से मुखरित सीमान्तकेका के साथ मनुष्य के चित्त को इतना चंचल न कर सकते (ऋतु., 3) और न ऐसी नदियाँ, जिनकी कांची क्रौंचों की श्रेणी है, जिनका कलस्वन कलहंसों का निनाद है, जिनकी साड़ी जलधारा है, जिनके कान के आभरण तीर-दुम के पुष्प हैं, जिनका श्रोणीमंडल जल-स्थल का संगम है, जिनके उरस्य उन्नत पुलिन हैं, जिनकी मुसकान हंसश्रेणी है, ऐसी नदियों के तट पर ही देवता रमण कर सकते हैं—यह बात ही मनुष्य के मन में आ पाती:

क्रौंचकांचीकलापाश्च कलहंसकलस्वनाः
नद्यस्तोयांशुका यत्र शफरीकृतमेखलाः॥
फुल्लतीरद्रुमोत्तँसाः संगमश्रोणिमंडलाः।
पुलिनाभ्युन्नतोरस्याः हंसहासाश्चनिम्नगाः।
वनोपान्तनदीशैलनिर्झरोपान्तभूमिषु।
रमन्ते देवता नित्यं पुरेषूद्यानवत्सु च।

('बृहत्संहिता', 56-66)

अन्तःपुर से बाहर निकलने पर राजकुल के प्रथम प्रकोष्ठ में भी बहुतेरे पक्षियों से भेंट हो जाती है। इसमें कुक्कुट (मुर्ग), कुरक, कपिंजल, लावक और वार्त्तिक नामक पक्षी हैं, जिनकी लड़ाई से नागरकों का मनोविनोद हुआ करता था ('कादम्बरी', पृ. 173)। इसी प्रकोष्ठ में चकोर, कादम्ब (एक हंस), हारीत और कोकिल की भी आवाज सुनाई दे जाती थी, और शुकसारिकाओं की मजेदार बातें भी कर्णगोचर हो जाती थीं। वात्स्यायन ने 'कामसूत्र' (पृ. 47) में नागरकों को भोजन के बाद शुक-सारिका का आलाप तथा लाव-कुक्कुट और मेषों के युद्ध के देखने की व्यवस्था की है। भोजन के बाद तो प्रत्येक प्रतिष्ठित नागरिक इन क्रीड़ाओं को अपने मित्रों-सहित देखता ही था।

उद्यान यात्रा

उद्यान-यात्राओं के समय इसका महत्त्व बहुत बढ़ जाता था। निश्चित दिनों को पूर्वाह्न में ही नागरिकगण सज-धजकर तैयार हो जाते थे। घोड़ों पर चढ़कर जब वे किसी दूरस्थित उद्यान की ओर—जो एक दिन में पहुँचने लायक दूरी पर हुआ करता था—चलते थे, तो उनके साथ पालकियों पर या बहलियों में वारवधूटियाँ चला करती थीं और पीछे परिचारिकाओं का झुंड चला करता था। इन उद्यान-यात्राओं में कुक्कुट, लाव और मेष-युद्ध का आयोजन होता था, हिंडोल-विलास की व्यवस्था रहा करती थी और यदि ग्रीष्म का समय हुआ तो जलक्रीड़ा भी होती थी ('कामसूत्र', पृ.53)।

कभी-कभी कुमारियाँ और विवाहित महिलाएँ भी उद्यान-यात्राओं में या तो पुरुषों के साथ या स्वतंत्र रूप से शामिल होती थीं। पर 'कामसूत्र' पर अगर विश्वास किया जाय, तो इन यात्राओं में लड़कियों का जाना सब समय निरापद नहीं होता था—विशेष करके जबकि वे स्वतंत्र रूप में पिकनिक के लिए निकली हुई हों। असच्चरित्र पुरुष प्राय: बालिकाओं का अपहरण करते थे। इन उद्यान-यात्राओं में जब दो प्रतिद्वन्द्वी नागरिकों के मेष या लाव या कुक्कुट जूझते थे, तब प्राय: बाजी लगाई जाती थी और उस समय दोनों पक्षों में बड़ी उत्तेजना का संचार हो जाया करता था। कभी-कभी छोटी-मोटी लड़ाइयाँ भी जरूर हो जाती रही होंगी। 'कामसूत्र' में मेष, कुक्कुट और लावों के युद्ध को तथा शुक-सारिकाओं के साथ आलाप करने-कराने को 64 कलाओं में गिना गया है (साधारणाधिकरण, तृतीय)।

शुक और सारिका

शुक-सारिकाएँ केवल विलासी नागरकों के बहिर्द्वार पर ही नहीं मिलती थीं, बड़े-बड़े पंडितों के घरों की शोभा भी बढ़ाती थीं। शंकराचार्य को मंडन मिश्र के घर का मार्ग बताते समय स्थानीय परिचारिका ने कहा था, जहाँ शुक-सारिकाएँ 'स्वत: प्रमाणं परत: प्रमाणं' का शास्त्रार्थ कर रही हों, वही मंडन मिश्र का द्वार है—"स्वत: प्रमाणं परत: प्रमाणं कीरांगना यत्र गिरो गिरन्ति।" सुप्रसिद्ध कवि बाणभट्ट ने अपने पूर्व-पुरुष कुबेरभट्ट का परिचय देते हुए बड़े गर्व से लिखा है कि उनके घर के शुकों और सारिकाओं ने समस्त वाङ्मय का अभ्यास कर लिया था, और यजुर्वेद

और सामवेद का पाठ करते समय पद-पद पर ये पक्षी विद्यार्थियों की गलतियाँ पकड़ा करते थे :

जगुगृहेऽभ्यस्तसमस्तवाङ्मयैः,
ससारिकैः पंजरवर्तिभिः शुकैः।
निगृह्यमाणाः बटवः पदे पदे
यजूंषि सामानि च यस्य शंकिताः॥

('कादम्बरी', 12)

ऋषियों के आश्रम में भी शुक-सारिकाओं का वास था। किसी वृक्ष के नीचे शुकशावक के मुख से गिरे हुए नीवार (वन्य-धान) को देखकर ही दुष्यन्त को यह समझने में देर नहीं लगी थी कि यहाँ किसी ऋषि का आश्रम है ('शकुन्तला', 1-14)।

वस्तुतः शुक-सारिका उस युग में अन्तःपुर से लेकर तपोवन तक सर्वत्र सम्मानित होते थे। मनुष्य के सुख-दुख के साथ उनका सुख-दुख इस प्रकार गुँथा हुआ था कि एक को दूसरे से अलग नहीं किया जा सकता। 'अमरुक-शतक' में एक बड़ा ही मर्मस्पर्शी दृश्य है; जबकि मानवती गृहदेवी के दुख से दुखी होकर प्रिय बाहर नख से जमीन कुरेद रहा है, सखियों ने खाना बन्द कर दिया है, रोते-रोते उनकी आँखें सूज गई हैं और पिंजड़े के सुग्गे अज्ञात वेदना के कारण हँसना-पढ़ना बन्द किए सारे व्यापार को समझने की चेष्टा कर रहे हैं :

लिखन्नास्ते भूमिं बहिरवनतः प्राणदयितः
निराहाराः सख्यः सततरुदितोच्छूननयनाः।
परित्यक्तं सर्वं हसितपठितं पंजरशुकैः
तवावस्था चेयं विसृज कठिने मानमधुना॥

('अमरुक-शतक')

इसी प्रकार 'अमरुक-शतक' में एक अत्यन्त सरस और स्वाभाविक प्रसंग आया है। रात को दम्पती ने जो प्रेमालाप किया उसे नासमझ शुक ज्यों-का-त्यों प्रातःकाल गुरुजनों के सामने ही दुहराने लगा। बिचारी बहू लाजों गड़ गई। और कोई उपाय न देखकर उसने अपने कर्णफूल में लगे लाल पद्मराग मणि को ही शुक के सामने रख दिया और वह उसे पका दाड़िम समझकर उसी में उलझ गया। इस प्रकार किसी भाँति उस दिन की लाज बच पाई और वाचाल सुग्गे का वाग्रोध किया जा सका :

दम्पत्योर्निशि जल्पतोगृहशुकेनाकर्णितं यद्वचः
तत्प्रातर्गुरुसन्निधौ निगदतः श्रुत्वैव तारे वधूः।
कर्णालम्वितपद्मरागशकलं विन्यस्य चंच्वोः पुरं
क्रीड़ार्ता प्रकरोति दाड़िमफलव्याजेन वाग्रोधनम्॥

शुभाशुभ जानने के लिए उन दिनों कई पक्षियों की गतिविधि पर विशेष ध्यान दिया जाता था। वस्तुतः शकुन (हिन्दी 'सगुन') शब्द का अर्थ ही पक्षी है। इन शकुन-निर्देशक पक्षियों के कारण संस्कृत-साहित्य में एक अत्यन्त सुकुमार भाव का प्रवेश हुआ है और साहित्य इससे समद्ध हो गया है। वराहमिहिर की 'वृहत्संहिता' में निम्नांकित पक्षियों को शकुन-सूचक पक्षी कहा गया है—श्यामा, श्येन, शशघ्न, वंजुल, मयूर, श्रीकर्ण, चक्रवाक, चाष, भांडीरक, खंजन, शुक, काक, तीन प्रकार के कपोत, भारद्वाज, कुलाल, कुक्कुट, खर, हारीत, गृध्र, पूर्णकूट और चटक (वृ. सं. 88।1)

संस्कृत-साहित्य से इन पक्षियों के शकुन के कारण बड़ी-बड़ी घटनाओं के हो जाने का परिचय मिलता है। कभी-कभी शकुन-मात्र से भावी राज्यक्रान्ति का अनुमान किया गया है और उस पर से सारे प्लाट का आयोजन हुआ है। शकुनसूचक पक्षियों के कारण सूक्तियाँ भी खूब कही गई हैं।

शकुन-सूक्ति

ऋतु-विशेष के अवसर पर पक्षी-विशेष का प्रादुर्भाव और उसका हृदय ढालकर किया हआ वर्णन संस्कृत साहित्य की बेजोड़ सम्पत्ति है। भारतवर्ष में एक ही समय नाना प्रदेशों में ऋतु का विभेद रहता है। फिर गर्मी और सर्दी के घटते-बढ़ते रहने से एक ही वर्ष में कई बार ऋतु-परिवर्तन होता है। भिन्न-भिन्न ऋतुओं में नए-नए पक्षी इस देश में छा जाया करते हैं। संस्कृत के कवियों ने इन अतिथियों का ऐसा मनोहर स्वागत किया है कि पाठक उन्हें कभी भूल नहीं सकता। वलाका को उत्सुक कर देनेवाली, मयूर को मदविह्वल बना देनेवाली, चातक को चंचल कर देनेवाली और चकोर को हर्ष-वर्ष से सेचन करनेवाली वर्षा गई नहीं कि खंजरीट, कादम्ब, कारंडव, चक्रवाक, सारस तथा क्रौंच की सेना लिये हुए शरद आ गई :

सखंजरीटाः सपयःप्रसादा सा कस्य नो मानसमाच्छिनत्ति।
कादम्बकारंडवचक्रवाकससारसक्रौंचकुलानुपेता।

('काव्यमीमांसा', पृ. 101)

फिर वसन्त तो है ही—शुक-सारिकाओं के साथ हारीत, दात्यूह (महुअक) और भ्रमर श्रेणी के मद को वर्धन करनेवाला और पुंस्कोकिल के मधुर कूजन से चित्त चंचल कर देने वाला!

चैत्रे मदर्द्धिः शुकसारिकाणां हारीतदात्यूहमदुव्रतानाम्।
पुंस्कोकिलानां सहकारबन्धुः मदस्य कालः पुनरेष एव॥

('काव्यमीमांसा', पृ. 105)

ऋतुओं के प्रसंग में कवियों ने बहुत अधिक पक्षियों का बड़ी सहृदयता के साथ वर्णन किया है।

इन पक्षियों में से कुछ ऐसे थे जो प्रेम-सन्देश के वाहक माने जाते थे। हंस से यह काम प्राय: लिया गया है, पर हंस वास्तव में रोमांस को औत्सुक्य-मंडित करनेवाले कल्पित मूल्यों का पक्षी है। पारावत या कबूतर इस कार्य को सचमुच ही करते थे। आज भी इन पक्षियों को इस कार्य के लिए नियुक्त किया जाता है। विज्ञान ने इनको और भी उपयोगी बना दिया है, पर पत्र ले जाने का काम ये अवश्य करते थे।

सुकुमार कलाओं का आश्रय

जैसा कि ऊपर बताया गया है, ये अन्त:पुर सब प्रकार की सुकुमार कलाओं के आश्रय रहे हैं। यह तो कहना ही व्यर्थ है कि साधारण नागरकों के अन्त:पुर उतने समृद्ध नहीं होते होंगे, पर सम्भ्रान्त व्यक्तियों के अन्त:पुर निश्चय ही सुकुमार कलाओं के आश्रयदाता थे।

'मृच्छकटिक' नाटक में एक छोटा-सा वाक्य आता है जो काफी अर्थपूर्ण है। इस नाटक के नायक चारुदत्त का एक पुराना संवाहक या भृत्य था, जिसने संवाहन कला अर्थात् शरीर दबाने और सजाने की विद्या सीखी थी। उसने दरिद्रतावश नौकरी कर ली थी। यही संवाहक अपने मालिक चारुदत्त की दरिद्रता के कारण नौकरी छोड़कर जुआ खेलने का अभ्यासी हो गया। एक बार चारुदत्त की प्रेमिका गणिका वसन्तसेना ने उसकी विद्या की प्रशंसा करते हुए कहा कि 'भद्र, तुमने बहुत सुकुमार कला सीखी है', तो उसने प्रतिवाद करके कहा, 'नहीं आर्ये, कला समझकर सीखी जरूर थी, पर अब तो वह जीविका हो गई है।' इस कथन का अर्थ यह हुआ कि जीविका-उपार्जन के काम में लगाई हुई विद्या कला के सुवर्ण-सिंहासन से विच्युत मान ली जाती थी। यही कारण था कि धनहीन नागरिकगण सर्वकला-पारंगत होने पर नागरक के ऊँचे आसन से उतरकर विट होने को बाध्य होते थे। संवाहक का कार्य भी एक कला है जो अन्त:पुर में ही प्रकट होती थी। अन्त:पुरिकाओं के वेश-विन्यास में इस कला का पूर्ण उपयोग होता था। सम्भ्रान्त परिवारों में अनेक संवाहिकाएँ होती थीं जो गृहस्वामिनी का चरण-संवाहन भी करती थीं और नाना

आभरणों से उस छविगृह को दीपशिखा से जगमग करने का कार्य भी करती थीं। नागरकों को भी संवाहन आदि कर्म सीखने पड़ते थे। वियोगिनी प्रियतमा से हठात् मिलन होने पर शीतल क्लम-विनोदन व्यंजन की, पंखे की मीठी-मीठी हवा जिस प्रकार आवश्यक होती थी, उसी प्रकार कभी-कभी यह भी आवश्यक हो जाता था कि प्रिया के लाल-लाल कमल-जैसे कोमल चरणों को गोद में रखकर इस प्रकार दबाया जाए कि उसे अधिक दबाव का क्लेश भी न हो और विरह-विधुर मज्जातन्तुओं को प्रिय के करतलस्पर्श का अमृतरस भी प्राप्त हो जाए! इसीलिए नागरक को ये कलाएँ जाननी पड़ती थीं। राजा दुष्यन्त ने वियोगिनी शकुन्तला से दोनों ही प्रकार की सेवा की अनुज्ञा माँगी थी :

किं शीतलै: क्लमविनोदिभिरार्द्रवातै:
संचारयामि नलिनीदलपतालवृन्तम्।
अङ्के निधाय चरणावृत पद्मताम्रौ
संवाहयामि करभीरु यथासुखं ते॥

—'शकुन्तला', तृतीय अंक

बाहरी प्रकोष्ठ

नागरक के विशाल प्रासाद का बहि:प्रकोष्ठ जिसमें नागरक स्वयं रहा करता था, बहुत ही शानदार होता था। उसमें एक शय्या पड़ी रहती थी जिसके दोनों सिरों पर दो तकिया या उपाधान होते थे और ऊपर सफेद चादर या प्रच्छदपट पड़े होते थे। यह बहुत ही नर्म और बीच में झुका हआ होता था। इसके पास ही कभी-कभी एक दूसरी शय्या (प्रतिशय्यिका) भी पड़ी होती थी, जो उससे कुछ नीची होती थी। शय्या बनाने में बड़ी सावधानी बरती जाती थी। साधारणत: असन, स्यन्दन, हरिद्र, देवदारु, चन्दन, शाल आदि वृक्षों के काष्ठ से शय्याएँ बनती थीं, पर इस बात का सदा खयाल रखा जाता था कि चुना हुआ काष्ठ ऐसे किसी वृक्ष से न लिया गया हो जो वज्रपात से गिर गया था, या बाढ़ के धक्के से उखड़ गया था, या हाथी के प्रकोप से धूलिलुंठित हो गया था, या ऐसी अवस्था में काटा गया था जबकि वह फल-फूल से लदा या पक्षिओं के कलरव से मुखरित था, या चैत्य या श्मशान से लाया गया था या सूखी लता से लिपटा हुआ था (वृ. सं., 71-3)। ऐसे अमंगलजनक और अशुभ वृक्षों को पुराना भारतीय रईस अपने घर के सबसे अधिक सुकुमार स्थान पर नहीं ले जा सकता था। वराहमिहिर ने ठीक ही कहा है

कि राज्य का सुख गृह है, गृह का सुख कलत्र है और कलत्र का सुख कोमल और मंगलजनक शय्या है। सो शय्या गृहस्थ का मर्मस्थान है। चन्दन का खाट सर्वोत्तम माना जाता था; तिन्दुक, शिंशपा, देवदारु, असन के काष्ठ अन्य वृक्षों के काष्ठ से नहीं मिलाए जाते थे। शाक और शालक का मिश्रण शुभ हो सकता था, हरिद्रक और पदुकाष्ठ अकेले भी और मिलकर भी शुभ ही माने जाते थे। चार से अधिक काष्ठों का मिश्रण किसी प्रकार पसन्द नहीं किया जाता था। शय्या में गजदन्त का लगाना शुभ माना जाता था। पर शय्या के लिए गजदन्त का पत्तर काटना बड़ा भावाजोखी का व्यापार माना जाता था। उस दन्तपत्र के काटते समय भिन्न-भिन्न चिह्नों से भावी मंगल या अमंगल का अनुमान किया जाता था। खाट के पायों में गाँठ या छेद बहुत अशुभ समझे जाते थे। इस प्रकार नागरक के खाट की रचना एक कठिन समस्या हुआ करती थी (वृ. सं., 76 अ.)। यह तो स्पष्ट है कि आज के रईस की भाँति आर्डर देकर कोच और सोफे की व्यवस्था को हमारा पुराना रईस एकदम पसन्द नहीं करता होगा। 'वृहत्संहिता' से यह भी पता चलता है कि खाट सब श्रेणी के आदमियों के लिए बराबर एक-जैसे ही नहीं बनते थे। भिन्न-भिन्न पद-मर्यादा के व्यक्तियों के लिए भिन्न-भिन्न माप की शय्याएँ बनती थीं। शय्या के सिरहाने कूर्च-थान पर नागरक के इष्ट देवता की कलापूर्ण मूर्ति रहती थी और उसके पास ही वेदिका पर माल्य-चन्दन और उपलेपन रखे होते थे। इसी वेदिका पर सुगन्धित मोम की पिटारी (सिक्थ-करंडक) और इत्रदान (सौगन्धिक-पुटिका) रखा रहता था। मातुलुंग के छाल और पान के बीड़ों के रखने की जगह भी यही थी। नीचे फर्श पर पीकदान या पतद्ग्रह रखा होता था। ऊपर हाथीदाँत की खूँटियों पर कपड़े के थैले में लिपटी हुई वीणा रहती थी, चित्रफलक हुआ करता था, तूलिका और रंग के डिब्बे रखे होते थे, पुस्तकें सजी होती थीं और बहुत देर तक ताजी रहनेवाली कुरण्टकमाला भी लटकती रहती थी। दूर एक आस्तरण (दरी) पड़ा रहता था जिस पर द्यूत और शतरंज खेलने की गोटियाँ रखी होती थीं। उस कमरे के बाहर क्रीड़ा के पक्षियों अर्थात् शुक, सारिका, लाव, तित्तिर, कुक्कुट आदि के पिंजड़े हुआ करते थे। शार्विलक नामक चोर जब चारुदत्त के घर में घुसा था तो उसने आश्चर्य के साथ देखा था कि उस रसिक नागरक के घर में कहीं मृदंग, कहीं दर्दुर, कहीं पणव, कहीं वंशी और कहीं पुस्तकें पड़ी हुई थीं। एक बार तो वह यह भी सोचने लगा था कि यह किसी नाट्याचार्य का घर तो नहीं है; क्योंकि ये वस्तुएँ एक ही साथ केवल दो स्थानों पर सम्भव थीं—धनी नागरक के बैठक-गृह में या फिर उस नाट्याचार्य के गृह में जिसने कला को आजीविका बना ली हो। चोर ने घर की दशा से सहज ही यह अनुमान कर लिया था कि धनी आदमी का घर तो यह होने से रहा, नाट्याचार्य का हो तो हो भी सकता है।

वीणा

वीणा और चित्रफलक, ये दो वस्तुएँ उन दिनों के सहृदय के लिए नितान्त आवश्यक वस्तु थीं। चारुदत्त ने ठीक ही कहा था कि वीणा जो है सो असमुद्रोत्पन्न रत्न है, वह उत्कंठित की संगिनी है, उकताए हुए का विनोद है, विरही का ढाढ़स है और प्रेमी का रागवर्धक प्रमोद है :

उत्कंठितस्य हृदयानुगुणा वयस्या
संकेतके चिरयति प्रवरो विनोदः।
संस्थापना प्रियतमां विरहातुराणां
रक्तस्य रागपरिवृद्धिकरः प्रमोदः॥

—'मृच्छकटिक', 3-4

उन दिनों का सहृदय नागरक अपनी प्राणप्रिया के समान ही यदि किसी दूसरी वस्तु को अपनी अंक-लक्ष्मी बना सकता था तो वह उसकी वीणा ही थी। कालिदास ने विलासी अग्निवेश के वर्णन के प्रसंग में कहा है कि दो वस्तुएँ बारी-बारी से उसकी गोद को अशून्य बनाए रहती थीं—हृदयंगम ध्वनिवाली वीणा या मधुर वचन बोलनेवाली प्रिया :

अङ्कमङ्कपरिवर्तनोचिते तस्यनिन्यतुरशून्यतामुभे।
वल्लकी च हृदयंगमस्वना वल्गुवागपि च वामलोचना॥

—रघु., 19/13

अजन्ता के भित्ति-चित्रों में इस प्रकार की अंक-लक्ष्मी वीणा और प्रिया का एक मनोहर चित्र है।

पुरानी कहानियों में वीणा सम्बन्धी रोमांसों और अद्‍भुत रसवाली कथाओं की प्रचुरता है। उदयन की कुंजर-मोहिनी वीणा तो प्रसिद्ध ही है, वासवदत्त को उदयन ने ही वीणा-वादन की विद्या सिखाई थी। बौद्ध जातक-कथाओं में मूसिल नामक वीणावादक और उसके गुरु गुत्तिलकुमार नामक गन्धर्व की वीणा प्रतियोगिता की बड़ी सुन्दर कथा आती है। शिष्य ने राजा से कहकर गुरु को ही हराने का संकल्प किया था, पर इन्द्र की कृपा से गुत्तिल ने ऐसी वीणा बजाई कि मूसिल को हारना पड़ा। गुत्तिल की वीणा में सात तार थे। वह एक-एक तार तोड़ता गया और बचे तारों से ही मनोमोहक ध्वनि निकालने लगा। तार तोड़ते-तोड़ते वह अन्तिम तार भी तोड़ गया और अन्त में केवल काष्ठदंड को ही बजाता रहा। उसमें उसने कमाल किया। उस्ताद की सधी अंगुलियों ने काष्ठ में ही झंकार पैदा कर दिया। फिर

स्वर्गलोक से अप्सराएँ उतरकर नाचने लगीं। इस, और ऐसी ही अन्य कथाओं से इस यंत्र की मधुर विद्या की महिमा और लोकप्रियता प्रकट होती है। सचमुच ही वीणा 'असमुद्रोत्पन्न रत्न' है।

प्राचीन काव्य-साहित्य में इसकी इतनी चर्चा है कि सबका संग्रह कर सकना बड़ा कठिन कार्य है। सरस्वती-भवन से लेकर कामदेवायतन तक और सुहागशयन से शिवमन्दिर तक सर्वत्र इसकी पहुँच है। पुराने बौद्ध साहित्य से इस बात का भी सबूत मिल जाता है कि इस यंत्र के साथ गाई जानेवाली अत्यन्त लौकिक शृंगाररस की गाथाओं ने बुद्धदेव-जैसे वीतराग महात्मा के मन को भी पिघला दिया था। पंचशिव नामक गन्धर्व ने, जो तुबुरु-कन्या सूर्यवर्चसा का प्रेमी था परन्तु प्रेमिका के अन्यत्र रम जाने से प्रेम-व्यापार में असफल बन गया था, जब भगवान बुद्ध की समाधि भंग करने के लिए अपनी वीणा पर अपनी करुण वेदना गाई तो भगवान् का चित्त सचमुच ही द्रवित हो गया, उन्होंने दाद देते हुए कहा था, 'पंचशिव, तुम्हारे बाजे का स्वर तुम्हारे गीत के स्वर से बिलकुल मिला था और तुम्हारे गीत का स्वर बाजे के स्वर से मिला था; न वह इधर ज्यादा झुका था, न यह उधर!' पंचशिव ने भगवान् की इस स्तुति को सुनकर निश्छल भाव से अपनी व्यथा की कहानी सुना दी थी ('दीर्घनिकाय')! तो इस प्रकार इतिहास साक्षी है कि वीणा ने वैरागी के चित्त को द्रवित किया था!

'कामसूत्र' से जान पड़ता है कि उन दिनों गन्धर्वशाला में प्रत्येक नागरक के लड़के को जो बात सीखनी जरूरी थीं उनमें सर्वप्रधान हैं गीत, नाट्य, नृत्य और आलेख्य। वाद्य में वीणा, डमरू और वंशी का उल्लेख है। डमरू भारतवर्ष का पुरातन वाद्य है, उसी का विकास मृदंग रूप में हुआ है। कहते हैं कि मृदंग संसार का सर्वोत्तम वैज्ञानिक वाद्य है।

अन्तःपुर का शयन-कक्ष

ऊपर नागरक के बहिःप्रकोष्ठ का जो वर्णन दिया गया है, वह वात्स्यायन के 'कामसूत्र' के आधार पर है। यह वर्णन वास्तविक है, पर उक्त आचार्य ने अन्तःपुर के भीतर के शयनकक्ष का ऐसा ब्योरेवार वर्णन नहीं दिया है। इसीलिए उसकी जानकारी के लिए हमें कल्पना-प्रधान काव्यों और आख्यायिकाओं का सहारा लेना पड़ेगा। सौभाग्यवश काव्य की अतिशयोक्तियों और अलंकारिकताओं को छाँटकर निकाल देने से जो चित्र हमारे सामने उपस्थित होता है, उसका समर्थन कई और

मूलों से हो जाता है। प्राचीन प्रासादों का जो उद्धार हुआ है उनसे यह चित्र मिल जाता है और उपयोगी कला सिखाने के उद्देश्य से जो पुस्तकें लिखी गई हैं उनसे भी उसका समर्थन प्राप्त हो जाता है। इस प्रकार निःसंकोच रूप से कहा जा सकता है कि काव्यों के वर्णन तथ्य पर ही आश्रित हैं।

अन्तःपुर के शयनकक्ष में जो शय्या पड़ी रहती थी, उसके पास कोई और प्रतिशय्यिका या अपेक्षाकृत नीची शय्या रहती थी या नहीं, इसका कोई उल्लेख हमें काव्यों में नहीं मिला है। कादम्बरी का पलंग बहुत बड़ा नहीं था, वह एक नीली चादर और धवल उपाधान (सफेद तकिया) से समाच्छादित था। कादम्बरी उस शय्या पर वाम बाहुलता को ईषद् वक्र भाव से तकिया पर रख अधलेटी अवस्था में परिचारिकाओं को भिन्न-भिन्न कार्य करने का आदेश दे रही थी। यह तो नहीं बताया गया है कि किसी इष्ट देवता की मूर्ति वहाँ थी या नहीं, पर वेदिका पर ताम्बूल और सुगन्धित उपलेपन अवश्य थे। दीवालों पर इतने तरह के चित्र बने थे कि चन्द्रापीड़ को भ्रम हुआ था कि सारी दुनिया ही कादम्बरी की शोभा देखने के लिए चित्ररूप में सिमट आई थी। दीवालों के ऊपरी भाग पर कल्पवल्ली के चित्र का भी अनुमान होता है, क्योंकि सैकड़ों कन्याओं ने उस कल्पवल्ली के समान ही कादम्बरी को घेर लिया था। छत में अधोमुख विद्याधरों के मनोहर चित्र अंकित थे। नील चादर के ऊपर श्वेत तकिए का सहारा लेकर अर्द्धशायित कादम्बरी महावराह के श्वेत दन्त का आश्रय ग्रहण की हुई धरित्री की भाँति मोहनीय दीख रही थी। काव्य-ग्रन्थों के पढ़ने से स्पष्ट हो जाता है कि केवल नीली ही नहीं, नाना रंगों की और बिना रंग की भी चादरें शय्या के आस्तरण के लिए व्यवहृत होती थीं। ताम्बूल और अलक्तक से रंगी चादरें सखियों के परिहास का मसाला जुटाया करती थीं।

कल्पवल्ली

भरहुत में (द्वितीय शताब्दी ईसवी पूर्व) नाना भाँति की कल्पवल्लियों का सन्धान पाया गया है। इस पर से अनुमान किया जा सकता है कि दीवालों और छतों की धरनों पर अंकित कल्पवल्लियाँ कैसे बनती होंगी। इन वल्लियों में नाना प्रकार के आभूषण, वस्त्र, पुष्प, फल, मुक्ता, रत्न आदि लटके हुए चित्रित हैं। उन दिनों के काव्य-नाटकों के समान ही शिल्प में भी कल्पवल्लियों की प्रचुरता है।

भरहुत की कई कल्पवल्लियाँ इतनी अभिराम हैं कि किसी-किसी ने यह अनुमान लगाया है कि किसी बड़े कल्पकवि की मनोरम कल्पना को देखकर ही ये चित्र

बने हैं। वह कल्पकवि कालिदास ही माने गए हैं। यह बात तो विवादास्पद है, परन्तु कंठी, हार, कनकमाला और कर्णाविष्टकवाली कल्पलताओं को और कुरबक के पत्र-पुष्पों और क्षौमवस्त्रोंवाली कल्पलताओं को देखकर बरबस कालिदास की कविता याद आ जाती है। शकुन्तला के लिए कण्व को वनदेवताओं ने जो उपहार दिए थे, उनका वर्णन करते हुए महाकवि ने कहा है कि किसी वृक्ष ने शुभ मांगलिक वस्त्र दे दिया, किसी ने पैर में लगाने की महावर दे दी और वनदेवियों ने तो अपने कोमल हाथों से ही अनेक आभरण दिये—कोमल हाथ, जो वृक्षों के किसलयों से प्रतिद्वन्द्विता कर रहे थे :

क्षौमं केनचिदिन्दुपांडुतरुणा माङ्गल्यमाविष्कृतं
निष्ठ्यूतश्चरणोपभोगसुलभो लाक्षारसः केनचित्।
अन्येभ्यो वनदेवताकरतरालैपार्वभागोत्थितै—
र्दत्तान्याभरणानि तत् किसलयोद्भेदप्रतिद्वन्दिभिः ॥

'शकुन्तला', 4.5

भरहुत की एक कल्पवल्ली में सचमुच ही एक वनदेवी का किसलय प्रतिद्वन्द्वी हाथ निकल आया है। ऐसा जान पड़ता है कि उन दिनों यह भावना बहुत व्यापक थी। बोधगया से भी इसी समय का अन्नपानदानशील हाथोंवाला एक कल्पवृक्ष मिला है जो 'मेघदूत' के इस श्लोक की याद दिलाता है :

वासश्चित्रं मधुनयनयोर्विभ्रमादेशदक्षं
पुष्पोद्भेदं सह किसलयैर्भूषणानां विकल्पान्।
लाक्षारागं चरणकमलन्यासयोग्यं च यस्या-
मेकः सूते सकल ललनामंडनं कल्पवृक्षः ॥

—मेघ., 2.12

बाघ की गुफाओं में, मुँडेरों पर सुन्दर कल्पवल्लियाँ पाई गई हैं जिनकी शोभा अनुपम बताई जाती है।

उन दिनों इन वल्लियों का अभ्यन्तरगृह में होना मांगल्य समझा जाता था। विद्याधरों के तो अनेक चित्र नाना स्थानों से उद्धार किए गए हैं। 'अभिलषितार्थ चिन्तामणि' आदि ग्रन्थों में इस भाँति की चित्रकारी का विशद वर्णन दिया हुआ है।

भित्ति-चित्र

समृद्ध लोगों के घर की दीवारें स्फटिक मणि के समान स्वच्छ और दर्पण के समान चिकनी हुआ करती थीं। इनके ऊपर 'सूक्ष्म-रेखा-विशारद' कलाकार, जो 'विद्युत-निर्माण' में कुशल हुआ करते थे, पत्र-लेखन में कोविद होते थे, वर्णपूरण या रंग भरने की कला के उस्ताद हुआ करते थे (3-134), नाना रस के चित्र अंकित करते थे। दीवार को पहले समान करके चूने से बनाया जाता था और फिर उस पर एक लेप-द्रव्य लगाते थे जो भैंस के चमड़े को पानी में घोंटकर बनाया जाता था। इससे एक प्रकार का ऐसा वज्रलेप बनाया जाता था जो गर्म करने पर पिघल जाता था और दीवार में लगाकर हवा में छोड़ देने से सूख जाता था (3-146)। वज्रलेप में सफेद मिट्टी मिलाकर या शंख-चूर्ण और सिता (मिश्री) डालकर भित्ति को चिकनी करते थे (3-146) या फिर नीलगिरि में उत्पन्न नग नामक सफेद पदार्थ को पीसकर उसमें मिलाते थे। रंग की स्थायिता के लिए भी नाना प्रकार के द्रव्यों के प्रयोग की बात पुराने ग्रन्थों में लिखी हुई है। 'विष्णु धर्मोत्तर पुराण' के अनुसार तीन प्रकार के ईंट के चूर्ण, साधारण मिट्टी, गुग्गुलु, मोम, महुए का रस, सुमक, गुड़, कुसुम तेल और चने को घोंटकर उसमें दो भाग कच्चे बेल का चूर्ण मिलाते थे। फिर अन्दाज से उपयुक्त मात्रा में बालुका देकर भीत पर एक महीने तक धीरे-धीरे पोतते थे। इस प्रकार की और भी बहुतेरी विधियाँ दी हुई हैं जो सब समय ठीक-ठीक समझ में नहीं आतीं। भीत ठीक हो जाने पर उस पर चित्र बनाए जाते थे।

बाघ की गुहाओं के प्रसिद्ध भित्ति-चित्रों से इस कौशल का कुछ अन्दाजा लग सकता है। चित्र बनाने के आधार यहाँ पत्थर हैं। पहले दीवारों को छेनी से खुरखुरा बनाया गया है, फिर उन पर चूने और गारे का महीन पलस्तर चढ़ाया गया है। इसकी बारीकी का अन्दाजा इसी से लगाया जा सकता है कि ऊपर की खिंची आकृतियाँ प्राय: उसी प्रकार नीचे भी उतर आई हैं और जहाँ से पलस्तर हट गया है वहाँ भी आकृतियाँ स्पष्ट समझ में आ जाती हैं। इन चित्रों में रंग की ऐसी बहार है कि हजारों वर्ष बाद भी दर्शक देखकर अवाक् हो जाता है। अजन्ता के समान ही बाघ की गुहाओं के भित्ति-चित्रों ने कला-पारखियों को आकृष्ट किया है।

चित्रों में कई प्रकार के रंग काम में लाए जाते थे। घने बाँस की नालिका के आगे ताम्र का सूच्यग्र शंकु लगाते थे जो जौ-भर भीतर और इतना ही बाहर रहता था। इसे तिन्दुक कहते थे। तूलिका में बछड़े के कान के पास के रोएँ लगाए जाते थे और चित्रणीय रेखाओं के लिए मोम और भात में काजल रगड़कर काला रंग बनाते थे। वंशनाली के आगे लगे हुए ताम्रशंकु से महीन रेखा खींचने का कार्य किया जाता था। चित्र केवल रेखाओं के भी होते थे और रेखाओं में रंग भरकर भी

बनाए जाते थे। 'लाइट और शेड' की भी प्रथा थी। 'अभिलषितार्थ' में कहा गया है कि जो स्थान निम्नतर हो वहाँ एकरंगे चित्र में श्यामलवर्ण होना चाहिए और जो स्थान उन्नत हो वह उज्ज्वल या फीके रंग का। रंगीन चित्रों में नाना प्रकार के रंगों का विन्यास करते थे। श्वेत रंग शंख को चूर्ण करके बनाया जाता था, शोण दरद से, रक्त (लाल) अलक्तक से, लोहित गेरु से, पीत हरिताल से और काला रंग काजल से बनता था। इनके मिश्रण से कमल सौराभ (?), घोरात्व (?), धूमच्छाय, कपोताश्व, अतसी-पुष्पाभ, नीलकमल के समान, हरित, गौर, श्याम, पाटल, कर्बुर आदि अनेक मिश्र रंग बनते थे।

'नाट्यशास्त्र' (23-73-77) में नेपथ्य-रचना के सिलसिले में बताया गया है कि रंगों के मिश्रण से कौन-कौन से रंग बनते थे। श्वेत और नील के मिश्रण से 'पांडु', सित और रक्तवर्ण के योग से 'पद्म' वर्ण बनता है, पीत और नील के मिश्रण से 'हरित' वर्ण बनता है, नील और रक्तवर्णों के योग से 'कषाय' रंग बनता है, रक्त और पीत वर्णों के योग से 'गौर' वर्ण बनता है। इस प्रकार भिन्न-भिन्न वर्णों के योग से नए-नए रंग बनते हैं। शास्त्रकार का मत है कि सब वर्णों में बलवान वर्ण नील ही है।

चित्र-कर्म

अन्तःपुरिकाओं के मनोविनोद के अनेक साधन थे, जिनमें चित्र-कर्म का (63-66) प्रमुख स्थान था। 'विष्णु धर्मोत्तरपुराण' के चित्र-सूत्र में कहा गया है (3-45-38) कि समस्त कलाओं में चित्रकला श्रेष्ठ है। वह धर्म, अर्थ, काम और मोक्ष, चारों पदार्थों को देनेवाली है। जिस गृह में इस कला का वास रहता है, वह परम मांगल्य होता है। हमने पहले ही देखा है कि उन दिनों प्रत्येक सुसंस्कृत व्यक्ति के कमरे में चित्रफलक और समुद्गक रंगों की डिबिया का रहना आवश्यक माना जाता था। अन्तःपुरिकाएँ अवसर मिलने पर इस विद्या के द्वारा अपना मनोविनोद करती थीं। चित्र नाना आधारों पर बनाए जाते थे—काठ या हाथीदाँत के चित्र-फलक पर, चिकने शिलापट्ट पर, कपड़े पर और भीत पर। भीत पर के चित्रों की चर्चा ऊपर हो चुकी है। 'पंचदशी' नामक वेदान्त ग्रन्थ से जान पड़ता है कि कपड़े पर बनाए जानेवाले चित्र चार अवस्थाओं से गुजरते थे: धौत, मंडित, लांछित और रंजित। कपड़े का धोया हुआ रूप धौत है, उस पर चावल आदि के माँड़ से घोंटाई मंडित है, फिर काजल आदि की सहायता से रेखांकन लांछित है और उसमें रंग भरना

रञ्जित अवस्था है (6-1-3)। शिष्ट परिवार में अन्त:पुर की देवियों में चित्र-विद्या का कैसा प्रचार था, इसका अन्दाजा इसी बात से लगाया जा सकता है कि 'कामसूत्र' में जो उपहार लड़कियों के लिए अत्यन्त आकर्षक हो सकते हैं, उनकी सूची में एक पटोलिका का स्थान प्रधान रूप से है। इस पटोलिका में अलक्तक, मन:शिला, हरिताल, हिंगुल और श्यामवर्णक (राजावर्त का चूर्ण?) रहा करते थे। जैसा कि ऊपर बताया गया है, इन पदार्थों से शुद्ध और मिश्र रंग बनाए जाते थे। संस्कृत नाटकों में शायद ही कोई ऐसा हो जिसमें प्रेमी या प्रेमिका ने अपनी विरह-वेदना प्रिय का चित्र बनाकर न हल्की की हो। कालिदास के ग्रन्थों से जान पड़ता है कि विवाह के समय देवताओं के चित्र बनाकर पूजे जाते थे, बधुओं के दुकूल-पट्ट के आँचल में हंसों के जोड़े आँक दिए जाते थे, और चित्र देखकर वर-वधू के विवाह-सम्बन्ध ठीक किए जाते थे।

चार प्रकार के चित्रों का उल्लेख पुराने ग्रन्थों में आता है। विद्ध अर्थात् जो वास्तविक वस्तु से इस प्रकार मिलता हो जैसे दर्पण में की छाया; अविद्ध या काल्पनिक (अर्थात् चित्रकार के भावोल्लास की उमंग में बनाए हुए चित्र); रस-चित्र और धूलि-चित्र। सभी चित्रों में विद्धता की प्रशंसा होती थी। 'विष्णुधर्मोत्तर पुराण' उस उस्ताद को ही चित्रविद् कहने को राजी है जो सोए आदमी में चेतना दिखा सके, मरे में उसका अभाव चित्रित कर सके, निम्नोन्नत विभाग को ठीक-ठीक अंकित कर सके, तरंग की चंचलता, अग्निशिखा की कम्पगति, धूम का तरंगित होना और पताका का लहराना दिखा सके। वस्तुत: उन दिनों चित्रविद्या अपने चरम उत्कर्ष को पहुँच चुकी थी।

चित्रगत चमत्कार

पुरानी पुस्तकों में चित्रगत चमत्कार की अनेक अनुश्रुतियाँ पाई जाती हैं। कहते हैं कि कश्मीर के अनन्त वर्मा के प्रासाद पर जो आम के फल अंकित थे, उनमें कौए ठोकर मार जाया करते थे। उन्हें उनके वास्तविक होने का भ्रम होता था। 'शकुन्तला' नाटक में राजा दुष्यन्त अपने ही बनाए हुए चित्र की विद्धता से स्वयमेव मुह्यमान हो गए थे। यद्यपि नाटककार का अभिप्राय राजा के प्रेम का आतिशय्य दिखाना ही है, परन्तु कई बातें उसमें हैं जो चित्र सम्बन्धी उस युग के आदर्श को व्यक्त करती हैं। इस आदर्श का मूल्य इसलिए और भी बढ़ गया है कि वह कालिदास-जैसे श्रेष्ठ कवि की लेखनी से निकला है। भारतवर्ष का जो कुछ सुन्दर है, भव्य है, सुरुचिपूर्ण और

कोमल है, उसके श्रेष्ठ प्रतिनिधि कालिदास हैं। सो, शकुन्तला के भाव-मनोरम चित्र को बनाने के बाद राजा दुष्यन्त को लगा कि शकुन्तला अधूरी ही है। थोड़ा सोचकर राजा ने अपनी गलती महसूस की। जिस शकुन्तला को हम हिमालय के उस पवित्र आश्रम में नहीं देखते जिसमें मृग-गण बैठे हुए हैं, स्रोतोवहा मालिनी सिक्त कर रही है, उसके सैकत (बालू) पुलिन में हंसमिथुन लीन है, आश्रम-तरुओं में तपस्वियों के वल्कल टँगे हैं, कृष्णसार मृग के सींगों में मृगी अपने वाम नयनों को खुजलाती हुई रसाविष्ट है, वह शकुन्तला अपूर्ण है। मनुष्य अपने सम्पूर्ण वातावरण के साथ ही पूर्ण हो सकता है और जीवन में जो बात सत्य है वही चित्र में भी सत्य है। राजा ने इस सत्य को अनुभव किया। उसने शकुन्तला को उसकी सम्पूर्ण परिवेष्टनी में अंकित करने की इच्छा प्रकट की :

कार्या सैकतलीनहंसमिथुना स्रोतोवहा मालिनी
पादास्तामभितो निषण्णहरिणा गौरीगुरोः पावनाः।
शाखालम्बितवल्कलस्य च तरोर्निर्मातुमिच्छाम्यधः।
श्रृंगे कृष्णमृगस्य वामनयनं कंडूयमानां मृगीम्॥

—'शकुन्तला', षष्ठ अंक

केवल भावमनोहर शकुन्तला राजा दुष्यन्त का व्यक्तिगत सत्य है, वस्तुतः वह उससे बड़ी है। वह विश्वप्रकृति के सौ-सौ हजार विकसित पुष्पों में से एक है, वह सारे आश्रम को पवित्र और मोहन बनानेवाले उपादानों में एक है और इसीलिए इन सबके साथ अविच्छिन्न भाव से संश्लिष्ट है। उस एक तार पर आघात करने से बाकी सब अपने-आप झंकृत हो जाते हैं। वहाँ शकुन्तला अपना अन्त आप नहीं, बल्कि इन समस्त दृश्यमान सत्ता के भीतर निहित एक अखंड अविच्छेद्य 'एक' की ओर संकेत करती है। यही चित्र का प्रधान लक्ष्य है। हमने पहले ही लक्ष्य किया है कि जो कला अपने-आपको ही अन्तिम लक्ष्य सिद्ध करती है, वह माया का कंचुक है और जो उस 'एक' परमतत्त्व की ओर मनुष्य को उन्मुख करती है वह मुक्ति का साधन है। राजा का बनाया हुआ चित्र अन्त में जाकर इतना सफल हुआ कि वह खुद ही अपने को भूल गया। वह चित्रस्थ भ्रमर को उपालम्भ करने लगा।

प्राचीन साहित्य में ऐसे विद्ध चित्रों की बात बहुत प्रकार से आई है। 'रत्नावली' में सारिका ने राजा उदयन का चित्र बनाया था और उसकी सखी सुसंगता ने उस चित्र के बगल में सागरिका का चित्र बना दिया था। सागरिका की आँखों में प्रणय-दुराशा के जो अश्रु थे वे इतने मोहक बने थे कि राजा ने जब उस चित्र को देखा तो उसके समस्त अंगों से बिछल-बिछलकर उसकी दृष्टि बार-बार चित्र के उन 'जललवप्रस्यन्दिनीलोचने' पर ही पड़ती थी :

कृच्छादूरुयुगं व्यतीत्य सुचिरं भ्रान्त्वा नितम्बस्थले।
मध्येऽस्यास्त्रिबलीतरंगविषमे निष्पन्दतामागता॥
मद्दृष्टिस्तृषितेव सम्प्रति शनैरारुह्य तुगस्तनौ।
साकांक्षं मुहुरीक्षते जललवप्रस्यंदिनी लोचने॥

—'रत्नावली', 2-35

संस्कृत साहित्य में शायद ही दो-तीन नाटक ऐसे मिलें जिनमें विद्ध चित्रों के चमत्कार का वर्णन न हो। चित्र उन दिनों विरही के विनोद थे, वियोगियों के मेलापक थे, प्रौढ़ों के प्रीति उद्रेचक थे, गृहों के शृंगार थे, मन्दिरों के मांगल्य थे, संन्यासियों के साधना-विषय थे, और राहगीरों के सहारे थे। प्राचीन भारत चित्रकला का मर्मज्ञ साधक था।

चित्रकला की श्रेष्ठता

'विष्णुधर्मोत्तरपुराण' के चित्रसूत्र में कहा गया है कि समस्त कलाओं में चित्रकला श्रेष्ठ है। वह धर्म, अर्थ, काम और मोक्ष को देनेवाली है। जिस गृह में यह कला रहती है वह गृह मांगल्य होता है (तृतीय खंड, 45।48)। एक अत्यन्त महत्त्वपूर्ण बात यह कही गई है कि नृत्य और चित्र का बड़ा गहरा सम्बन्ध है। मार्कंडेय मुनि ने कहा था कि नृत्य और चित्र दोनों में ही त्रौलोक्य की अनुकृति होती है। नृत्य में दृष्टि, हाव, भाव आदि की जो भंगी बताई गई है वह चित्र में भी प्रयोज्य है, क्योंकि वस्तुतः नृत्य ही परमचित्र है—नृत्यं चित्रं परं स्मृतम्।

सोमेश्वर की 'अभिलाषितार्थ-चिन्तामणि' नामक पुस्तक में चार प्रकार के चित्रों का उल्लेख है : (1) विद्ध चित्र, जो इतना अधिक वास्तविक वस्तु से मिलता हो कि दर्पण में पड़ी परछाईं के समान लगता हो, (2) अविद्ध चित्र, जो काल्पनिक होते थे और चित्रकार के भावोल्लास की उमंग में बनाए जाते थे, (3) रसचित्र, जो भिन्न-भिन्न रसों की अभिव्यक्ति के लिए बनाए जाते थे, और (4) धूलिचित्र। इस ग्रन्थ में चित्र में सोने के उपयोग की भी विधि दी हुई है। शास्त्रीय ग्रन्थों के देखने से पता चलता है कि उन दिनों चित्र के विषय अनेक थे, केवल शृंगार-चेष्टा या धर्माख्यान तक ही उनकी सीमा नहीं थी। धार्मिक और ऐतिहासिक आख्यानों के लम्बे-लम्बे पट उन दिनों बहुत प्रचलित थे। 'कामसूत्र' में ऐसे आख्यानक-पटों का उल्लेख है (पृ. 26) और 'मुद्राराक्षस' नाटक में यमपटों की कहानी है। देवता, असुर, राक्षस, नाग, यक्ष, किन्नर, वृक्षलता, पशु-पक्षी सब कुछ चित्र के विषय थे। इनकी

लम्बाई-चौड़ाई आदि के विषय में शास्त्र-ग्रन्थों में विशेष रूप से लिखा हुआ है।

स्थायी नाट्य-शालाओं की दीवारें चित्रों से अवश्य भूषित होती थीं। चित्र और नाट्य को मंगलजनक माना जाता था। भित्ति को सजाने के लिए पुरुष, स्त्री और लताबन्ध के चित्र होना आवश्यक माना जाता था। ('नाट्य-शास्त्र', 2-85-86)। लताबन्ध में कमल और हंस अवश्य अंकित होते थे, क्योंकि कमल को और हंस को गृह की समृद्धि का हेतु समझा जाता था। यह बताया जा चुका है कि भारतीय नाटकों की कथावस्तु का एक प्रधान उपादान चित्र-कर्म था।

संस्कृत नाटकों में शायद ही कोई ऐसा हो, जिसमें प्रेमी या प्रेमिका अपनी गाढ़ विरह-वेदना को प्रिय के चित्र बनाकर न हल्की करती हो। 'मृच्छकटिक' की गणिका वसन्तसेना चारुदत्त का चित्र बनाती है, 'शकुन्तला' नाटक का नायक दुष्यन्त विरही होकर प्रियतमा का चित्र बनाकर मन बहलाता है, 'रत्नावली' में तो चित्रफलक ही नाटक के द्वंद्व को तीव्र और भाव को सान्द्र बना देता है। 'उत्तर-रामचरित' में राम-जानकी अपने पूर्वकालीन चरित्रों का चित्र देखकर विनोद करते हैं।

काव्य-नाटकादि में चित्र का जो प्रसंग आता है, उसमें सर्वत्र विद्ध चित्र की ही प्रशंसा मिलती है, अर्थात् जो चित्र देखने में ठीक हू-ब-हू मूल वस्तु से मिल जाता था वही प्रशंसनीय समझा जाता था। कालिदास की 'शकुन्तला' में एक विवादास्पद अर्थवाला श्लोक आता है, जिसमें शायद चित्र की अपूर्णता की ओर इशारा किया गया है। राजा दुष्यन्त ने शकुन्तला का जो चित्र बनाया था, जिसमें शकुन्तला के दोनों नेत्र कान तक फैले हुए थे, भ्रूलता लीला द्वारा कुंचित थी, अधर-देश उज्ज्वल दसनछवि की ज्योत्स्ना से समुद्भासित थे, ओष्ठप्रदेश पके कर्कन्धू के समान पाटल वर्ण के थे, विभ्रम-विलास की मनोहारिणी छवि की एक तरल धारा-सी जगमगा उठी थी, चित्रगत होने पर भी मुख में ऐसी सजीवता थी कि जान पड़ता था अब बोला, अब बोला :

दीर्घापांगविसारिनेत्रयुगलं लीलांचितभ्रू लतं
दन्तान्तःपरिकीर्णहासकिरणज्योत्स्नाविलिप्ताधरम्
कर्कन्धूद्युतिपाटलोष्ठरुचिरं तस्यास्तदेतन्मुखम्
चित्रेऽप्यालपतीव विभ्रमलसत्प्रोद्भिन्नकान्तिद्रवम् ॥102॥

मिश्रकेशी नामक शकुन्तला की सखी ने इस चित्र को देखकर आश्चर्य के साथ अनुभव किया था कि मानो उसकी सखी सामने ही खड़ी है। पर राजा को सन्तोष नहीं था। इतना भावपूर्ण सजीव चित्र भी कुछ कमी लिये हुए था। राजा ने कहा कि चित्र में जो साधु अर्थात् ठीक नहीं होता, उसे दूसरे ढंग से (अन्यथा) किया जाता है, तथापि उसका लावण्य रेखा से कुछ अन्वित हुआ है :

यद्यत्साधु न चित्रे स्यात् क्रियते तत्तदन्यथा।
तथापि तस्या लावण्यं रेखया किञ्चदन्वितम् ॥103॥

इन वाक्यों का अर्थ पंडितों ने कई प्रकार से किया है। शायद राजा का भाव यही है कि हजार यत्न किया जाय, मूल वस्तु का भाव चित्र में नहीं आ पाता या फिर यह हो कि कल्पित मूल्यों की योजना का कला में प्राधान्य होने के कारण काँच की भाँति चित्र में भी मूल वस्तु को कुछ दूसरे रूप में ही सजाया जाता है जिसमें अभिरामता बढ़ जाती है। दूसरे अर्थ का समर्थन 'मालविकाग्निमित्र' के उस श्लोक से होता है जिसके अनुसार वास्तविक मालविका को देखकर राजा ने कहा था कि चित्र में इसके रूप को देखकर मुझे आशंका हुई थी कि शायद वास्तव में यह उतनी सुन्दर नहीं होगी जैसा कि चित्र में दिख रही है, पर इसे प्रत्यक्ष देखकर लग रहा है कि चित्रकार की समाधि ही शिथिल हो गई थी—उसने चंचल चित्त से चित्र बनाया था!

चित्रगतायामस्या कान्तिविसंवादशंकि मे हृदयम्।
संप्रति शिथिलसमाधिं मन्ये येनेयमालिखिता॥

कालिदास के ग्रन्थों से जान पड़ता है कि विवाह के समय देवताओं के चित्र बनाकर पूजे जाते थे, वधुओं के दुकूल-पट्ट के आँचल में हंस के जोड़े बनाए जाते थे और चित्र देखकर वर-वधू के सम्बन्ध ठीक किए जाते थे। ध्वस्त अयोध्या-नगरी-वर्णन-प्रसंग में महाकवि ने कहा है कि प्रासादों की भित्ति पर पहले नाना भाँति के पद्मवन चित्रित थे और उन पद्म-वनों में बड़े-बड़े मातंग (हाथी) चित्रित थे, जिन्हें उनकी प्रियतमा करेणु-बालाएँ मृणाल-खंड देती हुई अंकित की गई थीं। ये चित्र इतने सजीव थे कि उन्हें वास्तविक हाथी समझकर आज की विध्वस्तावस्था में वहीं के रहनेवाले सिंहों ने अपने तेज नाखूनों से उनका कुम्भस्थल विदीर्ण कर दिया था! बड़े-बड़े महलों में जो लकड़ी के खम्भे लगे हुए थे, उन पर मनोहर स्त्रीमूर्तियाँ अंकित थीं और उनमें रंग भी भरा गया था। अवस्था के गिरने से ये दारुमूर्तियाँ फीकी पड़ गई थीं। अब तो साँपों की छोड़ी हुई केंचुलें ही उनके वक्ष:स्थल के आवरणयोग्य दुकूल वस्त्र का कार्य कर रही हैं।

चित्रद्विपाः पद्मवनावतीर्णाः करेणुभिर्दत्तमृणालभंगाः।
नखांकुशाघातविभिन्नकुंभाः संरब्धसिंहप्रहृतं वहन्ति॥
स्तंभेषु योषित्प्रतियातनानामुत्क्रान्तवर्णक्रमधूसराणाम्।
स्तनोत्तरीयाणि भवन्ति संगान्निर्मोकपट्टाः फणिभिर्विमुक्ता॥

—'रघुवंश', 16-16-17

जान पड़ता है, उन दिनों इस प्रकार के चित्र बहुत प्रचलित थे। अजन्ता में

हू-ब-हू एक वैसा ही चित्र है, जैसा कालिदास ने ऊपर के हाथी-वर्णन के प्रसंग में कहा है। दुर्भाग्यवश काल के निर्मम स्रोत में उस युग की दारुमयी स्तम्भ प्रतिमाएँ एकदम बह गई हैं। नहीं तो इसका भी कुछ उदाहरण मिल ही जाता। चीन में कहानी प्रसिद्ध है कि तेन् सम्राट के गृह पर जो फल-वृक्ष अंकित थे, उन पर सुग्गे चोंचे मारा करते थे। ऐसा भाव हमारे साहित्य में भी मिलेगा। एक कवि ने राजा की स्तुति करते हुए कहा था कि 'हे राजन्, तुम्हारे डर के मारे जो शत्रु भाग गए हैं उनके घरों में उन्हीं के सुग्गे चित्रों को देख-देखकर यह समझ रहे हैं कि उनके मालिक घर में ही हैं और राजा के चित्र को देखकर कह रहे हैं कि, महाराज आपकी कन्या मुझे नहीं पढ़ाती, रानियाँ चुप हैं, क्या मामला है? फिर कुब्जा दासियों के चित्र को देखकर कहते हैं कि तू मुझे क्यों नहीं खिलाती?' इत्यादि—

राजन् राजसुता न पाठयति मां देव्योऽपि तूष्णीं स्थिता।
कुब्जे भोजय मां कुमार सचिवैर्नाद्यापि किं भुज्यसे॥
इत्थं नाथशुकास्तवारिभवने मुक्तोऽध्वगैः पंजरात्।
चित्रस्थानवलोक्यशून्यवलभावेकै कमाभाषते॥

इतना तो स्पष्ट ही है चित्रकार का ध्यान शिथिल न हो गया होता तो और भी सुन्दर बनाता। परन्तु इसमें कोई सन्देह नहीं कि कालिदास ने चित्र में जो-जो गुण बताए हैं, वे निश्चित रूप से उत्तम कला के सबूत हैं। यह जो बोलता-बोलता भाव है, या फिर ऊँचे स्थानों को ऊँचा दिखाना, निम्न स्थानों को निम्न दिखाना, शरीर में इस प्रकार रंग और रेखा का विन्यास करना कि मृदुता और सुकुमारता निखर आए, मुख पर ऐसा भाव चित्रित करना कि प्रेमदृष्टि और मुसुकान-भरी वाणी प्रत्यक्ष हो उठे।

अस्यास्तुंगमिव स्तनद्वयमिदं निम्नेव नाभिः स्थिता
दृश्यन्ते विषमोन्नताश्च वलयो भित्तौ समायामपि।
अंगे च प्रतिभाति मार्दवमिदं स्निग्धप्रभावाच्चिरं
प्रेम्णा मन्मुखमीषदीक्षत इव स्मेरा च वक्तीव माम्॥

—षष्ठ अंक

यह निस्सन्देह बहुत ही उत्तम कला का निदर्शन है। किन्तु 'विष्णुधर्मोत्तरपुराण के चित्रसूत्र के आचार्य को इतना ही काफी नहीं जान पड़ता। वे और भी सूक्ष्मता चाहते हैं, और भी कौशल होने पर दाद देना स्वीकारते हैं। जो चित्रकार सोए हुए आदमी में चेतना दिखा सके, या मरे हुए में चेतना का अभाव दिखा सके, निम्नोन्नत विभाग को यथावत् दिखा सके, तरंग की चंचलता, अग्निशिखा की कम्पगति, धूम का तरंगित होना और पताका का लहराना स्पष्ट दिखा सके असल में उसे ही आचार्य चित्रविद् कहना चाहते हैं :

तरंगाग्निशिखाधूमवैजयन्त्यम्बरादिकम्।
वायुगत्या लिखेद्यस्तु विज्ञेयः स तु चित्रवित्॥
सुप्तं च चेतनायुक्तं मृतं चैतन्यवर्जितम्।
निम्नोन्नतविभागं च यः करोति स चित्रवित्॥

ऐसा जान पड़ता है कि विद्ध चित्रों के चित्रण में उन दिनों पूरी सफलता मिली थी। राजा और रानियों की पुरुषप्रमाण प्रतिकृति उन दिनों नियमित रूप से राजघराने में सुरक्षित रहती थी। 'हर्षचरित' से जान पड़ता है कि श्रद्धा के बाद पहला कार्य होता था मृत व्यक्ति का आलेख्य बनाना। यद्यपि अन्तःपुर और समृद्ध नागरकों के बहिर्निवास में ही कला का अधिक उल्लेख मिलता है, तथापि साधारण जनता में भी इस कला का प्रचार रहा होगा। संस्कृत नाटकों और नाटिकाओं में परिचारिकाओं को प्रायः चित्र बनाते अंकित किया गया है। प्राचीन ग्रन्थों से इस बात का सबूत भी मिल जाता है कि उन दिनों स्वयं लोग अपना चित्र भी बनाते थे। भारतवर्ष ने उस काल में इस विद्या में जो चरम उत्कर्ष प्राप्त किया था, उसका ज्वलन्त प्रमाण अजन्ता और बेलूर (एलोरा) आदि की गुफाएँ हैं।

कुमारी और वधू

अन्तःपुर की कुमारियाँ विवाहिता वधुओं की अपेक्षा अधिक कलाप्रवीण होती थीं। वे वीणा बजा लेती थीं, वंशी-वादन में निपुण होती थीं, गानविद्या में दक्षता प्राप्त करती थीं, द्यूतक्रीड़ा की अनुरागिनी होती थीं, अष्टापद या पासा की जानकार होती थीं, चित्रकर्म में मेहनत करती थीं, सुभाषितों का अर्थात् अच्छे श्लोकों का पाठ कर सकती थीं, और अन्य अनेकविध कलाओं में निपुण होती थीं। अन्तःपुर की वधुएँ पर्दे में रहती थीं, उनके सिर पर अवगुंठन या घूँघट हुआ करता था और चार अवसरों के अतिरिक्त अन्य किसी समय उन्हें कोई देख नहीं सकता था। ये चार अवसर थे : यज्ञ, विवाह, विपत्ति और वन-गमन। इन चारों अवस्थाओं में वधू का देखना दोषावह नहीं माना जाता। 'प्रतिमा' नाटक में इसीलिए श्रीरामचन्द्र ने कहा है :

स्वैरं हि पश्यन्तु कलत्रमेतद्
वाष्पाकुलाक्षैर्वदनैर्भवन्तः।
निर्दोषदृश्या हि भवन्ति नार्यो
यज्ञे विवाहे व्यसने वने च॥

—'प्रतिमा', 1-29

परन्तु कुमारियाँ अधिक स्वतंत्र थीं। वे व्रत, उपवास तो करती थीं, परन्तु उनके अतिरिक्त अनेक प्रकार की कलाओं में भी रुचि रखती थीं। वे लिखती-पढ़ती थीं, चित्र बनाती थीं, गृह-द्वार को अभिराम-मंडनिकाओं से मंडित करती थीं और यथावसर शास्त्रार्थ-विचार भी कर लेती थीं। काव्यग्रन्थ लिखने का कार्य कुमारी कन्याएँ किया करती थीं और कभी-कभी उनके प्रेमपत्र लिखने का सबूत मिल ही जाता है।

लेखन-सामग्री

पुस्तक और पत्र लिखने के लिए साधारणतः भूर्जपत्र का व्यवहार होता था। कालिदास ने हिमालय की महिमा-वर्णन के प्रसंग में बताया है कि विद्याधर-सुन्दरियाँ भूर्जपत्रों पर धातुरस से अपने प्रेमियों के पास पत्र लिखा करती थीं, जिनके अक्षर हाथी के सूँड़ पर मिलनेवाले बिन्दुओं के समान सुन्दर होते थे।

न्यस्ताक्षराधातुरसेन यत्र
भूर्जत्वचः कुञ्जरबिन्दुशोणाः।
व्रजन्ति विद्याधरसुन्दरीणा—
मनङ्गलेखक्रिययोपयोगम्।

—कुमार., 1.7

यह भोजपत्र हिमालय प्रदेश में पैदा होनेवाले 'भूर्ज' नामक वृक्ष की छाल है। इनकी ऊँचाई कभी-कभी 60 फुट तक जाती है। हिमालय में साधारणतः 14000 फीट की ऊँचाई पर ये बहुतायत से पाए जाते हैं। इनकी छाल कागज की भाँति होती है। इस छाल को लेखक लोग अपनी इच्छानुसार लम्बाई-चौड़ाई का काटकर उस पर स्याही से लिखते थे। अब तो यह केवल यंत्र-मंत्र के काम ही आता है, पर किसी जमाने में कश्मीर तथा हिमालय प्रदेशों में भूर्जपत्र पर ही पोथियाँ लिखी जाती थीं। अधिकतर भूर्जपत्र की पुस्तकें कश्मीर से ही मिलती हैं। भोजपत्र की सबसे पुरानी पुस्तक खरोष्ठी लिपि में लिखा हुआ प्राकृत (पाली वाला नहीं) 'धम्मपद' नामक प्रसिद्ध ग्रन्थ है, जो सम्भवतः सन् ईसवी की तीसरी शताब्दी का है। सबसे पुरानी संस्कृत-पुस्तक जो भोजपत्र पर लिखी मिली है, वह 'संयुक्तागम सूत्र' है। खरोष्ठीवाली पुस्तक का काल निश्चित रूप से नहीं कहा जा सकता। वह खोतान से प्राप्त हुई थी। कश्मीर और उत्तरी प्रदेशों के सिवा अन्यत्र भूर्जपत्र की पोथियों का बहुत अधिक प्रचार नहीं था। निचले मैदानों में ताड़ के पत्ते प्रचुर मात्रा में उपलब्ध

होते थे। वे भूर्जपत्र की अपेक्षा टिकाऊ भी होते हैं और सस्ते तो होते ही हैं। इसीलिए मैदानों में तालपत्र का ही अधिक प्रचार था।

तालपत्र को उबालकर शंख या किसी अन्य चिकने पदार्थ से रगड़कर उन्हें गेल्हा जाता था। गेल्हने के बाद लोहे की कलम से उन पर अक्षर कुरेद दिए जाते थे, फिर काली स्याही लेप दी जाती थी, जो गड्ढों में भर जाती थी, और चिकने अंश पर से पोंछ दी जाती थी। लोहे की कलम से कुरेदने की यह प्रथा दक्षिण में ही प्रचलित थी। उत्तर भारत और पूर्व भारत में उन पर उसी प्रकार लिखा जाता था, जिस प्रकार कागज पर लिखा जाता है। इन पत्तों का आकार कभी-कभी दो फुट तक होता है। संस्कृत में 'लिख्' धातु का अर्थ कुरेदना ही है। 'लिपि' शब्द तो लिखावट के लिए प्रचलित हुआ है, इसका कारण स्याही का लेपना ही है। इन पत्रों में लिखने की जगह के बीचोंबीच एक छेद हुआ करता था। यदि पत्र बहुत लम्बे हुए तो दो छेद बनाए जाते थे और इन छेदों में धागा पिरो दिया जाता था। बाद में कागज पर लिखी पोथियों में भी छेद के लिए जगह छोड़ दी जाती थी, जो वस्तुतः छिद्रित नहीं हुआ करती थी। सूत्र से ग्रथित होने के कारण ही पोथियों के लिए 'ग्रन्थ' शब्द प्रचलित हुआ। भाषा में 'सूत्र मिलना' जो मुहावरा प्रचलित है, उसका मूल पोथियों के पन्नों को ठीक-ठीक सँभाल रखनेवाला यह धागा ही जान पड़ता है। हमने ऊपर तालपत्र की सबसे पुरानी पोथी की चर्चा की है। काशनगर से कुछ चौथी शताब्दी के लिखे हुए तालपत्र के ग्रन्थों के त्रुटित अंश भी उपलब्ध हुए हैं। सबसे मजेदार बात यह है कि तालपत्र की लिखी हुई जो दो पूरी पुस्तकें हैं, वे जापान के होरियूजि मठ में सुरक्षित हैं। इनके नाम हैं : 'प्रज्ञापारमिता-हृदय सूत्र' और 'उष्णीश-विजय-धारिणी'। इनकी लिखावट से अनुमान किया गया है कि ये पोथियाँ सन् ईसवी की छठी शताब्दी के आस-पास लिखी गई होंगी।

प्रस्तर-लेख

प्रसंग है तो कह रखना उचित है कि भूर्जपत्र और तालपत्र की अपेक्षा भी अधिक स्थायी वस्तु पत्थर है। नाना प्रकार से पत्थरों पर लेख खोदकर इस देश में सुरक्षित रखे गए हैं। कभी-कभी बड़ी-बड़ी पोथियाँ भी चट्टानों पर और भित्तिगात्रों की शिलाओं पर खोदी गई हैं। बहुत-सी महत्त्वपूर्ण पोथियों का उद्धार सिर्फ शिलालिपियों से ही हुआ है। अशोक के शिला-लेख तो विख्यात ही हैं। बहुत पुराने जमाने में भी पर्वत-शिलाओं पर उट्टंकित ग्रन्थों से क्रान्तिकारी परिणाम निकले हैं। कश्मीर का

विशाल अद्वैत शैव मत जिस 'शिव-सूत्र' पर आधारित है, वह पर्वत की शिला पर ही उट्टंकित था। शिलागात्रों पर उत्कीर्ण लिपियों ने साहित्य के इतिहास की भ्रान्त धारणाओं को भी दूर किया है। महाक्षत्रप रुद्रदामा के लेख से निस्सन्दिग्ध रूप से प्रमाणित हो गया कि 150 ई. के पूर्व संस्कृत में सुन्दर अलंकृत गद्यकाव्य लिखे जाते थे। यह सारा लेख ही गद्य-काव्य का एक उत्तम नमूना है। इसमें महाक्षत्रप ने अपने को 'स्फुट-लघु-मधुर-चित्र-कान्त-शब्द-समोदारालंकृत-गद्य-पद्य' का मर्मज्ञ बताया था। सम्राट् समुद्रगुप्त ने प्रयाग के स्तम्भ पर हरिषेण कवि द्वारा रचित जो प्रशस्ति खुदवाई थी वह भी पद्य और गद्य-काव्य का उत्तम नमूना है। हरिषेण ने इसे सम्भवत: 530 ई. में लिखा होगा। अब तो सैकड़ों ललित काव्य और कवियों का पता इन शिला-लिपियों से चला है। इन काव्यात्मक प्रशस्तियों के अनेक संग्रह भी प्रकाशित हुए हैं।

इस प्रसंग में राजा भोज के अपने प्रासाद भोजशाला से उद्धार की गई एक नाटिका और एक प्राकृत काव्य की चर्चा मनोरंजक होगी। इस भोजशाला की 'सरस्वती-कंठाभरण' नामक पाठशाला आजकल धार की कमालमौला मस्जिद के नाम से वर्तमान है। सन् 1905 ई. में एजुकेशनल सुपरिंटेंडेंट मिस्टर लेले ने प्रो. हब को खबर दी कि धार की कमालमौला मस्जिद का मेहराब टूट गया है और उसमें से कई पत्थर खिसककर निकल आए हैं, जिन पर नागरी अक्षरों में कुछ लिखा हुआ है। इन पत्थरों को उलटकर इस प्रकार जड़ दिया गया था कि लिखा हुआ अंश पढ़ा न जा सके। जब पत्थर खिसककर टूट गिरे तो उनका पढ़ना सम्भव हुआ। परीक्षा से मालूम हुआ कि दो पत्थरों पर महाराज भोज के वंशज अर्जुनदेव वर्मा के गुरु गौड पंडित मदन कवि की लिखी हुई कोई 'पारिजात-मंजरी' नामक नाटिका थी। नाटिका में चार अंक होते हैं। अनुमान किया गया है कि बाकी दो अंक भी निश्चय ही उसी इमारत में कहीं होंगे, यद्यपि मस्जिद के हितचिन्तकों के आग्रह से उनका पता नहीं चल सका। फिर कुछ पत्थरों पर स्वयं महाराज भोज के लिखे हुए आर्या छन्द के दो काव्य खोदे गए थे, जिनकी भाषा कुछ अपभ्रंश से मिली हुई प्राकृत थी। इस शिलापट्ट की प्रतिच्छवि 'एपिग्राफिका इंडिका' की आठवीं जिल्द में छपी है। चौहान राजा विग्रहराज का 'हरिकेल नाटक' और सोमेश्वर कवि का 'ललित-विग्रहराज' नामक नाटक भी शिलापट्टों पर खुदे पाए गए हैं।

एक सुन्दर काव्य एक पत्थर पर खुदा ऐसा भी पाया गया है, जो किसी शौकीन जमींदार की मोरियों की शोभा बढ़ा रहा था। यद्यपि अभी भी भारतवर्ष के अनेक शिला-लेख पढ़े नहीं जा सके हैं, तथापि नाना दृष्टियों से इन लेखों ने भारतीय संस्कृति और सभ्यता के अध्ययन में महत्त्वपूर्ण सहायता पहुँचाई है।

सुवर्ण और रजतपत्र

इस बात का प्रमाण प्राप्त है कि बहुत-सी पुस्तकें सोने और चाँदी तथा अन्य धातु के पत्तरों पर लिखाकर दान कर दी गई थीं। मेरे मित्र प्रो. प्रहलाद प्रधान ने लिखा है कि कालक्रम से बौद्ध भिक्षुकों में यह विश्वास जम गया था कि पुरानी पोथियों को गाड़ देने से बहुत पुण्य होता है। ऐसी बहुत-सी गाड़ी हुई पोथियों का उद्धार इन दिनों हो सका है। ह्वेन्त्सांग ने लिखा है कि महाराज कनिष्क ने त्रिपिटक का नूतन संस्करण कराकर ताम्रपत्रों पर उन्हें खुदवाकर किसी स्तूप में गड़वा दिया था। अभी तक पुरातत्त्ववेत्ता लोग इन ताम्रपत्रों का उद्धार नहीं कर सके हैं। लंका में कंडि जिले में हंगुरनकेत विहार के चैत्य में हजारों रुपयों की बहुमूल्य पुस्तकें और अन्य वस्तुएँ गड़वा दी गई थीं। रौप्य पत्र पर 'विनय पिटक' के दो प्रकरण, 'अभिधम्म' के सात प्रकरण और 'दीर्घनिकाय' तथा कुछ अन्य ग्रन्थों को खुदवाकर गड़वाने में एक लाख बानबे हजार रुपए लगे थे। सोने के पत्तरों पर लिखे गए स्तोत्र आदि की चर्चा भी आती है। तक्षशिला के गंगू नामक स्तूप से खरोष्ठी लिपि में लिखा हुआ एक सोने का पत्तर प्रसिद्ध खोजी विद्वान जनरल कनिंघम को मिला था। वर्मा के द्रोम नामक स्थान से पाली में खुदे हुए दो सोने के पत्तर ऐसे मिले हैं, जिनकी लिपि सन् ईसवी की चौथी या पाँचवीं शताब्दी की होगी। भट्टिप्रोलू के स्तूप से और तक्षशिला से भी चाँदी के पत्तर पाए गए हैं। सुना है, कुछ जैन-मन्दिरों में भी चाँदी के पत्र पर खुदे हुए पवित्र लेख मिलते हैं। ताम्बे के पत्तरों पर तो बहुत लेख मिले हैं, परन्तु उन पर खुदी कोई बड़ी पोथी नहीं मिली है।

वधू का शान्त-शोभन रूप

कुमारियों के पत्र-लेखन और पुस्तक-लेखन के प्रसंग में हम कुछ बहक गए थे। अब फिर मूल विषय पर लौटा जा सकता है। वधू के अनेक रूपों की चर्चा पहले ही आई है (पृ. 426)। हम अन्यत्र यज्ञ और विवाह के अवसरों पर पौर वधुओं को देखने का अवसर पाएँगे। व्यसन अर्थात् विपत्ति के अवसर पर देखने का मौका भी हमें इस पुस्तक में नहीं मिलेगा, परन्तु प्राचीन भारत की अन्तःपुर-वधू को यदि हम व्यसनावस्था में न देखें तो उसका ठीक-ठीक परिचय न पा सकेंगे। वधू के व्यसन (विपत्ति) कई थे—रोग, शोक, सपत्नी-निर्यातन, पति का औदासीन्य, पति के अन्यत्र

प्रेमद्रवित होने की आशंका और सबसे बढ़कर पुत्र का न होना। इन अवसरों पर वह कठिन व्रतों का अनुष्ठान करती थी, ब्राह्मणों और देवताओं की पूजा करती थी, उपवास करके स्नानादि से पवित्र हो गुग्गुल धूप से धूपित चंडी-मंडप में कुशासन बिछाकर वास करती थी, गोशालाओं में आकर सौभाग्यवती धेनुओं—जिन्हें वृद्ध गोपिकाएँ सिन्दूर, चन्दन और माल्य से पूजन देती थीं—की छाया में स्नान करती थी, रत्नपूर्ण तिलपात्र ब्राह्मणों को दान करती थी, ओझों की शरण जाती थी और कृष्ण चतुर्दशी की रात को चतुष्पथ (चौराहे) पर दिक्पालों को बलि देती थी, ब्राह्मी आदि मातृकाओं की पूजा करती थी, अश्वत्थादि वृक्षों की परिक्रमा करती थी, स्नान के पश्चात् चाँदी के पात्र में अक्षतदधिमिश्रित जल का उपहार गौवों को खिलाती थी, पुष्प-धूप आदि से दुर्गा देवी की पूजा करती थी, सत्यवादी क्षपणक साधुओं को अन्न का उपढौकन देकर भावी मंगल के विषय में प्रश्न करती थी, विप्रश्निका कही जानेवाली स्त्री-ज्योतिषियों से भाग्यगणना कराती थी, अंगों का फड़कना तथा अन्यान्य शुभाशुभ शकुनों का फल दैवज्ञ से पूछती थी, तांत्रिक साधकों के बताए गुप्त मंत्रों का जप करती थी, ब्राह्मणों से वेदपाठ कराती थी, ग्रहाचार्यों से स्वप्न का फल पुछवाती थी और चत्वर में शिवाबलि (शृगालियों को उपहार) देती थी। इस प्रकार यद्यपि वह अवरोध में रहती थी (कादम्बरी), तथापि पूजा-पाठ और अपने विश्वास के अनुसार अन्यान्य मांगल्य अनुष्ठानों के समय वह बाहर निकल सकती थी।

उत्सव में वेशभूषा

पुरुष और स्त्री, दोनों के लिए यह आवश्यक था कि उत्सवों में पूर्ण अलंकृत होके जाएँ। केवल स्त्रियाँ ही प्राचीन भारत में अलंकार नहीं धारण करती थीं, पुरुष भी नाना प्रकार के अलंकार धारण करता था। अयोध्या के नागरिकों की बात बताते समय आदिकवि ने लिखा है कि अयोध्या में कोई ऐसा पुरुष नहीं था जो कुंडल न धारण किए हो, मुकुट न पहने हो, माला से विभूषित न हो, काफी भोग का अधिकारी न हो, साफ-सुथरा न रहता हो, अंगरागों का लेप न करता हो, सुगन्धि न धारण करता हो, अंगद (बाहु का आभूषण) निष्क (उरोभूषण) और हाथ के आभरणों को न धारण किए हो (बाल., 7-10-12)। स्त्रियाँ तो सब देश में सब समय भूषण धारण करती ही हैं। प्राचीन ग्रन्थों में पुरुषों के बाहुमूल कलाई और अंगुलियों के धार्य अलंकारों की खूब चर्चा है और कुंडल-हार की भी चर्चा बराबर मिलती है। ये अलंकार सभी पुरुष धारण करते थे।

अलंकार तीन प्रकार के माने गए हैं : स्वाभाविक, अयत्नज और बाह्य। लीला, विकास, विच्छित्ति, विभ्रम, किलकिञ्चत, मोट्टायित, कुट्टमित, बिब्बोक, ललित और विहृत, ये स्त्रियों के स्वाभाविक अलंकार हैं। अलंकार के ग्रन्थों में इनका विस्तृत विवरण मिलेगा। अयत्नज अलंकार पुरुषों के और स्त्रियों के अलग-अलग माने जाते थे। शोभा, कान्ति, दीप्ति, माधुर्य, धैर्य, प्रगल्भता और औदार्य स्त्रियों के अयत्न-साधित अलंकार हैं और शोभा, विलास, माधुर्य, स्थैर्य, गाम्भीर्य, ललित, औदार्य और तेज पुरुषों के। शास्त्रों में इनके लक्षण बताए गए हैं ('नाट्यशास्त्र', 24-24-39)। वस्तुतः इन स्वाभाविक अलंकारों से ही पुरुष या स्त्री का सौन्दर्य खिलता है। बाह्य अलंकार तो स्वाभाविक सौन्दर्य को ही पुष्ट करते हैं। कालिदास ने ठीक ही कहा था कि कमल का पुष्प शैवालजाल से अनुविद्ध हो तो भी सुन्दर लगता है, चन्द्रमा का काला धब्बा मलिन होकर भी शोभा विस्तार करता है, उसी प्रकार वल्कल धारण करने पर भी शकुन्तला का रूप अधिक मनोज्ञ हो गया है। मधुर आकृतियों के लिए कौन-सी वस्तु असंकार नहीं हो जाती?

सरसिजमनुविद्धं शैवलेनापि रम्यं
मलिनमपि हिमांशोर्लक्ष्म लक्ष्मीं तनोति।
इयमधिकमनोज्ञा वत्कलेनापि तन्वी
किमिव हि मधुराणां मंडनं नाकृतीनाम्॥

परन्तु फिर भी यह आवश्यक माना जाता था कि नागरिक लोग देश-काल की परिपाटी समझें, अलंकरणों का उचित सन्निवेश जानें और सामाजिक उत्सवों के अवसरों पर सुरुचि और सुसंस्कार का परिचय दें। उस युग के शास्त्रकारों ने इस बात पर जोर दिया है कि युवक-युवतियों को गुण, अलंकार, जीवित और परिकर का ज्ञान होना चाहिए; क्योंकि गुण शोभा का समुत्पादक है, अलंकार समुद्दीपक है, जीवित अनुप्राणक है, परिकर व्यंजक है। ये एक-दूसरे के उपकारक हैं, और इसीलिए परस्पर के अनुग्राहक भी हैं। गुण और अलंकार से ही शरीर में उत्कर्ष आता है। शोभा-विधायक धर्मों को गुण कहते हैं। वे ये हैं :

रूपं वर्णः प्रभा रागः आभिजात्यं विलासिता।
लावण्यं लक्षणं छाया सौभाग्यं चेत्यमी गुणाः॥

शरीर अवयवों की रेखा में स्पष्टता को रूप कहते हैं, गौरता-श्यामता आदि को वर्ण कहते हैं। सूर्य की भाँति चमक (काचकाच्य) वाली कान्ति को प्रभा कहते हैं, अधरों पर स्वाभाविक हँसी खेलते रहने के कारण सबकी दृष्टि आकर्षित करनेवाले धर्म को राग कहते हैं, फूल के समान मृदुता और पेशलता नामक वह गुण जो ललनादि के रूप में एक विशेष प्रकार का स्पर्श या सहलाव होता है उसे

आभिजात्य कहा गया है, अंगों और उपांगों से युवावस्था के कारण फूट पड़नेवाली विभ्रम विलास नामक चेष्टाएँ, जिनमें कटाक्ष, भ्रूक्षेप आदि का समुचित मात्रा में योग रहता है, विलासिता कहलाती है। चन्द्रमा की भाँति आह्लादकारक सौन्दर्य का उत्कर्ष-भूत स्निग्ध-मधुर वह धर्म जो अवयवों के उचित सन्निवेश से व्यंजित होता रहता है लावण्य कहा जाता है। वह सूक्ष्म भंगिमा जो अग्राम्यता के कारण वक्रिमत्वख्यापिनी अर्थात् बाह्य शिष्टाचार और परिपाटी को प्रकट करनेवाली होती है, जिससे ताम्बूलसेवन, वस्त्र, परिधान; नृत्य-सुभाषित आदि के व्यवहार में वक्ता का उत्कर्ष प्रकट होता है, छाया कहलाती है; सुभग उस व्यक्ति को कहते हैं जिसके भीतर प्रकृत्या वह रंजक गुण होता है जिससे सहृदय लोग उसी प्रकार स्वयमेव आकृष्ट होते हैं जिस प्रकार पुष्प के परिमल से भ्रमर। उसी सुभग व्यक्ति के आन्तरिक वशीकरण धर्म-विशेष को सौभाग्य कहते हैं। सहृदय के अन्दर ये दस गुण विधाता की ओर से मिले होते हैं। प्रत्येक व्यक्ति इच्छा करने से ही इन्हें नहीं पा सकता। वे जन्मांतर के पुण्यार्जन से प्राप्त होते हैं।

अलंकार

सहृदय के अलंकार सात ही हैं :

रत्नं हेमांशुके माल्यं मंडनं द्रव्ययोजने।
प्रकीर्ण चेत्यलंकारा स्वप्नैवेते मया मताः।

वज्र-मुक्ता-पद्मराग-मरकत-इन्द्रनील-वैदूर्य-पुष्पराग-कर्केतन-पुलक-रुधिराक्ष भीष्म-स्फटिक-प्रवाल, ये तेरह रत्न होते हैं। वराहमिहिराचार्य की बृहत्संहिता' (अध्याय 80) में इनके लक्षण दिए हुए हैं। भीष्म के स्थान में उसमें विषमक पाठ है। 'शब्दार्थ-चिन्तामणि' के अनुसार यह रत्न हिमालय के उत्तर प्रान्त में पाया जानेवाला कोई सफेद पत्थर है। बाकी के बारे में बृहत्संहिता में देखना चाहिए। हेम सोने को कहते हैं। यह नौ प्रकार का बताया गया है : जम्बूनद, शातकौम्भ, हाटक, वेणव, शृंगी, शुक्तिज, जातरूप, रसविद्ध और आकार (खनि)-उद्गत। इन तेरह प्रकार के रत्नों और नौ प्रकार के सोनों से नाना प्रकार के अलंकार बनते हैं। ये चार श्रेणियों के होते हैं : (1) आवेध्य, (2) निबन्धनीय, (3) प्रक्षेप्य और (4) आरोप्य। ताड़ी, कुंडल, कान के बाले आदि अलंकार अंग में छेद करके पहने जाते हैं, इसालए आवेध्य कहलाते हैं। अंगद (बाहुमूल में पहना जानेवाला अलंकार—विजायठ जातीय)

श्रोणीसूत्र (करधनी आदि), चूड़ामणि, शिखादृढ़िका आदि अलंकार बाँधकर पहने जाते हैं, इसलिए इन्हें निबन्धनीय कहा जाता है। ऊर्मिका, कटक (पहुँची में पहना जानेवाला अलंकार), मंजीर आदि अंग में प्रक्षेपपूर्वक पहने जाते हैं, इसलिए प्रक्षेप्य कहलाते हैं। झूलती हुई माला, हार, नक्षत्रमालिका आदि-आदि अलंकार आरोपित किए जाने के कारण आरोप्य कहलाते हैं।

अलंकार के एक और वर्गीकरण की चर्चा मल्लिनाथ ने 'मेघदूत' (2-11) की टीका में की है। 'रसाकर' नामक ग्रन्थ से एक श्लोक उद्धृत करके बताया है कि भूषण चार प्रकार के ही होते हैं : (1) कचधार्य अर्थात् केश में धारण करने योग्य, (2) देहधार्य अर्थात् देह में धारण करने योग्य, (3) परिधेय या पहनने के वस्त्रादि, (4) विलेपन अर्थात चन्दन-अगुरु आदि से बने हुए अंगराग। ये सब स्त्रियों के अलंकार हैं। देश-विशेष में ये भिन्न-भिन्न हैं :

कचधार्यं देहधार्यं परिधेयं विलेपनम्।
चतुर्धा भूषणं प्राहुः स्त्रीणामत्यर्थदैशिकम्॥

वस्त्र चार प्रकार के होते हैं, कुछ छाल से, कुछ फल से, कुछ कीड़ों से और कुछ रोंओं से बनते हैं। क्रमशः क्षौम, कार्पास (रुई के), कौषेय (रेशमी), राङ्कव (ऊनी) कहते हैं। इन्हें भी निबन्धनीय, प्रक्षेप्य और आरोप्य के वैचित्र्यवश तीन प्रकार से पहना जाता है। पगड़ी, साड़ी आदि निबन्धनीय हैं, चोली आदि प्रक्षेप्य हैं। उत्तरीय (चादर) आदि आरोप्य हैं। वर्ण और सजावट के भेद से ये नाना भाँति के होते हैं। सोने और रत्न से बने हुए अलंकारों की भाँति माल्य के भी आवेध्य-निबन्धनीय-प्रक्षेप्य-आरोप्य, ये चार भेद होते हैं। प्रत्येक में ग्रथित और अग्रथित दो प्रकार के माल्य हो सकते हैं। इस प्रकार कुल मिलाकर माल्य के आठ भेद होते हैं—वेष्टित अर्थात् जो समूचे अंगों को घेर ले (उद्वर्तित)। एक पार्श्व में वितारित माल्य को वितत कहते हैं, अनेक पुष्पों के समूह से रचित माल्य को संघाट्य कहते हैं, बीच-बीच में विषम गाँठवाले को ग्रन्थिमत कहा जाता है, स्पष्ट झूलते रहनेवाले को अवलम्बित, केवल पुष्पवाले को मुक्तक, अनेक पुष्पमयी लता को मंजरी और पुष्पों के गुच्छे को स्तवक कहते हैं। कस्तूरी-कुंकुम-चन्दन-कर्पूर-अगुरु-कुलक-दन्तसम-पटवास-सहकार-तैल-ताम्बूल-अलक्तक-अंजन-गोरोचना प्रभृति मंडन द्रव्यवाले अलंकार होते हैं। भ्रूघटना, केशरचना, जूड़ा बाँधना आदि योजनामय अलंकार हैं। प्रकीर्ण अलंकार दो प्रकार के होते हैं, जन्य और निवेश्य। श्रमजल, मदिरा का मद आदि जन्य हैं और दूर्वा, अशोकपल्लव, यवांकुर, रजत, त्रपु, शंख, तालदल, दन्तपत्रिका, मृणालवलय, करक्रीड़नादिक को निवेश्य कहते हैं, इन सबके समवाय को वेश कहते हैं। वह वेश देशकाल की प्रकृति और अवस्था के सामंजस्य को दृष्टि में रखकर शोभनीय होता है। इनकी सजावट से उचित मात्रा में सन्निवेश

से रमणीयता की वृद्धि होती है।

यौवन नामक वस्तु ही शोभा का अनुप्राणक है। उसी को जीवित कहते हैं। इस अवस्था में अंगों में विपुलता और सौष्ठव आते हैं, उनका पारस्परिक विभेद स्पष्ट हो जाता है। वह पहले वय:सन्धि के रूप में आरम्भ होता है और प्रौढ़ के रूप में मध्यावस्था को प्राप्त होता है। प्रथम अवस्था में धम्मिल्ल (जूड़ा) रचना, केश-विन्यास, वस्त्र-निबन्धन, दन्तपरिकर्म, परिष्कारण, दर्पणेक्षण, पुष्पचयन, माल्य-धारण, जलक्रीड़ा, द्यूत, अकारण लज्जा, अनुभाव, शृंगार आदि चेष्टाएँ वर्तमान होती हैं। दूसरी अवस्था में शृंगारानुभाव का तारतम्य ही श्रेष्ठ है। शोभा का निकट से उपकारक होने के कारण परिकर उसका व्यंजक हैं।

ऊपर जिन बाह्य अलंकारों की चर्चा की है, उनका नाना भाव से साहित्य में वर्णन आता है। प्राचीन मूर्तियों, चित्रों और काव्यों में इनका बहुविध प्रयोग पाया जाता है। शास्त्रों में उनके नाम भी पाए जाते हैं। (दे. 'नाट्यशास्त्र', विस्तार से 23 अध्याय)।

वज्र या हीरा

अलंकरण के लिए अकेला रत्न असहाय है। उसे सोने का सहारा चाहिए। इसीलिए गहनों की चर्चा करते समय सहृदयों ने दोनों को साथ-साथ रखना पसन्द किया है।

ऊपर राजानक रुय्यक के बताए तेरह रत्न गिनाए गए हैं। कौटिल्य के अर्थशास्त्र में भी इनका विस्तृत विवरण है। वज्र हीरे को कहते हैं। इसके छः भेद बताए गए हैं जो तत्तत्प्रदेशों में उत्पन्न होने के कारण भिन्न-भिन्न नामों से पुकारे जाते थे। कौटिल्य के अनुसार समाराष्ट्रक विदर्भ से, मध्यमराष्ट्रक कोसल से, कश्मीरराष्ट्रक कश्मीर से, श्रीकटनक इसी नाम के पर्वत से, मणिकान्तं मणिमान पर्वत से, इन्द्रवानक कलिंग देश से प्राप्त होता था। कालिदास ने इनके भेदों की कोई चर्चा नहीं की है। वज्र के एक गुण की उन्होंने चर्चा की है, मणि को छेदने का सामर्थ्य, 'मणौ वज्रसमुत्कीर्णे'। कौटिल्य ने अच्छे हीरे के गुणों में स्थूलता, गुरुता, प्रहार सहने की क्षमता, समान कोणवाला होना, भाजन अर्थात् वर्तन पर लकीर खींच सकने की योग्यता, कुभ्रग्नि होना अर्थात् तकुए की तरह घूमकर छेद कर सकनेवाला और आजिष्णु या चमकदार होना। मणि को समुत्कीर्ण करना वज्र या हीरे का गुण है। 'रघुवंश' (6-19) में वज्र (हीरे) की जगमगाती किरणोंवाले किरीट की चर्चा है। कौटिल्य द्वारा बताया गया भ्राजिष्णु गुण यही चमकता रूप है।

मोती या मुक्ता

मुक्ता कालिदास का अधिक प्रिय रत्न है। वस्तुतः सुन्दरियों के उभरे हुए वक्षःस्थलों पर कम्पमान मुक्ता-दाम कवि को सौन्दर्य के मोहक लोक के निर्माण करने में अधिक सहायक हुए हैं। कालिदास ने पांड्यदेश की प्रसिद्ध नदी ताम्रपर्णी और समुद्र से प्राप्त मोतियों की चर्चा की है। मोतियों के अन्य उदयस्थान भी थे। कौटिल्य ने इस प्रकार के मोतियों की चर्चा की है, जो वस्तुतः उदयस्थान के कारण अलग-अलग नामों से पुकारे जाते थे।

(1) कुछ ताम्रपर्णी नदी से निकलते थे, (2) कुछ मलय कोटि के निकटस्थ सरोवरों से, (3) कुछ पटना के पास से बहनेवाली पाशिका नदी से, (4) कुछ सिंहल की उला नदी से, (5) कुछ केरल की चूर्ण नदी से, (6) कुछ महेन्द्र पर्वत के निकट समुद्र से, (7) कुछ ईरान की कर्दमा नदी से, (8) कुछ वर्बर (वेविलोनिया या बाबुल) की स्रोतसी नदी से, (9) कुछ बाबुल की श्रीघण्ट नामक झील से, और (10) कुछ हिमालय पर्वत से। कालिदास को इनमें किसी प्रकार के विशेष मोती पर झुकाव नहीं जान पड़ता। उन्हें कौटिल्य द्वारा बताए शुक्ति, शंख और प्रकीर्णक (गजमुक्ता आदि) की जानकारी अवश्य थी। वे प्रशस्त मोतियों को ही उल्लेख के योग्य मानते थे। कौटिल्य के अनुसार स्थूल वृत्त, निःस्तल भ्राजिष्णु, श्वेत, स्निग्ध और देश-विद्ध (ठीक स्थान पर छेद किए हुए) मोती प्रशस्त होते हैं।

मोतियों की लड़ी को पुराने जमाने में यष्टि कहते थे। सही तो यह है कि लड़ी या लर, यष्टि शब्द का ही रूपान्तर है। यष्टि-लट्ठि-लड़ी-लर। कौटिल्य ने मोतियों की संख्या के अनुसार अनेक मौक्तिक-आभरणों की चर्चा की है। इन्द्रच्छद में 1008, विजयच्छद में 504, देवच्छद में 100, अर्द्धहार में 64, रश्मिकलाप में 54, गुच्छक में 32, नक्षत्रमाल में 27, अर्द्धगुच्छक में 24, माणवक में 20, अर्द्धमाणवक में 10 मोती होते थे। कालिदास भारी गहनों को पसन्द नहीं करते थे। जो केवल समृद्धि के विज्ञापन मात्र हों, उन पर उनकी सुरुचिपूर्ण दृष्टि टिकती नहीं थी। वे सूत्र में पिरोए हुए (कौटिल्य के अनुसार शुद्ध) हारों की चर्चा करते हैं; या फिर मणि-मुक्ता की हार-यष्टि या चित्रहारों की शोभा पर प्रसन्न होते हैं, या सोने के सूत्र में पिरोई हुई मणि-मुक्ता की माला रत्नावली पर मुग्ध होते हैं। कालिदास को पतली और हिलती रहनेवाली लड़ी (यष्टि) अधिक पसन्द है; इतनी चंचल कि वक्षस्थल के चन्दन को पोंछ डालती हो—विलोलयष्टिप्रविलुप्तचन्दनम्' (कुमार., 5-8)। अनुमान किया जा सकता है कि 'कलाप', 'नक्षत्रमालिका' और 'गुच्छकों में उनकी रुचि रही होगी।

कालिदास ने मणियों में लाल-लाल पद्मराग, जिसे कौटिल्य पारसामुद्रिक (समुद्रपार से प्राप्त) तृणाङकर के समान वैदूर्य, नीलवर्ण इन्द्रनील, हरितवर्ण के

मरकत मणि (उ. मे.), सुन्दरियों के अधर से स्पर्द्धा करनेवाले विद्रुम, सूर्यकिरणों से समृद्ध-राग पुष्पराग मणि, प्रभा-बहुल पुष्प-राग, लाल-लाल प्रवाल, स्वच्छ स्फटिक तथा सूर्यकान्त और चन्द्रकान्त मणियों का नाम लेकर उल्लेख किया है। बाकी रत्नों या मणियों को सामान्य रूप से ही स्मरण किया है। वैसे तो शास्त्रकार प्रशस्त मणियों के अनेक गुण बताते है। उनमें जो छ: या चार कोनेवाली, सुवृत्त या गोल, तीन रंगवाली, निर्मल, स्निग्ध, भारी, अर्चिष्मान् (किरणयुक्त), अन्तर्गत-प्रभ (भीतर प्रभावली) और प्रभानुलेपी (दूसरे को चमकानेवाली) हों, तो अच्छी मानी जाती थीं; पर कालिदास अन्तिम तीन गुणों की ही चर्चा अधिक करते हैं।

हेम या सोना

हेम या सोना के कई नाम ग्रन्थों में आए हैं। हेम, सुवर्ण, कनक, शातकुम्भ, जातरूप, स्वर्ण, हिरण्य काञ्चन आदि। शास्त्रकारों ने इनके कई भिन्न-भिन्न पारिभाषिक अर्थ बताए हैं, परन्तु परवर्ती काल में ये सभी समानार्थक मान लिये गए थे। कौटिल्य ने जाम्बूनद (जम्बू नामक नदी से उत्पन्न), शातकुम्भ (शतकुम्भ पर्वत से प्राप्त), हाटक (खान से प्राप्त), वैणव (वेणु पर्वत से प्राप्त), शृंगशुक्तिज (सींग या शुक्ति से प्राप्त), जातरूप (जातरूप पर्वत से उत्पन्न शुद्ध सोना), रसविद्ध विभिन्न रसों (पारद आदि) और उपरसों (माक्षिक आदि) से मिले हुए और आकरोद्गत (खान से प्राप्त) सोनों की चर्चा की है। सभी की शुद्धता समान नहीं होती। अनेक प्रकार की प्रक्रियाओं से इन्हें शुद्ध किया जाता है। सबसे उत्तम सोने को षोड़श वर्णक (सोलहबानी) कहते हैं। खाद की मात्रा इसमें प्राय: नहीं होती। खाद की अधिकता या कमी होने के अनुसार एक बान, दो बान, तीन बान, सोलह बान तक का सोना कौटिल्य के समय में शुद्ध किया जाता था। ईरान में दस बान में शुद्ध सोना बनाया जाता था, उसे 'दहदही' कहते थे। इसी से हिन्दी का 'डहडही' शब्द बना है, बाद में पठानकाल में बारहबान की शुद्धि होने लगी थी। जायसी ने इसी को 'कनक दुवादस बारह बानी' कहा है। जायसी पुरानी परम्परा के सोलहबानी सोने की भी चर्चा करते हैं। मध्यकाल के सोने के इन दो परिनिष्ठित रूपों के सम्बन्ध में डॉ. वासुदेवशरणजी अग्रवाल ने 'जर्नल आफ न्यूमेस्मेटिक सोसायटी' (16वाँ जिल्द, भाग 2) में विस्तारपूर्वक लिखा है। लेकिन सोलह बान की परम्परा बहुत पुरानी है। कम-से-कम वह कौटिल्यकाल की तो है ही। परन्तु जब कालिदास जैसे कवि सुवर्ण के अनेक नामा का प्रयोग करते हैं, तो प्राय: सामान्य सोने के अर्थ में करते

हैं। परन्तु गहना बनाने के लिए चमक लाने और स्थिरता के लिए अनेक क्रियाओं का प्रयोग किया जाता था। चाँदी भी मिलाई जाती थी और ताँबा भी। कौटिल्य ने सोना चुरानेवालों की अनेक धर्तताओं के प्रसंग में एक 'हेमापसारण' विधि की भी चर्चा की है (2. 14-14)। उससे पता चलता है कि सोने में कुछ ताँबा मिलाने से जो चमकदार सोना बनता था, उसे 'हेमन्' कहा जाता था। कालिदास जब 'हेमन्' शब्द का प्रयोग करते हैं, तो इस खादवाले सोने की ही शायद चर्चा करते हैं। उन्होंने 'रघुवंश' में कहा है कि आग में तपाने के बाद ही पता चलता है कि हेम में कितनी विशुद्धि है और कितनी श्यामिका (खाद) है। कालिदास 'स्वर्ण' या 'जातरूप' की अपेक्षा 'हेम' के अलंकारों की अधिक चर्चा करते हैं। 'काञ्चन' भी अनिश्चित मात्रा में खाद मिलाए हुए सोने को कहा जाता होगा; दीप्ति के कारण ही इसे काञ्चन कहते थे। इसकी व्युत्पत्ति 'काचि दीप्तौ' धातु से बताई जाती है।

अक्षशालाओं में सोने के तीन प्रकार के कर्मों का उल्लेख मिलता है : क्षेपण अर्थात् मणियों या काँच आदि के जड़ने का काम, गुण-कर्म अर्थात् स्वर्ण की कड़ियों को जोड़कर या पीटकर सूत्र बनाना, और क्षुद्रक अर्थात् घन (ठोस) या छिद्रयुक्त (सुषिर) गुरियों का गढ़ना (कौटिल्य, 2-14)। गुण-कर्म से ही सोने का गुण या सूत्र बनता है, जिसका कालिदास ने बहुशः वर्णन किया है। गुण शब्द का अर्थ योजन या जोड़ना है। एक में एक कड़ियों को जोड़कर जो लर बनती होगी, वही प्रारम्भ में गुण कहलाती होगी। बाद में सूत्र के अर्थ में सामान्य रूप से 'गुण' शब्द रूढ़ हो गया।

रत्न और हेम के योग से बने हुए चार श्रेणी के अलंकार

क्षेपण, गण और क्षुद्रक विधियों के द्वारा हेम और रत्न के सैकड़ों आभूषण बनने लगे। इन गहनों की चार मोटी जातियाँ हैं। राजानक रुय्यक के अनुसार (1) आवेध्य, (2) निबन्धनीय, (3) प्रक्षेप्य, और (4) आरोप्य। तार्टक, कुंडल आदि अलंकार शरीर के अंगों को बेधकर या छेदकर पहने जाते हैं, इसीलिए ये आवेध्य कहे जाते हैं। कालिदास ने कर्णभूषण, कुंडल, कर्णपूर, मणिकुंडल आदि आवेध्य अलंकारों का वर्णन किया है। जब कानों में प्राकृतिक प्रसाधन का प्रसंग आता है तो कालिदास उसका उल्लेख प्रायः निबन्धीय के रूप में करते हैं। शकुन्तला के चित्र में कुछ कमी महसूस करने के बाद दुष्यन्त ने आगंडविलम्बित केसरवाले शिरीष पुष्प को 'कर्णार्पितबन्धन' बताया था, अर्थात् उसे कान में बाँधा हुआ कहा था, छेदकर पहना

हुआ नहीं। 'ऋतुसंहार' में जहाँ कानों में पहने हुए पुष्पों की चर्चा आई है, वहाँ 'दत्तम्' (दिया हुआ) कहा है (कर्णेषु दत्तं नव कर्णिकारम्)। जिससे अनुमान किया जा सकता है कि ये सूते में गूँथकर ऊपर से डाल लिये जाते थे। तपोनिरता पार्वती के कपोल-स्थल को, जिस पर कान पर लटकनेवाले उत्पलपत्र चिरकाल से नहीं दिखाई दे रहे थे और धान की पकी बालों के समान पिंगलवर्ण की जटाएँ झूल रही थीं, देखकर ब्रह्मचारीवेशधारी शिव को बड़ा कष्ट हुआ था। हाय, वह हृदयहीन प्रेमी कौन होगा जो मोहन रूप की इस दुर्गति को बर्दाश्त करके स्थिर बैठा हुआ है :

अहो स्थिरः कोऽपि तवेप्सितो युवा चिराय कर्णोत्पलशून्यतां गते।
उपेक्षते यः श्लथलंबिनीर्जटाः कपोलदेशे कलमाग्रपिंगलाः ॥

(कुमार., 5-47)

अंगद (बाहुमूल में पहना जानेवाला अलंकार), श्रोणी-सूत्र (करधनी), मणिमेखला, चूड़ामणि, शिखा-दृढ़िका आदि अलंकार बाँधकर पहने जाते हैं, इसलिए निबन्धनीय कहलाते हैं। कालिदास ने अंगद की चर्चा प्रायः वलय के साथ की है—'प्रयान्ति चाङ्गं वलयाङ्गदानि' (ऋतु., 4-3), 'भुजेषु चैवं वलयाङ्गदानि' (ऋ., 6-7)। इससे जान पड़ता है कि अंगद बाहुमूल में उसी प्रकार पहना जाता था जिस प्रकार कलाई में कंकण-वलय। यदि यह अनुमान ठीक हो तो अंगद निबन्धनीय न होकर प्रक्षेप्य अलंकार माना जाएगा। अंगद कुछ इस प्रकार के पेंच से कसा जाता था कि वह भुजमूल को कसके जकड़ लेता था। यह पुरुष और स्त्री दोनों का परिधेय था। कलिंगनाथ को 'अंगदाश्लिष्टभुज' कहा गया है। एक विलासी राजा का हार कन्धे से जो सरका तो कसे हुए अंगद के किनारे अटक गया—'रत्नानुविद्धाङ्गदकोटिलग्ननम्' (रघु., 6-14)। इसमें मणि जड़ी होती थी। साधारणतः केयूर और अंगद एक ही गहने माने जाते हैं। 'अमरकोष' में ऐसा ही बताया गया है। पर कालिदास ने केयूर को स्पष्ट रूप से निबन्धनीय अलंकार माना है—'केयूरबन्धोच्छ्वसितैर्नुनोद' (रघु. 6-68)। 'अंगद' शब्द में ही अंग से अवपीड़न या कसकर पकड़ने की ध्वनि है।

श्रोणी-सूत्र, श्रोणी-दाम या जघन-काञ्ची अर्थात् कटि में पहने जानेवाली और पीछे की ओर झूलती हुई करधनी कालिदास का बहुत ही प्रिय अलंकार है। 'ऋतुसंहार' में इसे 'हेममेखला' (1-6), 'मेखला' (1-4), 'कांची' (2-20), 'रसना' (3-20), 'कनक-कांची' (3-26), 'कांची-गुण' (4-4), 'जघन-कांची' (6-7), 'हेम-रसना' (6-24) आदि कहकर बार-बार स्मरण किया गया है। इसमें मणि भी जड़ी जाती थी, जिसके कारण 'मणि मेखला' (6-24) और 'कांचन-रत्न-चित्रा' (4-4) भी कहा गया है। उस काल के शिल्प में इस अलंकार का भूरिशः प्रयोग मिलता है।

'विक्रमोर्वशीय' में चूड़ामणि अर्थात् चूड़ा में धारण किए जानेवाले मणिमय

अलंकार की चर्चा है। 'मेघदूत' में सिर में पहने जानेवाले रत्न-जाल (पूर्वमेघ, 66 और मुक्ता जाल पूर्वमेघ, 9) का उल्लेख है जो निबन्धनीय अलंकार है। 'रघुवंश' में तिलक की मंजरी पर भौंरों के बैठने और ओस की बूँद के पड़ने से जो शोभा उत्पन्न होती है, उसे सुन्दरियों के केश-पाश में बँधे हुए मौक्तिकजाल से तुलनीय बताया गया है (9-44)। पर कालिदास केश-रचना में पुष्पपल्लवों को अधिक महत्त्व देते हैं। नील अलकों में शोभायमान अशोकपुष्प (ऋतु 6), धम्मिल्ल या जूड़े को घेरकर शोभित होनेवाली मालती-माला, चम्पक-कुसुम, कदम्बपुष्प आदि को वे अधिक रुचि से चित्रित करते हैं।

उर्मिला, कटक, मंजीर (नूपुर) आदि अलंकार अंग में प्रक्षिप्त होते हैं, इसलिए प्रक्षेप्य कहलाते हैं। इनमें मंजीर या नूपुर कालिदास का प्रिय गहना है। कालिदास ने प्राय: पैर में रुन-झुन करनेवाले नूपुरों को 'हंस-रुतानुकारी' अर्थात् हंस की ध्वनि का अनुकरण करनेवाला कहा है। इसकी मधुर ध्वनि के कारण इसे कलनूपुर (रघु., 16-12; ऋतु., 3-20) आदि कहा गया है। हाथ या पैर के कटक (कड़े) कालिदास को कम आकृष्ट कर सके हैं, पर वलय (कंकण) उन्हें अधिक प्रिय हैं। पुरुषों के कनक-वलय की चर्चा उन्होंने की है। अंगुलीय, अंगुलीयक (अँगूठी) की भी बहुत चर्चा है। अँगूठी में पहननेवाले के नामाक्षर भी अंकित रहते थे। दुष्यन्त की अँगूठी में उसका नाम खुदा हुआ था।

झूलती हुई हेम-माला, हेम-हार, रत्न-हार, नक्षत्र-मालिका आदि अलंकार आरोपित किए जाने के कारण 'आरोप्य' कहलाते हैं। हार कालिदास का सर्वप्रिय अलंकार है। भारी हारों को वे बहुत पसन्द नहीं करते। हल्के, कान्तिमान और स्निग्ध हार उन्हें प्रिय हैं। हेम और मुक्ता हार के सर्वोत्तम उपादान हैं। स्त्री-सौन्दर्य को सर्वाधिक आकर्षक बनानेवाले अंग का अलंकार होने के कारण यह कालिदास को इतना प्रिय है कि हार की चर्चा आते ही वे उभरे हुए वक्ष:स्थलों की चर्चा करते हैं। हार-यष्टि और श्रोणी-सूत्र नव-यौवन के सर्वाधिक आकर्षक धर्म 'वपुर्विभिन्नं' के अलंकारकारक, उद्दीपक और मोहक बनाने के कारण कालिदास को बहुत प्रिय हैं।

अंशुक या वस्त्र

'अंशुक' शब्द का प्रयोग वस्त्र के सामान्य अर्थ में होता है। कभी-कभी कालिदास आँचल के अर्थ में भी इसका प्रयोग करते हैं। राजानक रुय्यक वस्त्रों के चार भेद बताते हैं : (1) कुछ छाल से बनते हैं, (2) कुछ कपास की रुई से, (3) कुछ कीड़ों

से, (4) कुछ जीव-जन्तु के रोओं या ऊन से। इन्हें क्रमशः क्षौम, कार्पास, कौशेय, और रांकव कहते हैं। 'क्षौम' क्षुमा या तीसी की छाल से बनता था और चन्द्रमा के समान पांडुरवर्ण का होता था। अन्य वृक्षों की छाल से भी सुन्दर महीन वस्त्र बनते थे। नागवृक्ष (नागफनी), वकुच (वड़हर), वकुल (मौलसिरी) और वट (बरगद) की बनी हुई क्रमशः पीले, गेंहुए, सफेद और नवनीत (मक्खन) के रंग की पत्रोर्णाओं की चर्चा कौटिल्य ने की है। पत्रोर्णा (पत्ते का ऊन) निश्चय ही बहुमूल्य वस्त्र था। मालविका पटरानी होने योग्य थी, पर उससे दासी का काम लिया जाता था। राजा ने दुःख के साथ कहा था कि यह ऐसा ही है जैसे कोई पत्रोर्णा से देह पोंछने के गमछे का काम ले। कौशेय रेशम बनानेवाले कीड़ों के कोष (कोए) से बनता है। कालिदास को कौशेय वस्त्र भी प्रिय हैं। हेमन्त-काल में रंगीन कौशेय वस्त्र स्त्रियों की साड़ी के काम आते थे ('सरागकौशेयविभूषितो यः') रांकव या ऊन के वस्त्र कालिदास की दृष्टि आकृष्ट कर सके हैं। कार्पास या रुई के कपड़े तो प्रसिद्ध ही हैं। कौटिल्य के समय में वंगदेश में वांगक दुकूल श्वेत स्निग्ध होते थे, पौंड्र (उत्तरी बंगाल) के श्याम और मणिपृष्ठ के समान चिकने होते थे, सौवर्ण-कुड्यक नाम के दुकूल लाल बनते थे। ये सभी ऊन के या रेशम के हुआ करते थे। काशिक या बनारसी रेशमी दुकूल भी बहुत प्रसिद्ध थे। काशिक और पौंड्रक क्षौम वस्त्र भी बहुत सुन्दर माने जाते थे। कालिदास चीन के बने रेशमी वस्त्र (चीनांशुक) की भी चर्चा करते हैं।

इन सभी वस्त्रों से परिधेय वस्त्र तीन प्रकार के बनते हैं। हेमालंकारों में कुछ अलंकार जैसे आवेध्य या अंग छेदकर पहनने योग्य होते हैं, वैसे वस्त्रों में नहीं होते। बाकी तीन प्रकार अर्थात् निबन्धनीय, प्रक्षेप्य और आरोप्य जाति के पहनावे वस्त्रों के भी होते हैं।

पगड़ी, साड़ी आदि निबन्धनीय हैं। ये बाँधकर पहने जाते हैं। कालिदास में पुरुषों के वेश में वेष्टन या उष्णीष (पगड़ी) और दुकूल-युग्म (दो दुकूलों) का उल्लेख मिलता है। दिलीप जब वन को जा रहे थे तो उन्होंने सिर पर वेष्टन या पगड़ी बाँध ली थी। और उनके पुत्र रघु जब अपने पुत्र को राज्य देकर जाने लगे तो वेष्टन-शोभी सिर से पुत्र (अज) ने झुककर प्रणाम किया था। दो दुकूल पुरुष के पहनावे में होते थे। इनमें से एक तो उत्तरीय या चादर था जो कभी-कभी रत्न-ग्रथित भी होता था (रघु., 16।43)। दूसरा अधोवस्त्र या धौत-वस्त्र (धोती)। परन्तु कालिदास ने स्पष्ट रूप से इसका कोई नाम नहीं लिया है। उस काल के चित्रों में राजा के अंग पर केवल ये ही दो वस्त्र दिखाई देते हैं। स्त्रियों के पहनावे में दुकूल की बहुत भाँतियाँ कालिदास ने बताई हैं। कालिदास को झीने-महीन दुकूल अधिक रुचिकर लगते हैं। उभरे पीन वक्षःस्थल; सलीके के साथ, सुकुमार भाव से ओढ़े हुए तन्वंशुक अर्थात् महीन वस्त्र का आँचल (ऋतु., 1।7); श्रोणीबिम्ब पर अलस-विलसित दूकुलप्रान्त

उनकी दृष्टि अधिक आकर्षित कर सके हैं। ये सित या श्वेत भी हो सकते हैं, कुंकुम के समान पीली गोराई लिए भी हो सकते हैं। 'तन्वंशुकैः कुंकुमरागगौरैः' (6-5), कुसुम्भी रंग के भी हो सकते हैं, लाख के रंग के रंगे हुए लाल-लाल और चित्र-विचित्र भी हो सकते हैं। पर कालिदास उनका बहुत भारी-भरकम होना पसन्द नहीं करते। जाड़े के दिनों में 'गुरूणिवासांसि' आवश्यक थे, पर कालिदास प्रायः उनकी चर्चा तभी करते हैं जब वे शरीर पर से उतारकर फेंक दिए जाते हैं (ऋतु., 6।7)। हेमन्त-वर्णन के प्रसंग में एक बार उन्होंने खिड़की-दरवाजा बन्द करके मोटे-मोटे कपड़े पहननेवालों की चर्चा कर अवश्य दी है, पर ये पुरुष हैं। उनके शरीर पर मोटा कपड़ा कालिदास बर्दाश्त कर सकते हैं। सुकुमार शरीर पर तो वे कालिदास के बर्दाश्त के बाहर हैं। यहाँ भी उन्होंने स्त्रियों को मोटे लबादे में नहीं देखा।

अधोंशुक या परिधान, साड़ी का पूर्वरूप है। यह निबन्धीय वस्त्र नीचे की ओर पहना जाता था। उत्तरीय या ऊपर के दुकूल की अपेक्षा यह कदाचित् छोटा होता था। इसलिए इसे उपसंव्यान (अमर., 6-117) और उत्तरीय दुकूल को संव्यान कहते थे। 'संव्यान' अर्थात् आवरण और उपसंव्यान अर्थात छोटा आवरण। उत्तरीयदुकूल को 'वृहतिका' (बड़ा आवरण) कहना भी इसी तथ्य की ओर इंगित करता है (अमर., 6-117)। इस अधोवस्त्र या परिधान को सूत्र से बाँधते थे। शिवजी जब वर-वेश में नगर में पहुँचे तो स्त्रियों में देखने की उत्सुकता बढ़ गई थी। उतावली में एक के परिधान का सूत्र टूट गया, पर वह नीवी बाँधे बिना ही दौड़ पड़ी ('प्रस्थानभिन्नां न बन्ध नीवीम्')। ठीक यही बात इसी प्रकार के प्रसंग में 'रघुवंश' में भी आई है (रघु., 7।9)। नीवीबन्ध की चर्चा कालिदास आदि कवियों ने कई स्थलों पर की है। इससे स्पष्ट है कि अधोंशुक या परिधान बाँधकर पहना जाता था।

एक और वस्त्र बाँधकर पहना जाता था। कालिदास ने इसे कूर्पासक (चोली) कहा है (ऋतु., 4।13)। 'हारावली कोष' में कूर्पासक को अर्द्धचोली कहा है; पर 'अमरकोष' में यह चोली का ही पर्याय बन गया है। वधू के लिए अवगुंठन या घूँघट का होना आवश्यक है। ऐसे समय में एक प्रकार का प्रावरण (बड़ी चादर) का व्यवहार होता था जिससे सारा शरीर ढक जाय। 'शकुन्तला' में इसी प्रकार की ढकी वधू शकुन्तला का वर्णन है (5।13)। राजानक रुय्यक चोली को प्रक्षेप्य कहते हैं।

उत्तरीय दुकूल अरोप्य वस्त्र है। ऊपर इसकी चर्चा हो चुकी है।

माल्य

जिस प्रकार हेमरत्नालंकारों के चार भेद हैं, उसी प्रकार माल्यों के भी चार ही भेद हैं। पर माल्य ग्रथित और अग्रथित भेद से दो प्रकार होते हैं; इसलिए ये वस्तुतः आठ प्रकार के हो जाते हैं। राजानक रुय्यक ने पुष्पप्रसाधन के विविध रूपों के नाम इस प्रकार गिनाए हैं : (1) वेष्टित, जो अंगविशेष को घेर ले; (2) वितत, जो एक पार्श्व में ही विस्तारित हो; (3) संघाट्य, जो अनेक पुष्पों के समूह से खचित हो; (4) ग्रथमित, जो बीच-बीच में विषम गाँठवाला हो; (5) अवलम्बित, जो विशेष भाव से स्पष्ट रूप में 'उम्भित अर्थात् एक साथ जुड़ा होकर झूल रहा हो; (6) मुक्तक, जो केवल एक पुष्प से बना हो; (7) मंजरी अर्थात् अनेक छोटे पुष्पों की लता; (8) स्तवक (पुष्पगुच्छ)। कालिदास पुष्पमाल्य के आभरणों का जमके वर्णन करते हैं। पार्वती पर्याप्त पुष्पस्तवक के भार से झुकी हुई संचारिणी लता के समान शिव के पास गई थीं। कवि ने वसन्तपुष्पों के आभरण—जिसमें पद्मराग को निर्मद करनेवाला लाल-लाल अशोकपुष्प, हेम की द्युति को आहरण करनेवाला पीला-पीला कर्णिकार और मोतियों की शोभा को उत्पन्न करनेवाला सिन्दुवार पुष्प भी था—की पृष्ठभूमि के लिए उदन्त सूर्य की आभावाले लाल-लाल अंशुक का सन्निवेश किया है :

अशोकनिर्भर्त्सितपद्मरागमाकृष्टहेमद्युतिकर्णिकारम्।
मुक्ताकलापीकृतसिन्दुवारं वसन्त-पुष्पाभरणं वहन्तीम्॥
आवर्जिता किञ्चिदिव स्तनाभ्यां वासो वसाना तरुणार्करागम्।
पर्याप्तपुष्पस्तवकावनम्रा संचारिणी पल्लविनी लतेव॥

(कुमार., 3-53, 54)

उन्होंने सुन्दरियों के सिर पर पहनी जानेवाली कदम्ब, नवकेसर और केतकी की (ऋतु., 2।19), तथा मालती पुष्प सहित मौलसिरी या खिले हुए अन्य नवीन पुष्पों के साथ जूही की कलियों की माला का मनोहर अलंकरण पसन्द किया था (ऋतु., 2।25) और केवल बेला के प्रफुल्लित पुष्पों के गजरे को देखकर आह्लाद अनुभव किया था (ऋतु., 6।6)। यद्यपि मृणालसूत्रों की माला कालिदास को बहुत प्रिय है। शकुन्तला का चित्र राजा दुष्यन्त को तब तक अपूर्ण लगा था जब तक उन्होंने उसके कानों में गंडस्थल तक झूलने योग्य केसरवाले शिरीष को नहीं पहनाया और वक्षःस्थल के ऊपर झूलनेवाले मृणालसूत्रों का हार नहीं रच दिया :

कृतं न कर्णार्पितमंडनं सखे शिरीषमागंडविलम्बिकेसरम्।
न वा शरच्चन्द्रमरीचिकोमलं मृणालसूत्रं रचितं स्तनान्तरे॥

तथापि राजानक रुय्यक इस मृणालसूत्र की गणना माल्य में नहीं करते। माला में फूल अवश्य चाहिए! कस्तूरी, कुंकुम, चन्दन, कर्पूर, अगुरु, कुलक, दन्तसम, सहकार, तैल, ताम्बूल, अलक्तक, अंजन, गोरोचना, कुशीर, हरिताल प्रभृति उपकरण मंडन हैं। ये कालिदास को प्रिय हैं। इनमें कुछ की प्रकृति शीत है, कुछ की उष्ण, कुछ की सम। कुछ गर्मियों में काम आते हैं, कुछ सर्दियों में और कुछ सब ऋतुओं में।

स्नान करने के बाद ही मंडन द्रव्यों का उपयोग होता है। स्नान के पूर्व अभ्यंग अर्थात् औषधि मिला तैल या आँवलों का कल्क आदि से शरीर में मालिश की जाती थी। कालिदास ने अभ्यंग क्रिया का उल्लेख 'शाकुन्तल' में किया है। पार्वती के विवाह में पहले लोध्र-कल्क से उत्सादन या उद्वर्तन (उबटन) किया गया था। पुराने ग्रन्थों में तैलाभ्यंग और उत्सादन के लिए अनेक स्वास्थ्यकर औषधियों की चर्चा आती है। चरक, सुश्रुत, वृहत्संहिता आदि ग्रन्थों में स्वास्थ्य और सौन्दर्य बढ़ानेवाली औषधियों का भूरिश: उल्लेख है, किन्तु कालिदास ने केवल इंगितमात्र कर दिया है। स्नान के जल को प्रस्तुत करने की विधियाँ भी शास्त्र में दी हुई हैं। कालिदास को उसकी जानकारी अवश्य थी, पर बहुत विस्तार से उन्होंने उसका कोई उल्लेख नहीं किया है। नदी या सरोवर में स्नान उन्हें अधिक प्रिय जान पड़ता है। 'कृताभिषेक' पार्वती की कठिन तपस्या का हृदयग्राही चित्रण करते समय ब्रह्मचारीवेश में शिव आकर जो आवश्यक बातों की जानकारी प्राप्त करना चाहते हैं, उनमें एक यह भी है कि तुम्हारे स्नान के लिए पर्याप्त जल मिल जाता है कि नहीं—'जलान्यपि स्नान-विधिक्षमाणि ते।' विवाह के अवसर पर सोने के घड़े से मंगल-स्नान की चर्चा है। परन्तु 'ऋतुसंहार' में विलासियों के स्नान-कषाय-शिरोरुहों की चर्चा से अनुमान किया जा सकता है कि स्नान के जल में किसी प्रकार के सुगन्धित कषाय का प्रयोग होता था। एक और स्थान पर पाटलामोद-रम्य-सुख-सलिल-निषेक कहकर उन्होंने सुगन्धित जल से स्नान का उल्लेख किया है। जान पड़ता है कि माघ की भाँति 'स्वच्छाम्भ:स्वपनविधौतमंगयष्टि:' होना, और श्रीहर्षदेव की भाँति 'प्रत्यग्रमंजनविशेष-विविक्तकान्ति' का भाव ही कालिदास को भी रुचिकर था। स्नान के उपरान्त अंगराग (अरगजा), जिसमें कस्तूरी, चन्दन आदि सुगन्धियों का समावेश है, कालिदास को अधिक आकर्षक जान पड़ते हैं। मतलब से मतलब है! कालिदास ग्रीष्मऋतु में चन्दन की खूब चर्चा करते हैं। घिसे हुए 'चन्दनपंक' की शीतलता भारतवर्ष में दीर्घकाल से समादृत है, उसे पयोधर-देश पर चर्चित करने की चर्चा भी बराबर मिलती है। कालिदास इसका कई प्रकार से उल्लेख करते हैं। 'पयोधराश्चदनपंकचर्चिता:' में ग्रीष्मऋतु का विलास है। चन्दन के पानी से भिगोए हुए ताल-व्यजन के वायु से भी ग्रीष्म-ताप निवारण की विधि है। किन्तु विरह की उष्णता के शामक रूप में भी उन्होंने इसका स्मरण किया है। वर्षाऋतु में कालागुरु अधिक मात्रा में मिलाकर चन्दन के साथ लेप करने की बात कही गई है।

जैसे-जैसे सर्दी बढ़ती जाती है और गर्मी कम होती जाती है, वैसे-वैसे कालागुरु और कस्तूरी का प्रयोग भी बढ़ता जाता है। हेमन्त में शरीर कालीयक से अधिक चर्चित किया जाता था (ऋतु., 4।5)। कालागुरु धूप-धूम का मान बढ़ जाता था। कालीयक के अनुलेपन की धूम मच जाती थी। इस ऋतु में पयोधर कुंकुम-राग-पिंजर होने लगते हैं, अगुरु-सुरभि-धूम से केश-पाश आमोदित करने की प्रक्रिया बढ़ जाती है। और फिर जब वसन्तकाल में सर्दी और गर्मी का धूपछाँही मौसम आ जाता है तो प्रियंगु-कालीयक-कुंकुम के पत्र-लेखों के साथ मृगनाभि या कस्तूरी मिले हुए चन्दन और फिर केवल सित चन्दन से आर्द्र हार वक्षदेश को मंडित करने लगते हैं। इस प्रकार स्नानोपरान्त विविध सौगन्धिक मंडनों का विधान कालिदास ने किया है। अंगराग और अनुलेपन का शब्दशः उल्लेख कई बार आया है। भारतवर्ष का सहृदय न जाने कब से गन्ध-माल्य का महत्त्व स्वीकार करता आया है। चरक ने कहा है (सु. अ., 5-96) कि गन्ध-माल्य का सेवन बल-वर्द्धक है, आयु बढ़ानेवाला है, पुष्टि-बल-प्रद है, चित्तप्रसन्न रखनेवाला है, दारिद्र्य को नष्ट करनेवाला है और काम्य तो है ही :

वृष्यं सौभाग्यमायुष्यं काम्यं पुष्टिबलप्रदम्।
सौमनस्यमलक्ष्मीघ्नं गन्धमाल्यनिषेवणम्॥

गृहस्थ को और चाहिए क्या!

योजनामय अलंकार

भ्रू घटना, केशरचना, जूड़ा बाँधना, सीमन्त-रचना इत्यादि योजनामय अलंकार हैं। कालिदास के युग में पुरुषों के भी लम्बे-लम्बे केश रखे जाते थे। दिलीप जब वन गए थे तो उनके केश लताओं की छोटी-छोटी टहनियों से गुँथ गए थे। लोग—विशेषकर बच्चों के—बड़े-बड़े केशों का ऐसा संस्कार करते थे, जो कौए की पाँख की तरह मुड़े दिखते थे। उसे काक-पक्ष कहते थे। पुरुषों में श्मश्रु (दाढ़ी) रखने की प्रथा केवल तपस्वियों में थी, जो बिना संस्कार के कभी-कभी झाड़ू की तरह बड़ी और अस्त-व्यस्त हो जाती थी। परन्तु कालिदास ने अधिक रुचि के साथ सीमन्तिनियों के केशों की चर्चा की है। ये लम्बे केश धूप-धूम से सुगन्धित किए जाते थे। उज्जयिनी की सुन्दरियों के केशों को सुगन्धित करने में इतना धुआँ होता था। विरही यक्ष ने मेघ को इस धुएँ से मोटे हो जाने का प्रलोभन दिया था। कपड़े भी सुगन्धि के लिए

कालागुरु के धुएँ से धूपित किए जाते थे। केशों का घन विकुंचित होना सौभाग्य का लक्षण माना जाता था। प्राचीन ग्रन्थों में केशों को कुंचित करने की विधियाँ भी बताई गई हैं। कालिदास नितान्त घुँघराली लटों में मालतीमाला की शोभा से नितान्त उल्लसित होते हैं। शिशिर और हेमन्त में स्त्रियाँ कालागुरु के धूम से विशेष रूप से केशों को धूपित करती थीं (ऋतु., 4।5)। शीतकाल में फूल की माला केश-पाश से हट जाती थी, और उन्हें सुगन्धित और कुंचित करने की प्रक्रिया चल पड़ती थी (ऋतु., 2।15)। सुगन्धित केशों को सलीके से दो हिस्सों में विभक्त करके सीमन्त-रचना की जाती थी। कालिदास तो सुन्दरियों को 'सीमन्तिनी' कहना अधिक पसन्द करते हैं। सीमन्त में कुसुम-स्वच्छ सिन्दूर धारण करना तो सौभाग्य का लक्षण ही था, किन्तु सीमन्त पर कदम्ब-पुष्प को धारण करना सुरुचि का चिह्न समझा जाता था। सजाने के लिए अन्य पुष्प और आभरण भी काम में लाए जाते थे।

सुसंस्कृत केशों को अनेक प्रकार से बाँधकर धम्मिल्ल या जूड़ा बाँधा जाता था। कालिदास ने इसकी बहुत अधिक चर्चा नहीं की है। उन्हें लहराते हुए केश या गुँथी हुई चोटी अधिक आकर्षक लगे हैं। अलक-राजि को गूँथकर पीठ पर लहराना 'प्रसिद्धी' कहलाता है। पार्वती 'मंगल-स्नान-विशुद्धगात्री' हुईं तो स्त्रियों ने पहले-पहल धूप-धूम से उनके केशों को सुखाया, फिर लहराते हुए केशों की फुगनी में पुष्पों का ग्रथन किया, फिर पीले-पीले महुए की माला उसमें बाँध दी। इस प्रकार प्रसिद्ध अलकों की शोभा न तो भौंरा-उलझे पत्र-पुष्प में मिलती है, न समेघलेखा चन्द्र-कला में (कु., 7।16)। विरहावस्था में संस्कारों की उपेक्षा से केश एकवेणी हो जाते थे। यक्ष-प्रिया के इन उपेक्षित केशों को कालिदास ने बड़ी ही करुण भाषा में चित्रित किया है।

'भ्रूघटना' की प्रथा केवल नगर की विलासिनियों में प्रचलित थी। जानपद वधुएँ 'भ्रू विलासानभिज्ञ' हुआ करती थीं। कालिदास सुभ्रुओं से बहुत अधिक परिचित जान पड़ते हैं। भ्रू भंग का उन्होंने जमके वर्णन किया है, सुन्दर बने हुए सुभ्रुवों के क्षेप में ही अपांग-वीक्षण की कुटिलता आती है (भ्रू क्षेपजिह्मानि च वीक्षितानि 6-13)। मेघदूत में कहा है कि गंगाजी पार्वती की भ्रकुटि-रचना की, फेन रूपी हास से, उपेक्षा करती थीं।

प्रकीर्ण-अलंकार

प्रकीर्ण अलंकार दो प्रकार के होते हैं : (1) जन्य, (2) निवेश्य। श्रम-जल, मदिरा-

मद आदि जन्य है। दोनों का कालिदास ने जमकर प्रयोग किया है। ग्रीष्मकाल में भी 'प्रियामुखोच्छ्वासविकम्पितं मधु' को नहीं भूलते। वर्षा में भी 'ससीधु' वदनों का स्मरण करते हैं। सर्दियों में भी उसके आनन्द से अभिभूत होते हैं, और वसन्त का तो कहना ही क्या? इसमें मदिरालस नेत्र (ऋ., 6-12), मदिरालस वाक्य (ऋ., 6-13), मधूसुरभि मुख (ऋ., 36), निशिसीधुपानं (ऋ., 6-35) इनके सधे हुए प्रयोग हैं। जिन चरित्रों को उन्होंने आदर्श रूप में चित्रित किया है, वहाँ इसे घुसने की आज्ञा नहीं है। वहाँ यौवन ही मद का साधन होता है, मदिरा नहीं—'अनासवाख्यं करणं मदस्य'। और कम-से-कम एक जगह उन्हें स्पष्ट रूप से पण्यस्त्रियों और उद्दामयौवन नागरों का सेव्य कहकर इसके प्रति अनास्था भी प्रकट की है।

निवेश्य अलंकार तो दूर्वा, अशोक, पल्लव, यवांकुर, तमाल-दल, मृणाल-वलय, करक्रीडनक आदि हैं। कालिदास के ग्रन्थों में इनका बहुत हृदयग्राही वर्णन है। सच पूछा जाय तो कालिदास को ये प्राकृतिक सुकुमार प्रसाधन जितने रुचिकर हैं उतने हेमालंकार, रत्नाभरण भी नहीं। अलका में कल्पवृक्ष जिन समस्त अवलाबमंडनों को अकेले ही उत्पन्न करता रहता है उनमें निम्नांकित वस्तुएँ हैं : अनेक रंगों के वस्त्र (चित्र वस्त्र), मधु या मदिरा, पुष्प, किसलय, अनेक प्रकार के आभूषण, लाक्षारस या महावर। अलका की विलासिनियाँ हाथ में नीला कमल, केश में नए कुन्द के फूल, चूड़ा-पाश में ताजे कुरबक के पुष्प, कपोलदेश पर लोध्र फूलों का पराग (पाउडर के स्थान पर), कानों में शिरीष-पुष्प और सीमन्त में कदम्बपुष्पों को धारण करती थीं। सब प्रकार से सुन्दरियों का प्रेम जब अपनी चरम-सीमा पर होता था, उस अभिसार-रात्रि में भी अलकों में मन्दारपुष्पों को पहनना नहीं भूलती थीं, कान में कनक-कमलों का पत्रच्छेद्य अवश्य धारण करती थीं। विदिशा की फूल चुननेवाली पुष्पलावियाँ भी कान में कमल का कर्णफूल धारण करती थीं। भवानी कानों में कुवलयदल धारण करने की ही अभ्यस्ता हैं,पर पुत्रप्रेम से वे कभी-कभी मयूर-पुच्छ भी धारण करती हैं। शकुन्तला के कानों में आगंड-विलम्बि शिरीष-पुष्प लटक रहा था, और सदा वक्षःस्थल पर मृणालवलय झूलता रहता था। पार्वती के जूड़े में जो मधूक की माला पहनाई गई थी उसमें दूर्वा भी थी—'दूर्वालतापांडुमधूकदामा' (कु., 7-14), उनके कपोल लोध्रकाषाय या लोध्र के पराग से रूक्ष बने हुए थे, जिस पर कानों में पहना हुआ यवप्ररोह (यवांकुर) शोभित हो रहा था। स्वयं रति देवी के कानों में भी नील कमल के गहने शोभा देते थे। ककुभ द्रुम की मंजरियाँ वर्षाकाल में कर्णावतंस का काम करती थीं। या फिर कदम्ब का पुष्प कर्णफूल के लिए उपयुक्त माना जाता था। केश-पाश में पुष्पों के अवतंस 'आभूषण' मनोहरता को चार-चाँद लगाया करते थे। शरत् काल में नितान्त घननील विकुंचिताग्र केशों में नव-मालती की माला धारण की जाती थी और कानों में नीलोत्पल। वसन्तकाल में मनोहर कुसुम वक्षःस्थल में हार की जगह विराजमान होते थे। कानों में नवीन

कर्णिकार का पुष्प और चंचल नील अलकों में अशोकपुष्प लटका करते थे। अशोक के नवीन पुष्प ही उन्हें प्रेमोद्दीपक नहीं जान पड़ते थे, प्रिया के कानों में अर्पित होने पर उसके किसलय भी मादक सिद्ध होते थे :

कुसुममेव न केवलमार्तवं नवमशोकतरोः स्मरदीपनम्।
किसलयप्रसवोऽपि विलासिनां मदयिता दयिताश्रवणार्पितम्॥

(रघु., 9-28)

और प्रभात-कालीन धूप के रंग को मात करनेवाली महीन साड़ी के साथ यवाङ्कुर कानों में आभूषण का आसन ग्रहण करता था, और फिर कजरारे कोकिल भी कूक उठते थे। फिर तो संसार का निःशेष रस एकमात्र सुन्दरियों पर ही केन्द्रित हो उठता था :

अरुणरागनिषेधिभिरंशुकैः श्रवणलब्धपदैश्च यवाङ्कुरैः।
परभृताविरुतैश्च विलासिनः स्मरवलैरबलैकरसाः कृता॥

(रघु.,9-43)

सही तो कालिदास के मत से, यह है कि दहकते हुए अंगार के समान वासन्ती पुष्पों को कनकाभरण का प्रतिनिधि ही समझना चाहिए। अगर युवतियाँ कनकाभरण को छोड़कर इन पुष्पों का प्रसाधन रूप में उपयोग करती हैं तो यह उचित ही है। कालिदास ने इन प्रसाधनों को पवित्र और मंगलकारक माना है। 'विक्रमोर्वशीय' (3-12) में व्रत करनेवाली रानी के केशों में पवित्र दूर्वांकुर शोभित हो रहा था। सफेद साड़ी और मंगलमात्र भूषण की पृष्ठभूमि में दूर्वांकुर की महनीयता कालिदास ही बता सकते थे!

सितांशुका मंगलमात्रभूषणा पवित्रदूर्वाङ्कुरलक्षितालका।

कहाँ तक कहा जाय, कालिदास प्राकृतिक प्रसाधनों के बहुत बड़े धनी हैं। शकुन्तला प्रिय-मंडना थीं, परन्तु आश्रमवृक्षों के प्रति स्नेहाधिक्य के कारण उनके पल्लवों को तोड़ने में संकोच अनुभव करती थीं। मंडन द्रव्यों से अनेक प्रकार के पत्रलेख बनाने की बात कालिदास में मिलती है। कोश में कई प्रकार के पत्रलेखों की चर्चा है : पत्रलेख, पत्रांगुली, तमालपत्र, तिलक, चित्रक, वैशिषिका। अन्यत्र मकरिका और नवमंजरी आदि की चर्चा मिलती है। जान पड़ता है, शुरू-शुरू में पत्रों को काटकर अनेक प्रकार की चित्र-विचित्र आकृति बनती थी, जिससे बाद में उन्हें मंडन द्रव्यों में गिना जाने लगा। कुरबक के पीले-पीले पुष्पों पर काली भ्रमर-राजि को देखकर कालिदास को पत्र-विशेषकों का स्मरण हो आता है। जब पार्वतीजी के गोरे शरीर पर शुक्ल अगुरु का विलेपन करके गोरोचना से पत्रलेख

लिखा गया, तो शोभा, गंगा के सैकत-पुलिन पर चक्रवाकों के बैठने से बनी कान्ति को भी मात दे गई।

वेश

इन रूप और अलंकारों के समवाय का नाम वेश है। स्त्रियों के समूचे देश की सफलता इस बात में है कि प्रिय उसे देखे और देखकर प्रसन्न हो जाय। इसीलिए कालिदास ने कहा, 'स्त्रीणां प्रियालोकफलो हि वेशः।'

कालिदास ने इन सुगन्धित द्रव्यों के उद्गम और आयात का स्थान भी कभी-कभी इशारे से बता दिया है। कस्तूरी या मृगनाभि हिमालय से, कुंकुम-केसर बाह्लीक (बलख) से, कालागुरु प्राग्ज्योतिष (असम) से, लोध्र हिमालय से, चन्दन मलयगिरि से, ताम्बूल-दल कलिंग से, सालद्रुम और देवदारद्रुम हिमालय से, एला कावेरी तट से, पुन्नाग केरल से प्राप्त होता था।

कालिदास ने ताम्बूल, विलेपन और माला धारण करने की बात लिखी अवश्य है; पर ताम्बूल पर उनका अधिक ध्यान नहीं है। लाक्षारस या अलक्तक को वे अधिक उत्तम अलंकरण के रूप में चित्रित करते हैं। सच पूछिए तो कालिदास ने लाक्षारस को प्रमुख प्रसाधनद्रव्य के रूप में इतनी प्रकार से और इतनी बार चित्रित किया है कि सन्देह होता है कि कहीं अधर की रंगाई के लिए भी वे इसी का उपयोग तो नहीं बताते। वस्त्रों को तो वे लाक्षा-रस-रंजित कह ही चुके हैं (ऋतु., 6)। वात्स्यायन के 'कामसूत्र' में अधरों को रंगने के लिए अलक्तक और मोम (सिक्थ) का जो प्रयोग है, वह शायद उन्हें भी रुचता था। अस्तु, गन्ध-युक्ति की विद्या इस देश में बहुत पुरानी है। कालिदास के पूर्व से ही इसका प्रयोग चला आता है। उत्सादन, अनुलेपन, अंगराग, केश और वस्त्रों का सुगन्धीकरण और ताम्बूल में अनेक प्रकार की सुगन्धित वस्तुओं के योग से निःश्वास को सुगन्धित बनाना कलाओं में गिना जाता था। 'ललित-विस्तर' में जिन कलाओं की चर्चा है, उनमें भी इनकी गणना है। भगवान् बुद्ध के युग में यह बात इतनी प्रचलित थी कि भिक्षु और भिक्षुणियों तक में इनका बहुत प्रवेश था।

स्त्री ही संसार का श्रेष्ठ रत्न है

भूषणों का विधान नाना भाव से शास्त्रों में दिया हुआ है। 'अभिलाषितार्थ चिन्तामणि' में माल्यभोग और भूषाभोग नामक अध्यायों में (प्र. 3, अ. 7-8) भाँति-भाँति के माल्यों और भूषणों का विधान किया गया है, परन्तु वराहमिहिर ने स्पष्ट रूप से बताया है कि वस्तुतः स्त्रियाँ भी भूषणों को भूषित करती हैं, भूषण उन्हें भूषित नहीं कर सकते :

रत्नानि विभूषयन्ति योषा भूष्यन्ते वनिता न रत्नकान्त्या।
चेतो वनिता हरन्त्यरत्ना नो रत्नानि विनांगनांगसंगात्॥

(वृ. सं., 74|2)

वराहमिहिर ने दृढ़ता के साथ कहा है कि "ब्रह्मा ने स्त्री के सिवा ऐसा दूसरा बहुमूल्य रत्न संसार में नहीं बनाया है जो श्रुत, दृष्ट, स्पृष्ट और स्मृत होते ही आह्लाद उत्पन्न कर सके। स्त्री के कारण ही घर में अर्थ है, धर्म है, पुत्रसुख है। इसलिए उन लोगों को सदैव स्त्री का सम्मान करना चाहिए जिनके लिए मान ही धन है। जो लोग वैराग्य का भान करके स्त्री की निन्दा किया करते हैं, इन गृहलक्ष्मियों के गुणों को भूल जाया करते हैं, मेरे मन का वितर्क यह है कि वे लोग दुर्जन हैं और उनकी बातें मुझे सद्भाव-प्रसूत नहीं जान पड़तीं। सच बताइए, स्त्रियों में ऐसे कौन दोष हैं जो पुरुषों में नहीं हैं? पुरुषों की यह ढिठाई है कि उन्होंने उनकी निन्दा की है। मनु ने भी कहा है कि वे पुरुषों की अपेक्षा अधिक गुणवती हैं।...स्त्री के रूप में हो या माता के रूप में, स्त्रियाँ ही पुरुषों के सुख का कारण हैं। वे लोग कृतघ्न हैं जो उनकी निन्दा करते हैं। दाम्पत्यगत व्रत का अतिक्रमण करने में पुरुषों का भी दोष होता है और स्त्री का भी, परन्तु स्त्रियाँ उस व्रत का जिस संयम और निष्ठा के साथ पालन करती हैं, पुरुष वैसा नहीं करते! आश्चर्य है इन असाधु पुरुषों का आचरण, जो सत्यव्रता स्त्रियों की निन्दा करते हुए 'उलटे चोर कोतवालें को डाँटे' की लोकोक्ति को चरितार्थ करते हैं।"

अहो धाष्ट्र्यमसाधूनां निन्दतामनघाः स्त्रियः।
मुंचतामिव चौराणां तिष्ठ चौरेति जल्पताम्॥

(वृ. सं., 74|15)

वराहमिहिर की इस महत्त्वपूर्ण घोषणा से प्राचीन भारत के सद्गृहस्थों का मनोभाव प्रकट होता है। इस देश में स्त्रियों का सम्मान बराबर बहुत उत्तम कोटि का रहा है; क्योंकि जैसा कि शक्ति-संगम तंत्र के 'ताराखंड' में शिवजी ने कहा है कि

नारी ही त्रैलोक्य की माता है, वही त्रैलोक्य का प्रत्यक्ष विग्रह है। नारी ही त्रिभुवन का आधार है और वही शक्ति की देह है :

नारी त्रैलोक्यजननी नारी त्रैलोक्यरूपिणी।
नारी त्रिभुवनाधारा नारी देहस्वरूपिणी।

(13-44)

शिवजी ने आगे चलकर बताया है कि नारी के समान न सुख है, न गति है, न भाग्य है, न राज्य है, न तीर्थ है, न योग है, न जप है, न मंत्र और न धन है। वही इस संसार की सर्वाधिक पूजनीय देवता है; क्योंकि वह पार्वती का रूप है। उसके समान न कभी कुछ था, न ही है और न होगा :

न च नारीसमं सौख्यं न च नारीसमा गतिः।
न नारीसदृशं भाग्यं न भूतं न भविष्यति॥
न नारीसदृशं राज्यं न नारी सदृशं तपः।
न नारीसदृशं तीर्थं न भूतं न भविष्यति॥
न नारीसदृशो योगो न नारीसदृशो जपः॥
न नारीसदृशो योगो न भूतं न भविष्यति॥
न नारीसदृशो मंत्रः न नारीसदृशं तपः।
न नारीसदृशं वित्तं न भूतो न भविष्यति॥

(13.46-48)

इसीलिए भारतवर्ष की सुकुमार साधना का सर्वोत्तम, अन्तःपुर को केन्द्र करके प्रकाशित हुआ था। वहीं से भारतवर्ष का समस्त माधुर्य और समस्त मृदुत्व उद्भासित हुआ है।

उत्सव और प्रेक्षागृह

प्राचीन भारतीय नागरिक नाच, गान और उत्सवों का आनन्द जमकर लिया करते थे। यह तो नहीं कहा जा सकता कि उन दिनों पेशेवर नर्तकों का अभिनयगृह किसी निश्चित स्थान पर होता था या नहीं, क्योंकि प्राचीन ग्रन्थों में इसका कोई उल्लेख नहीं मिलता। पर इतना निश्चित है कि राज्य की ओर से पहाड़ों की गुफाओं में दुमंजिले प्रेक्षागृह बनाए जाते थे और निश्चित तिथियों या अवसरों पर उनमें नाच,

गान और नाटकाभिनय भी होते थे। छोटानागपुर के रामगढ़ की पहाड़ी पर एक ऐसे ही प्रेक्षागृह का भग्नावशेष आविष्कृत हुआ है। फिर खास-खास मन्दिरों में भी धार्मिक उत्सवों के अवसर पर नाच-गान की व्यवस्था रहा करती थी। शादी-ब्याह, पुत्र-जन्म या अन्य आनन्दव्यंजक अवसरों पर नागरिक लोग रंगशाला और नाचघर बनवा लेते थे। 'नाट्यशास्त्र' में स्थायी रंगशालाओं की भी चर्चा है। राजभवन के भीतर तो निश्चित रूप में रंगशालाएँ हुआ करती थीं। प्राय: ही संस्कृत नाटिकाओं में अन्त:पुर के भीतर अन्त:पुरिकाओं के विनोद के लिए नृत्य-गान-अभिनय आदि का उल्लेख पाया जाता है। 'नाट्यशास्त्र' में ऐसे प्रेक्षागहों का माप भी दिया हुआ है। साधारणत: ये तीन प्रकार के होते थे। जो बहुत बड़े होते थे, वे देवों के प्रेक्षागृह कहलाते थे और 108 हाथ लम्बे होते थे। दूसरे 64 हाथ लम्बे वर्गाकार होते थे और तीसरे त्रिभुजाकार होते थे, जिनकी तीनों भुजाएँ बत्तीस-बत्तीस हाथों की होती थीं। दूसरे तरह के प्रेक्षागृह राजा के कहे जाते थे। ये ही साधारणत: अधिक प्रचलित थे। ऐसा जान पड़ता है कि राजा लोग और अत्यधिक समृद्धिशाली लोगों के गृहों में तो इस प्रकार की रंगशालाएँ स्थायी हुआ करती थीं। 'प्रतिमा' नाटक के आरम्भ में ही नेपथ्यशाला की बात आई है। राम के अन्त:पुर में एक नेपथ्यशाला थी, जहाँ रंगभूमि के लिए वल्कलादि सामग्री रखी जाती थी। पर साधारण नागरिक यथाअवसर तीसरे प्रकार की अस्थायी शालाएँ बनवा लेते थे। ऐसी शालाओं के बनवाने में बड़ी सावधानी बरती जाती थी। सम, स्थिर और कठिन भूमि, काली या गौर वर्ण की मिट्टी शुभ समझी जाती थी। भूमि को पहले हल से जोतते थे। उसमें की अस्थि, कील, कपाल, तृण-गुल्म आदि को साफ करते थे और तब प्रेक्षाशाला के लिए भूमि मापी जाती थी। माप का कार्य काफी सावधानी का समझा जाता था, क्योंकि मापते समय सूत्र का टूट जाना बहुत बड़ा अमंगल का कारण माना जाता था। सूत्र कपास, बेर, वल्कल और मूंज में से किसी एक का होता था। यह विश्वास किया जाता था कि आधे में से सूत्र टूट जाय तो स्वामी की मृत्यु होती है, तिहाई में से टूट जाय तो राजकोप की आशंका होती है, चौथाई से टूटे तो प्रयोक्ता का नाश होता है, हाथभर पर से टूट जाय तो कुछ घट जाता है। सो, रज्जुग्रहण का कार्य अत्यन्त सावधानी से किया जाता था। यह तो कहना ही बेकार है कि तिथि, नक्षत्र आदि की शुद्धि पर विशेष रूप से ध्यान दिया जाता था। इस बात का पूरा ध्यान रखा जाता था कि काषाय-वस्त्रधारी, हीनवपु और विकलांग लोग मंडप-स्थापना के समय दिखकर अशुभ न उत्पन्न कर दें। खम्भों के स्थापन में भी इसी प्रकार की सावधानी बरती जाती थी। खम्भा हिल गया, खिसक गया, काँप गया तो नाना प्रकार का उपद्रव होना सम्भव माना जाता था। वस्तुत: रंगगृह के निर्माण की प्रत्येक क्रिया शुभाशुभ फलदायिनी मानी जाती थी। पद-पद पर पूजा, बलि, मंत्रपाठ और ब्राह्मण-भोजन की आवश्यकता समझी जाती थी। भित्तिकर्म, चूना पोतना, चित्र बनाना, खम्भा गाड़ना,

भूमि समान करना आदि क्रियाओं में भावाजोखी का डर रहता था ('नाट्यशास्त्र' 1)। इस प्रकार प्रेक्षाशालाओं का निर्माण अत्यन्त महत्त्वपूर्ण माना जाता था।

राजाओं की विजय-यात्राओं के पड़ाव पर भी अस्थायी रंगशालाएँ बना ली जाती थीं। इन शालाओं के दो हिस्से हुआ करते थे। एक तो जहाँ अभिनय हुआ करता था, वह स्थान और दूसरा दर्शकों का स्थान जिसमें भिन्न-भिन्न श्रेणी के लिए उनकी मर्यादा के अनुसार स्थान नियत हुआ करते थे। जहाँ अभिनय होता था, उसे रंगभूमि (या संक्षेप में 'रंग') कहा करते थे। इस रंगभूमि के पीछे तिरस्करणी या पर्दा लगा दिया जाता था। पर्दे के पीछे के स्थान को नेपथ्य कहा करते थे। यहीं से सजधजकर अभिनेतागण रंगभूमि में उतरते थे। 'नेपथ्य' शब्द (नि-पथ्-य) में 'नि' उपसर्ग को देखकर कुछ पंडितों ने अनुमान किया है कि 'नेपथ्य' का धरातल रंगभूमि की अपेक्षा नीचा हुआ करता था, पर वस्तुतः यह उलटी बात है। असल में नेपथ्य पर से अभिनेता रंगभूमि में उतरा करते थे। सर्वत्र इस क्रिया के लिए 'रंगावतार' (रंगभूमि में उतरना) शब्द ही व्यवहृत होता है।

गुफाएँ और मन्दिर

भारतीय तक्षण-शिल्प के चार प्रधान अंग हैं : गुफा, मन्दिर, स्तम्भ और प्रतिमा। प्रथम दो का सम्बन्ध नाटकीय अभिनयों के साथ भी पाया गया है। इस देश में पहाड़ों को काटकर गुफा-निर्माण की प्रथा बहुत पुरानी है। गुफाएँ दो जाति की हैं : चैत्य और विहार। चैत्य के भीतर एक स्तूप होता है और जनसमाज के सम्मलित होने के लिए लम्बा-चौड़ा हॉल बनाया जाता है। इस प्रकार की गुफाओं में कार्ली की गुफा श्रेष्ठ है। विहार बौद्ध-भिक्षुओं के मठ को कहते हैं। भारत में अजन्ता, एलोरा, कार्ली, भाजा, भिलसा आदि के विहार संसार के शिल्प-प्रेमियों की प्रचुर प्रशंसा प्राप्त कर सके हैं। हमने पहले ही बताया है कि एक गुफा में एक प्रेक्षागृह या रंगशाला का भग्नावशेष पाया जा सका है। मन्दिरों से सम्बद्ध रंगशालाएँ भी पाई गई हैं। जिस देवता का मन्दिर हुआ करता था, उसकी लीलाओं का अभिनय हुआ करता था और भक्त लोग उन्हें देखकर भगवच्चिन्तन में समय बिताया करते थे। उत्तर भारत में ब्राह्मण और जैन मन्दिर ही अधिक हैं। ब्राह्मण मन्दिर में 'गर्भगृह' में मूर्ति स्थापित होती है और आगे मंडप बनाया जाता है। जैन मन्दिर में कभी-कभी दो मंडप होते हैं और एक वेदी भी। इन मन्दिरों के गर्भगृह में परमशिखर होता है। शिखर के ऊपर सबसे ऊंचे एक प्रकार का बड़ा आँवलानुमा चक्र या गोला होता

है जिसे 'आमलक' (=आँवला) कहते हैं। इसी आमलक के ऊपर कलश होता है और उसके ऊपर ध्वज-दंड। मन्दिरों में गर्भगृह के ऊपर द्रविड़ शैली के कई मंजिलों का चौकोर मंडप होता है जिसे विमान कहा जाता है। यह ज्यों-ज्यों ऊँचा होता जाता है, त्यों-त्यों उसका फैलाव कम होता जाता है। जहाँ उत्तर भारत में शिखर होता है वहाँ दक्षिण भारतीय शैली में विमान होता है। गर्भगृह के आगे बड़े-बड़े स्तम्भोंवाला विस्तृत स्थान (मंडप) होता है और मन्दिर के प्राकार के द्वारों पर अनेक देवी-देवताओं की मूर्तिवाला ऊँचा गोपुर होता है। दक्षिण के चिदम्बरम् आदि मन्दिरों पर 'नाट्यशास्त्र' के बतलाए हुए विविध अंगहार चित्रित हुए हैं। कोणार्क और भुवनेश्वर के मन्दिर में भी नाना प्रकार के शास्त्रीय आसन उत्कीर्ण हैं। इन मन्दिरों पर उत्कीर्ण इन चित्रों से बहुत-सी लुप्त अभिनय भंगिमाओं को जानने में सहायता मिलती है। इसी प्रकार गुफाओं में अंकित चित्रों ने नाना दृष्टि से भारतीय समाज को समझने में सहायता पहुँचाई है। उनकी कला तो असाधारण है ही। एक प्रसिद्ध अंग्रेज शिल्प-शास्त्री ने आश्चर्य के साथ कहा था कि गुफाओं के काटने में कहीं भी एक भी छेनी व्यर्थ नहीं चलाई गई है। भारतीय वास्तुकला की दृष्टि से इन गुफाओं और मन्दिरों की प्रशंसा संसार के सभी शिल्प-विशारदों ने की है। अद्भुत धैर्य, विशाल मनोबल और आश्चर्यजनक हस्त-कौशल का ऐसा सामंजस्य संसार में बहुत कम मिलता है। आलोचकों ने इस सफलता का प्रधान कारण कलाकारों की भक्ति को ही बताया है।

दर्शक

इन प्रेक्षागृहों में—चाहे वे स्थायी हों या अस्थायी—अभिनय देखने के लिए जानेवाले दर्शकों में छोटे-बड़े, शिक्षित-अशिक्षित सभी हुआ करते थे, पर ऐसा जान पड़ता है कि अधिकांश दर्शक रस-शास्त्र के नियमों के ज्ञाता हुआ करते थे। कालिदास, श्रीहर्ष आदि के नाटकों में अभिरूप-भूयिष्ठा और गुणग्राहिणी परिषद् का उल्लेख है। भारतीय जीवन की यह विशेषता रही है कि ऊँची-से-ऊँची चिन्ता जनसाधारण में घुली पाई जाती है। यद्यपि शास्त्रीय विचार और तर्क-शैली सीमित क्षेत्र में ही परिचित होती थी; किन्तु सिद्धान्त सर्वसाधारण में ज्ञात होते थे। नृत्य और अभिनय-सम्बन्धी मूल सिद्धान्त भी उन दिनों सर्वसाधारण में परिचित रहे होंगे। संस्कृत नाटकों और शास्त्रीय संगीत और अभिनय के द्रष्टा को कैसा होना चाहिए, इस विषय में 'नाट्यशास्त्र' ने स्पष्ट रूप में कहा है (27-51 और आगे) कि उसके सभी इन्द्रिय दुरुस्त होने

चाहिए, ऊहापोह में उसे पटु होना चाहिए (अर्थात् जिसे आजकल 'क्रिटिकल ऑडिएंस' कहते हैं, ऐसा होना चाहिए), दोष का जानकार और रागी होना चाहिए। जो व्यक्ति शोक से शोकान्वित न हो सके और आनन्दजनक दृश्य देखकर आनन्दित न हो सके अर्थात् जो संवेदनशील न हो, उसे 'नाट्यशास्त्र' प्रेक्षक या दर्शकों का पद नहीं देना चाहता (27-52)। यह जरूर है कि सभी की रुचि एक-सी नहीं हो सकती। वयस, अवस्था और शिक्षा के भेद से नाना भाँति की रुचि और अवस्था के अनुसार भिन्न विषय के नाटकों और अभिनयों का प्रेक्षकत्व निर्दिष्ट किया है। जवान आदमी शृंगाररस की बातें देखना चाहता है, सहृदय कालनियमों (समय) के अनुकूल अभिनय को पसन्द करता है, अर्थपरायण लोग अर्थ चाहते हैं, वैरागी लोग विरागोत्तेजक दृश्य देखना चाहते हैं, शूर लोग वीर-रस, रौद्र आदि रस पसन्द करते हैं, वृद्ध लोग धर्माख्यान और पुराण के अभिनय देखने में रस पाते हैं (27-57-58), फिर एक ही तमाशे के सभी तमाशबीन कैसे हो सकते हैं! फिर भी जान पड़ता है कि व्यवहार में इतना कठोर नियम नहीं पालन किया जाता होगा और उत्सवादि के अवसर पर जो कोई अभिनय को देखना पसन्द करता होगा, वही जाया करता होगा। परन्तु कालिदास आदि जब परिषद् की निपुणता और गुणग्राहकता की बात करते हैं, तो निश्चय ही कुछ चुने हुए सहृदयों की बात करते हैं।

लोक-जीवन ही प्रधान कसौटी है

जैसा कि शुरू में ही कहा गया है, भरत का 'नाट्यशास्त्र' नाट्यधर्मी रूढ़ियों का विशाल संग्रह-ग्रन्थ है। परन्तु नाट्यशास्त्रकार ने कभी इस बात को नहीं भुलाया कि वास्तविक प्रेरणाभूमि लोक-जीवन है और वास्तविक कसौटी भी लोकचित्त है। बाद के अलंकारशास्त्रियों ने इस तथ्य पर उतना ध्यान नहीं दिया जितना भरत मुनि ने दिया था। 'नाट्यशास्त्र' के 26वें अध्याय में उन्होंने विस्तारपूर्वक अभिनय-विधियों का निर्देश किया है। बहुत विस्तारपूर्वक कहने के बाद उन्होंने कहा है कि 'मैंने सब तो बता दिया पर दुनिया यहीं नहीं समाप्त हो जाती; इस स्थावर, जंगम, चराचर सृष्टि का कोई भी शास्त्र कहाँ तक हिसाब बता सकता है! सैकड़ों प्रकार की भाव-चेष्टाओं का हिसाब बताना असम्भव कार्य है। लोक में न जाने कितने प्रकार की प्रकृतियाँ हैं; इसलिए नाट्यप्रयोग के लिए लोक ही प्रमाण है, क्योंकि साधारण जनता के आचरण में ही नाटक की प्रतिष्ठा है!' (26-118-119)। वस्तुत: जो भी शास्त्र और धर्म और शिल्प और आचार लोकधर्म-प्रवृत्त हैं वही नाट्य कहे जाते हैं :

यानि शास्त्राणि ये धर्मा यानि शिल्पानि याः क्रियाः।
लोकधर्मप्रवृत्तानि तानि नाट्यं प्रकीर्तितम्॥

लोक के अतिरिक्त दो और बातों को शास्त्रकार ने प्रमाण माना है—वेद और अध्यात्म। वेद से उनका मतलब नाट्यवेद अर्थात् नाट्यशास्त्र से है और अध्यात्म से मतलब उस अन्तर्निहित तत्त्ववाद से है जो सदा कलाकार को सचेत करता रहता है कि वह जो कुछ कर रहा है वह खेल नहीं है बल्कि पूजा है, परम शिव को तृप्त करने की साधना है।

नाट्य की सफलता भी लोकरंजन में ही है। नाट्यशास्त्रकार सिद्धि दो प्रकार की मानते हैं, मानुषी और दैवी। दैवी बहुत-कुछ भाग्याश्रित है। भूकम्प न हो जाए, वर्षा न ढरक पड़े, आँधी-तूफान न फट पड़ें, तो नाटक निर्विघ्न होता है। उस अवस्था में समझना चाहिए कि देवताओं ने सारी बातें स्वीकार कर ली हैं। कहीं कोई दोष नहीं हुआ है। पर मानुषी सिद्धि अभिनय की कुशलता से प्राप्त होती है। जब जनता हँसाने के अभिनय के समय हँस पड़े, रुलाने के समय रो पड़े, भावानुभूति के समय रोमाञ्च गद्‌गद हो पड़े तो समझना चाहिए कि नाटक सफल है। 'नाट्यशास्त्र' सहज ही नाटक की सफलता नहीं मानता। वह दर्शक के मुँह से 'अहो', 'साधु-साधु', 'हा कष्टम्' आदि निकलवा लेना चाहता है। वह सिर हिलवा देने में, आँसू निकलवा लेने में, लम्बी साँस खिंचवा लेने में, रोमाञ्च गद्‌गद करा देने में, झूम-झूमकर वाहवाही दिलवा लेने में नाटक की सिद्धि मानता है। वह लोक-जीवन को कभी नहीं भुलाता और न ऊपर के देवताओं की ही अवहेलना करता है। दोनों ही ओर उसकी दृष्टि है। देवता को असन्तुष्ट करना सम्भव भी तो नहीं है। उन दिनों के देवता अभिनय की त्रुटियों की ओर सदा आँख लगाए रहते थे। जरा-सी त्रुटि हुई नहीं कि आँधी भेज दी, आग लगा दी, पानी बरसा दिया, साँप निकाल दिया, वज्र गिरा दिया, कीड़ों की पल्टन दौड़ा दी, चींटियों की सेना चढ़ा दी, साँड़-भैंसा दौड़ा दिया! इनकी उपेक्षा करना क्या मुमकिन था?

वाताग्निवर्षकुंजर - भुजंग - संक्षोभ - वज्रपातानि।
कीटव्यालपिपीलिकपशुविंशसेनानि दैविका घाताः॥

पारिवारिक उत्सव

साधारणतः विवाह के अवसर पर या किसी राजकीय उत्सव के अवसर पर ऐसे

आयोजनों का भूरिश: उल्लेख पाया जाता है। जब नगर में वर-वधू प्रथम बार रथस्थ होकर निकलते थे, तो नगर में खरभर मच जाती थी। पुर-सुन्दरियाँ सब कुछ भूलकर राजपथ के दोनों ओर गवाक्षों में आँखें बिछा देती थीं। केश बाँधती हुई बहू हाथ में कवरीबन्ध के लिए सम्हाली हुई पुष्पस्राक् (माला) लिये ही दौड़ पड़ती थी, महावर देने में दत्तचित्ता कुलरमणि एक पैर के महावर से घर को लाल बनाती हुई खिड़की पर दौड़ जाती थी; काजल बाईं आँख में पहले लगाने का नियम भूलकर कोई सुन्दरी दाहिनी आँख में काजल देकर जल्दी-जल्दी में हाथ में अञ्जनशलाका लिये ही भाग पड़ती थी, रसना में मणि गूँथती हुई विलासिनी आधे गुँथे सूत्र को अँगूठे में लिये हुए ही दौड़ पड़ती थी ('रघु.', 7-6-10 और 'कुमारसम्भव', 7-57-10) और इस प्रकार नगर-सौधों के गवाक्ष सुन्दरियों की वदन-दीप्ति से दमक उठते थे। जब कुमार चन्द्रापीड़ समस्त विद्याओं का अध्ययन समाप्त करके विद्या-गृह से निर्गत हुए थे और नगर में प्रविष्ट हुए थे, तो कुछ इसी प्रकार की खरभर मच गई थी। प्रतिष्ठित परिवारों में, जिनका आपस में सम्बन्ध होता था, उनके घर उत्सव होने पर एक घर के लोग बड़े ठाट-बाट से दूसरे घर जाया करते थे। राजा, मंत्री, श्रेष्ठी आदि समृद्ध नागरिकों में यह आना-जाना विशेष रूप से दर्शनीय हुआ करता था। मंत्री शुकनास के घर पुत्र-जन्म होने पर राजा तारापीड़ उसका उत्सव मनाने के लिए गए थे। उनके साथ अन्त:पुर की देवियाँ भी थीं। बाणभट्ट की शक्तिशाली लेखनी ने इसका जो विवरण दिया है, उससे उस युग के ऐसे जुलूसों का बहुत मनोरंजक परिचय मिलता है। राजा तारापीड़ जब शुकनास के घर जाने लगे, तो उनके पीछे अन्त:पुर की परिचारिका रमणियाँ भी भीं। उनके चरण-विघट्टन (पदक्षेप)-जनित नूपुरों के क्वणन से दिगन्त शब्दायमान हो उठा था, वेगपूर्वक भुज-लताओं के उत्तोलन के कारण मणि-जटित चूड़ियाँ चंचल हो उठी थीं, मानो आकाश गंगा में की कमलिनी वायु-विलुलित होकर नीचे चली आई हो; भीड़ के संघर्ष से उनके कानों के पल्लव खिसक रहे थे, वे एक-दूसरे से टकरा जाती थीं और इस प्रकार एक का केयूर दूसरी की चादर में लगकर उसे खरोंच डालता था, पसीने से घुले हुए अंगराग उनके चीन-वसनों को रंग रहे थे, भीड़ के कारण शरीर का तिलक थोड़ा ही बच रहा था, साथ-साथ चलनेवाली विलासवती वारवनिताओं की हँसी से वे प्रस्फुटित कुमुदवन के समान सुशोभित हो रही थीं; चंचल हार-लताएँ जोर-जोर से हिलती हुई उनके वक्षोभाग से टकरा रही थीं, खुली केशराशि सिन्दूर-बिन्दु पर आकर पड़ रही थी, अबीर की निरन्तर झड़ी होते रहने के कारण उनके केश पिंगल वर्ण के हो उठे थे, उन दिनों के सम्भ्रान्त परिवारों के अन्त:पुर में सदा रहनेवाले गूँगे, कुबड़े, बौने और मूर्ख लोग उद्धत नृत्य से विह्वल होकर आगे-आगे चले जा रहे थे, कभी-कभी किसी वृद्ध कंचुकी के गले में किसी रमणी का उत्तरीय वस्त्र अटक जाता था और खींचतान में पड़ा हुआ वह बेचारा खासे मजाक का पात्र बन जाता

था। साथ में वीणा, वंशी, मृदंग और काँस्यताल बजता चलता था, और अस्पष्ट किन्तु मधुर गान सुनाई दे रहा था। राजा के पीछे-पीछे उनके परिवार की सम्भ्रान्त महिलाएँ भी जा रही थीं, उनका मणिमय कुंडल आन्दोलित होकर कपोल-तल पर निरन्तर आघात कर रहा था, कान के उत्पल-पत्र हिल रहे थे, शेखर-माला भूमि पर गिरती जा रही थी, वक्षःस्थल-विराजित पुष्पमाला निरन्तर हिल रही थी; इनके साथ भेरी, मृदंग, मर्दल, पटह आदि बाजे बज रहे थे; और उनके पीछे-पीछे काहल और शंख के नाद हो रहे थे; और इन शब्दों के साथ राज-परिवार की देवियों के सनूपुर चरणों के आघात से इतना भारी शब्द हो रहा था कि धरती के फट जाने का अन्देशा होता था। इनके पीछे राजा के चारणगण नाचते चले जा रहे थे, नाना प्रकार के मुखवाद्य से कोलाहल करते जा रहे थे, कुछ लोग राजा की स्तुति कर रहे थे, कुछ विरुद पढ़ रहे थे और कुछ यों ही उछलते-कूदते चले जा रहे थे।

जो उत्सव पारिवारिक नहीं होते थे, उनका ठाट-बाट कुछ और तरह का होता था। काव्य-ग्रन्थ में इनका भी उल्लेख पाया जाता है। साधारणतः राजा की सवारी, विजय-यात्रा, विजय के बाद का प्रवेश, बारात आदि के जुलूसों में हाथियों और घोड़ों की बहुतायत हुआ करती थी। स्थान-स्थान पर जुलूस रुक जाता था और घुड़सवार नौजवान घोड़ों को नचाने की कला का परिचय देते थे। नगर की देवियाँ गवाक्षों से धान की खीलों और पुष्पवर्षा से राजा, राजकुमार या वर की अभ्यर्थना करती थीं। जुलूस के पीछे बड़ी दूर तक साधारण नागरिक पीछे-पीछे चला करते थे। जान पड़ता है कि प्राचीन काल के ये जुलूस जनसाधारण के लिए एक विशेष आनन्ददायक उत्सव थे। राजा जब दीर्घ प्रवास के बाद अपनी राजधानी को लौटते थे, उत्सुक जनता प्रथम चन्द्र की भाँति अत्यन्त उत्सुकतापूर्वक उनकी प्रतीक्षा करती रहती थी और राजा के नगरद्वार में पधारने पर तुमुल जयघोष से उनका स्वागत करती थी। महाकवि कालिदास ने 'रघुवंश' में राजा दिलीप के वन-प्रवास के अवसर पर भी यह दिखाया है कि किस प्रकार वन के वृक्ष और लताएँ नागरिकों की भाँति उनकी अभ्यर्थना कर रही थीं। बाल-लताएँ पुष्पवर्षा करके पौर-कन्याओं द्वारा अनुष्ठित खीलों की वर्षा की कमी पूरी कर रही थीं, वृक्षों के सिर पर बैठकर चहकती हुई चिड़ियाँ मधुर शब्द करके आलोक-शब्द या रोशनचौकी के अभाव को भलीभाँति दूर कर रही थीं, और इस प्रकार वन में भी राजा अपने राजकीय सम्मान को पा रहा था। जुलूस जब गन्तव्य स्थान पर पहुँच जाता था तो वहाँ के आनुष्ठानिक कृत्य के सम्पादन के बाद नाच, गान, अभिनय आदि द्वारा मनोरंजन की व्यवस्था हुआ करती थी। दर्शकों में स्त्री-पुरुष, वृद्ध-बालक, ब्राह्मण-शूद्र सभी हुआ करते थे। सभी के लिए अलग-अलग बैठने की जगहें हुआ करती थीं।

विवाह के अवसर के विनोद

बाणभट्ट के 'हर्षचरित' में विवाह के अवसर पर होनेवाले आमोद-उल्लासों का बड़ा मोहक वर्णन मिलता है। अन्तःपुर की महिलाएँ भी ऐसे अवसरों पर नृत्य-गान में हिस्सा लेती थीं। उनके सुन्दर अंगहारों से महोत्सव मंगल कलशों से सुसज्जित-सा हो जाता था, कुट्टिम-भूमि पादालक्तकों से लाल हो जाती थी, चंचल चक्षुओं की किरण से सारा दिन कृष्णसार मृगों से परिपूर्ण की भाँति दिखने लगता था, भुजलताओं के विक्षेप को देखकर ऐसा लगता था मानो भुवनमंडल मृणालवलयों से परिवेष्टित हो जाएगा। शिरीष-कुसुम के स्तवकों से ऐसे अवसरों पर अन्तःपुर की धूप शुक (तोते) के पक्ष के रंग में रंगी हुई-सी जान पड़ने लगती थी, शिथिल धम्मिल्ल (जूड़े) से खिसककर गिरे हुए तमाल-पत्रों से अंगणभूमि कज्जलायमान हो उठती थी और आभरणों के रणत्कार से ऐसी मुखर ध्वनि दिशाओं में परिव्याप्त हो जाती थी कि श्रोता को भ्रम होने लगता था कि कहीं दिशाओं के ही चरणों में नूपुर तो नहीं बाँध दिए गए हैं!

समृद्ध परिवारों के बाहरी बैठकखाने से लेकर अन्तःपुर तक नाच-गान का जाल बिछ जाता था। स्थान-स्थान पर पण्य-विलासिनियों (वेश्याओं) के नृत्य का आयोजन होता था। उनके साथ मन्द-मन्द भाव से आस्फाल्यमान आलिंग्यक नामक वाद्य बजते रहते थे, मधुर शिंजनकारी मंजुल वेणु-निनाद मुखरित होता रहता था, झनझनाती हुई झल्लरी की ध्वनि के साथ कलकाँस्य और कोशी (काँसे के दंड और जोड़ी) का क्वणन अपूर्व ध्वनि-माधुरी की सृष्टि करते थे, साथ-साथ दिए जानेवाले उत्ताल ताल से दिङ्मंडल कल्लोलित होता रहता था, निरन्तर ताड़न पाते हुए तंत्रीपटह की गुञ्जार से और मृदु-मन्द झंकार के साथ झंकृत अलावुवीणा की मनोहर ध्वनि से वे नृत्य अत्यन्त आकर्षक हो जाते थे। युवतियों के कान में ऋतु-विशेष के नवीन पुष्प झूलते होते थे—कभी वहाँ कर्णिकार, कभी अशोक, कभी शिरीष, कभी नीलोत्पल और कभी तमालपत्र की भी चर्चा आती है। कुंकुम-गौरकान्ति से वे वलयित होती थीं, मानो कश्मीर-किशोरियाँ हों। नृत्य के नाना करणों में जब वे अपनी कोमल भुजलताओं को आकाश में उत्क्षिप्त करती थीं तो ऐसा लगता था कि उनके कंकण सूर्य-मंडल को बन्दी बना लेंगे। उनकी कनक-मेखला की किंकिणियों से कुरष्टकमाला उनके मध्यदेश को घेरती हुई ऐसी शोभित होती थी मानो रागाग्नि ही प्रदीप्त होकर उन्हें वलयित किए है। उनके मुखमंडल से सिन्दूर और अबीर की छटा विच्छुरित हो जाती थी और उस लाल कान्ति से अरुणायित कुंडल-पत्र इस प्रकार सुशोभित हुआ करते थे, मानो चन्दनद्रुम की सुकुमार लताओं के विलसित किसलय हों। उनके नीले वासन्ती, चित्रक और कौसुम्भ वस्त्रों के उत्तरीय जब

नृत्यवेग के घूर्णन से तरंगायित हो उठते थे तो मालूम पड़ता था कि विक्षुब्ध शृंगार-सागर की चटुल वीचियाँ तरंगित हो उठी हैं। वे मद को भी मदमत्त बना देती थीं, राग को भी रंग देती थी, आनन्द को भी आनन्दित कर देती थीं, नृत्य को भी नचा देती थीं और उत्सव को भी उत्सुक कर देती थी। ('हर्षचरित', चतुर्थ उच्छ्वास)

एक इसी प्रकार के नृत्य-उत्सव का दृश्य पवाथा (ग्वालियर राज्य) के तोरण पर अंकित पाया गया है। डॉ. वासुदेवशरणजी अग्रवाल इसे जन्मोत्सव-कालीन ('जातिमह') आनन्द-नृत्य मानते हैं। पर यह विवाहकालीन भी हो सकता है। 'हर्षचरित' के वर्णन से तो वह बहुत अधिक मिलता है। दुर्भाग्यवश इसका बायाँ हिस्सा खंडित मिला है। पं. हरिहरनिवास द्विवेदी ने इस चित्र का विवरण इस प्रकार दिया है, "इस दृश्य में एक स्त्री मध्यभाग में खड़ी हुई अत्यन्त सुन्दर भावभंगी से नृत्य कर रही है। स्तनों पर एक लम्बा वस्त्र बँधा हुआ है, जिसका किनारा एक ओर लटक रहा है। बाएँ हाथ में पोंहचे से कोहनी तक चूड़ियाँ भरी हुई हैं। दाहिने हाथ में सम्भवतः एक-दो ही चूड़ियाँ हैं। कमर के नीचे अत्यन्त चुस्त धोती (या पायजामा) पहने हुई है, जिस पर दोनों ओर की किंकिणियों की झालरें लटक रही हैं। पैरों में सादा चूड़े है। कानों में झूमरदार कर्णाभरण है। यद्यपि इस स्त्री के चारों ओर नौ स्त्रियाँ विविध वादन बजाती हुई दिखाई गई हैं, परन्तु उनका प्रसाधन इतनी बारीकी और विस्तार से नहीं बतलाया गया है। ये वाद्य बजानेवाली स्त्रियाँ गद्दियों पर बैठी हैं। टूटे हुए कोने में एक स्त्री-मूर्ति का केवल एक हाथ बचा है। वाद्यों में दो तारों के वाद्य हैं। दाहिनी ओर का वाद्य समुद्रगुप्त की मुद्रा पर अंकित वीणा के समान है। बाईं ओर का वाद्य आज के वायलिन की बनावट का है। एक स्त्री ढपली-जैसा वाद्य बजा रही है। उसके पश्चात् एक स्त्री सम्भवतः पंखा अथवा चमटी लिये है। फिर एक स्त्री मंजीर बजा रही है और एक बिना वाद्य के है। इसके पश्चात् मृदंगवादिनी है। कोने की टूटी मूर्ति के बाद की स्त्री वेणु बजा रही है। बीच में दीपक जल रहा है। इन सबके केश-विन्यास पृथक-पृथक् प्रकार के हैं।" ऐसा लगता है कि इसी प्रकार के किसी दृश्य का वर्णन 'हर्षचरित' में बाणभट्ट ने किया है।

विवाहादि के अवसर पर अन्तःपुरों में जिस मनोहर नृत्यगान का आयोजन होता था वह संयत, मोहक और शिष्ट होता था। उस समय पद्म-किंजल्कों की धूलि से दिशाएँ पिंजरित हो उठती थीं, कुरण्टकमालाओं से सजी हुई भित्तियाँ जगमग करती रहती थीं, मालतीमाला से वलयित सुन्दरियाँ मृणाल-वलय में बन्दी चन्द्रमंडल का स्मरण दिला देती थीं; वीणा, वेणु और मुरज के झंकार से अन्तःपुर कोलाहलमय हो उठता था। संगीत इस प्रकार के उत्सवों का प्रधान उपादान होता था। बाणभट्ट की गवाही पर हम कह सकते हैं कि विवाह की प्रत्येक क्रिया के समय पुरोहित की मंत्रगिरा के समान ही कोकिलकंठियों का गान आवश्यक माना जाता था। ऐसे अवसरों के गान महज मनोविनोद या आमोद-उल्लास के साधन नहीं होते थे, बल्कि

विश्वास किया जाता था कि वे देवताओं को प्रसन्न करेंगे, अमंगलों को दूर करेंगे और वर-वधू को अशेष सौभाग्य से अलंकृत करेंगे।

समाज

यहाँ यह कह रखना उचित है कि 'कामसूत्र' से हमें कई प्रकार की नाच, गान और रसालाप-सम्बन्धी सभाओं का पता मिलता है। एक तरह की सभा ऐसी हुआ करती थी, जिसे 'समाज' कहा करते थे। यह सभा सरस्वती के मन्दिर में नियत तिथि को हर पखवारे हुआ करती थी। इसमें जो लोग आते थे, वे निश्चय ही अत्यन्त सुसंस्कृत नागरिक हुआ करते थे। इस सभा में जो नाचने-गानेवाले, नागरिक का मनोविनोद किया करते थे, उनमें अधिकांश नियुक्त हुआ करते थे। किन्तु समय-समय पर अन्य स्थानों से आए हुए कुशीलव या नाच-गान के उस्ताद भी इसमें अपनी कला का प्रदर्शन किया करते थे। दूसरे दिन उन्हें पुरस्कार दिया जाता था। जब कभी कोई बड़ा उत्सव हुआ करता था, तो इन समाजों में कई स्वतंत्र और आगन्तुक नर्तक और गायक सम्मिलित भाव से अपनी कला का प्रदर्शन करते थे। इनकी खातिरदारी करना समूचे गण अर्थात् नागरिक-समाज का धर्म हुआ करता था। केवल सरस्वती के मन्दिरों में ही ऐसे उत्सव हुआ करते हों सो बात नहीं है, अन्यान्य देवताओं के मन्दिर में भी यथा-नियम हुआ करते थे। ('कामसूत्र', पृष्ठ 50-51)

रामायण (अयोध्याकांड, 67 अ.) में बताया गया है कि जिस देश में राजा का शासन नहीं होता वहाँ अनेक प्रकार के उपद्रव होते हैं। इन उपद्रवों और अव्यवस्थाओं में आदिकवि ने निम्नांकित बातों को भी गिनाया है : (1) अराजक देश में लोग सभा नहीं करा सकते (67-12); (2) न रम्य उद्यान बना सकते हैं (67-12); और (3) न नट और नर्तक प्रहृष्ट होकर भाग ले सकें ऐसे 'उत्सव' और 'समाज' ही करा सकते हैं, 'ये समाज और उत्सव राष्ट्रवर्धक होते हैं'; (4) और ऐसे देश के जनपदों में लोग ऐसे उद्यान नहीं बना सकते जहाँ सायंकाल स्वर्णलंकारों से अलंकृत कुमारियाँ क्रीड़ा के लिए मिलित होती हैं (67-17); फिर (5) ऐसे देश में विलासी नागरिक स्त्रियों के साथ शीघ्रवाही रथों पर चढ़कर शहर के बाहर विनोद के लिए नहीं जा सकते (67-19)। यह भी बताया गया है कि (6) ऐसे देश में शास्त्र-विचक्षण व्यक्ति वनों और उपवनों में शास्त्रविनोद नहीं कर पाते हैं। इन पर ध्यान दिया जाए तो स्पष्ट लगता है कि यहाँ सभा, समाज, उद्यान-यात्रा, उपवन-विनोद आदि बातें वही हैं, जिनका 'कामसूत्र' में उल्लेख है। परवर्ती काल के टीकाकार रामभट्ट

ने 'सभा' का अर्थ न्याय-विचार करनेवाली सभा किया है और 'समाज' का अर्थ विशेष राष्ट्र-प्रयोजनवाले समूह किया है। ऐसा जान पड़ता है कि वे पुरानी परम्परा की ठीक व्याख्या नहीं कर सके। यहाँ आदिकवि का अभिप्राय यह जान पड़ता है कि जिस देश में अच्छा शासक नहीं होता वहाँ के नागरिक धर्म, अर्थ, काम का उपभोग स्वतंत्रतापूर्वक नहीं कर सकते। ऊपर जो बातें कही गई हैं वे कामोपभोग की हैं। 'कामसूत्र' से इसकी ठीक-ठीक व्याख्या हो जाती है। 'समाज' बहुत पुरानी संस्था थी। अशोक ने अपने लेखों में कामशास्त्रीय समाजों को रोकने का आदेश दिया था। इन लेखों में यह भी स्पष्ट कर दिया गया है कि जो 'समाज' भले कार्यों के लिए हों वे निषिद्ध नहीं हैं। 'कामसूत्र' से स्पष्ट है कि समाज में शास्त्रालाप भी होते थे। सम्भवत: अशोक जिन समाजों को वर्जनीय नहीं समझते थे, वे ऐसे ही कामभोगी ढंग के समाज होते थे।

इसी प्रकार नागरिकों के मनोविनोद के लिए एक और तरह की सभा बैठा करती थी, जिसे गोष्ठी कहा करते थे। ये गोष्ठियाँ नागरक के घर पर या किसी गणिका के घर भी हुआ करती थीं। इनमें निश्चय ही चुने हुए लोग निमंत्रित होते थे। गणिकाएँ, जो उन दिनों अपनी विद्या, कला और रसिकता के कारण सम्मान की दृष्टि से देखी जाती थीं, नागरकों के घर पर होनेवाली गोष्ठियों में निमंत्रित होकर आती थीं और सिर्फ नृत्य-गीत से ही नहीं, बहुविध काव्य-समस्याएँ, मानसी काव्य क्रिया, पुस्तक-वाचन, दुर्वाचक योग, देश-भाषाविज्ञान, छन्द, नाटक, आख्यान, आख्यायिका सम्बन्धी आलोचनाओं और रसालापों से भी नागरिकों का मनोविनोद किया करती थीं। भास के नाटकों तथा ललितविस्तर आदि बौद्ध काव्यों से पता चलता है कि ये गोष्ठियाँ उन दिनों बहुत प्रचलित थीं और रईसी का आवश्यक अंग मानी जाती थीं। यह जरूर है कि कभी-कभी लोगों में इस प्रकार की गोष्ठियों के विषय में निन्दा भी होती थी। वात्स्यायन ने भले आदमियों को निन्दित गोष्ठियों में जाने का निषेध किया है (पृ. 58-59)। इन गोष्ठियों के समान ही एक और सभा नागरिकों की बैठा करती थी, जिसे वात्स्यायन ने आपानक कहा है। इसमें मद्य-पान की व्यवस्था होती थी, पर हमारे विषय से उसका दूर का ही सम्बन्ध है। दो और सभाएँ—उद्यान-यात्रा और समस्या-क्रीड़ा—'कामसूत्र' में बताई गई हैं, जिनकी चर्चा यहाँ नहीं करेंगे। अशोक के शिलालेखों से स्पष्ट है कि ऐसे 'समाज' भद्रसमाज में बहुत हीन समझे जाते थे और राजा उनके आयोजकों को दंड दिया करता था। ये विकृत रुचि के प्रचारक थे।

स्थायी रंगशाला और सभा

बहुत पुराने जमाने से ही संगीत, अभिनय और काव्यालाप के लिए स्थायी सभाओं की व्यवस्था हुआ करती थी। 'संगीत-रत्नाकर' एक बहुत परवर्ती ग्रन्थ है। यह प्रधान रूप से संगीतशास्त्र की व्याख्या करने के उद्देश्य से लिखा गया था। यद्यपि यह ग्रन्थ बहुत बाद का है तथापि इसमें प्राचीन काल की परम्पराएँ भी सुरक्षित हैं। इस पुस्तक में संगीत के आयोजन के लिए स्थापित सभा का बड़ा भव्य वर्णन दिया हुआ है। इसे 'ग्रन्थकार' ने रंगशाला नाम दिया है।

इस 'संगीत-रत्नाकर' (1351-1360 ई.) में रत्नस्तम्भ-विभूषित पुष्प-प्रकर-शोभित नाना वितान-सम्पन्न अत्यन्त समृद्धशाली रंगशाला का उल्लेख है। इसके बीच में सिंहासन पर सभापति बैठा करते थे। इस सभापति में सभी प्रकार की कला-मर्मज्ञता और विवेकशीलता का होना आवश्यक माना गया है। सभापति की बाईं ओर अन्तःपुर की देवियों के लिए और दाहिनी ओर प्रधान अमात्यादि के लिए स्थान नियत हुआ करते थे। इन प्रधानों के पीछे कोषाध्यक्ष और अन्यान्य करणाधिप या अफसर रहा करते और इनके निकट ही लोकवेद के विचक्षण विद्वान्, कवि और रसिकजन बैठा करते थे। बड़े-बड़े ज्योतिषी और वैद्यों का आसन विद्वानों में हुआ करता था। इसी ओर मंत्रि-मंडली बैठती थी। बाईं ओर अन्तःपुरकाओं की मंडली बैठा करती थी। सभापति के पीछे रूप-यौवन-सम्भारशालिनी चारु-चामरधारिणी स्त्रियाँ धीरे-धीरे चँवर डुलाया करती थीं, जो अपने कंकण-झंकार से दर्शकों का चित्त मोहती रहती थीं। सामने की बाईं ओर कथक, बन्दी और कलावन्त आदि रहा करते थे। सभा की शान्ति-रक्षा के लिए दक्ष वेत्रधर भी तैयार रहते थे।

राजशेखर ने 'काव्यमीमांसा' में एक और प्रकार की सभा का विधान किया है, जो मनोरंजक है। इसके अनुसार राजा के काव्य-साहित्यादि की चर्चा के लिए जो सभामंडप होगा, उसमें सोलह खम्भे, चार द्वार और आठ अटारियाँ होंगी। राजा का क्रीड़ा-गृह इसी से सटा हुआ होगा। इसके बीच में चार खम्भों को छोड़कर हाथभर ऊँचा एक चबूतरा होगा और उसके ऊपर एक मणिजटित वेदिका। इसी पर राजा का आसन होगा। इसके उत्तर की ओर संस्कृत भाषा के कवि बैठेंगे। यदि एक ही आदमी कई भाषाओं में कवित्व करता हो, तो जिस भाषा में अधिक प्रवीण हो वह उसी भाषा का कवि माना जाएगा। जो कई भाषाओं में बराबर प्रवीण हो, वह जहाँ चाहे उठकर बैठ सकता है। संस्कृत कवियों के पीछे वैदिक, दार्शनिक, पौराणिक, स्मृति-शास्त्री, वैद्य, ज्योतिषी आदि का स्थान होगा। पूर्व की ओर प्राकृत भाषा के कवि और उनके पीछे नट, नर्तक, गायक, वादक, वाग्जीवन, कुशीलव, तालावचर आदि रहेंगे। पश्चिम की ओर अपभ्रंश भाषा के कवि और उनके पीछे चित्रकार,

लेपकार, मणिकार, जौहरी, सुनार, बढ़ई, लोहार आदि का स्थान होगा। दक्षिण की ओर पैशाची भाषा के कवि होंगे और उनके पीछे वेश्या, वेश्या-लम्पट, रस्सों पर नाचनेवाले नट, जादूगर, जम्भक, पहलवान, सिपाही आदि का स्थान निर्दिष्ट रहेगा। इस विवरण से ही प्रकट है कि राजशेखर की बनाई हुई यह सभा मुख्यतः कवि-सभा है, यद्यपि नाचने-गाने वालों की उपस्थिति से अनुमान होता है कि इस प्रकार की सभा में अवसरविशेष पर गान, वाद्य और नृत्य का भी आयोजन हो सकता था।

जो संगीत-भवन स्थायी हुआ करते थे, उनके स्थान पर मृदंग-स्थापन की जगहें बनी होती थीं। 'कादम्बरी' में एक जगह इस प्रकार की उपमा दी गई है, जिससे इस व्यवस्था का पता चलता है : 'संगीतभवनमिवानेकस्थानस्थापितमृदंगम्।' यह मृदंग उन दिनों की संगीत की मजलिस का अत्यन्त आवश्यक उपादान था। कालिदास ने संगीतप्रसंग उठते ही 'प्रसक्तसंगीतमृदंगघोष' कहकर इस बात की ओर इंगित किया है।

गणिका

इन सभाओं में गणिका का आना एक विशेष आकर्षक व्यापार था। यहाँ यह स्पष्ट समझा जाना चाहिए कि गणिका यद्यपि वारांगना ही हुआ करती थीं, तथापि 'कामसूत्र' से जान पड़ता है कि वह साधारण वेश्याओं से कहीं अधिक सम्मान का पात्र मानी जाती थीं। वेश्याओं में जो सबसे सुन्दरी और गुणवती होती थी, उसे ही 'गणिका' की आख्या मिलती थी। राजा लोग उसका सम्मान करते थे :

आभिरभ्युच्छ्रिता वेश्या शीलरूपगुणान्विता।
लभते गणिकाशब्दं स्थानं च जनसंसदि॥
पूजिता च सदा राज्ञा गुणवद्भिश्च संस्तुता।
प्रार्थनीयाभिगम्या च लक्ष्यभूता च ते जया॥

('नाट्यशास्त्र' में गणिका के गुण, पृ. 367)

'ललितविस्तर' में राजकुमारी को गणिका के समान शास्त्रज्ञा बताया गया है ('शास्त्रे विधिज्ञकुशला गणिका यथैव')। ये गणिकाएँ शास्त्र की जानकार और कवित्व की रसिका हुआ करती थीं। राजशेखर ने 'काव्य-मीमांसा' में इस बात को सिद्ध करना चाहा है कि पुरुष के समान स्त्रियाँ भी कवि हो सकती हैं और प्रमाणस्वरूप वे कहते हैं कि सुना जाता है कि प्राचीन काल में बहुत-सी गणिकाएँ और राजदुहिताएँ बहुत

उत्तम कवि हो गई हैं। इन गणिकाओं की पुत्रियों को नागरकजन के पुत्रों के साथ पढ़ने का अधिकार था। गणिका वस्तुतः समस्त गण (या राष्ट्र) की सम्पत्ति मानी जाती थी और बौद्ध-साहित्य से इस बात का प्रमाण खोजा जा सकता है कि वह समस्त समाज के गर्व की वस्तु समझी जाती थी। संस्कृत के नाटक में उसे नगरश्री कहा गया है। मृच्छकटिक' नाटक में वसन्तसेना नामक एक ऐसी ही गणिका का प्रेम-वृत्तान्त चित्रित किया गया है। सारे नाटक में एक जगह भी वसन्तसेना का नाम लघु भाव से नहीं लिया गया। अदालत के प्रधान अधिकरणिक से लेकर कायस्थ तक उसके प्रति अत्यन्त सम्मान का भाव प्रकट करते हैं। उसकी वृद्धा माता जब गवाही देने के लिए आती है, तो उसे अधिकरणिक भी 'आर्या' कहकर सम्बोधन करते हैं। इन सब बातों से जान पड़ता है कि अत्यन्त प्राचीन काल में गणिका यथेष्ट सम्माननीया मानी जाती थी। वैशाली की अम्बपालिका गणिका समस्त नगरी के अभिमान की वस्तु थी। गणिका के सम्मान का अन्दाजा 'मृच्छकटिक' की इस कथा से भी लग सकता है कि राज्य की ओर से जब सब गाड़ियों की तलाशी करने की कठोर आज्ञा थी, तब भी पुलिस के सिपाहियों में से किसी-किसी ने सिर्फ यह जानकर ही चारुदत्त की गाड़ी की तलाशी नहीं ली कि उसमें वसन्तसेना थी। आज के जमाने में और गाड़ियाँ चाहे छोड़ दी जातीं, पर वारविलासिनी की गाड़ी की तलाशी जरूर ली जाती। पर बाद में गण-राज्य के उठ जाने के बाद से गणिका का सम्मान भी जाता रहा। परवर्ती काल में ठीक इसी सम्मान और आदर की अधिकारिणी वारवनिता का उल्लेख नहीं मिलता। गणराज्यों के साथ जो गणिका का सम्बन्ध था, वह मनु के उस एक साथ कहे हुए निषेधवाक्य से भी जाना जाता है, जिसमें कहा गया है कि ब्राह्मण को गणान्न और गणिकान्न नहीं ग्रहण करना चाहिए (मनु., 4-209)।

परन्तु इस काव्य-नाटक के रोमांस-बहुल वातावरण में गणिका की इतनी प्रशंसा देखकर यह नहीं समझना चाहिए कि इसमें नारी जाति की आत्मवंचना, अवमानना और गंजना एकदम नहीं थी। गणिकाएँ जितने भी आदर के साथ क्रीड़ाशालाओं में बुलाई जाती हों, वे नारीत्व के अपमान का ही प्रतीक बनी रहीं। कभी-कभी राजाओं और रईसों की ओर से उनकी भयंकर दुर्गति की जाती है। अजन्ता की दूसरी गुहा में एक अत्यन्त करुण चित्र है जिसमें शस्त्रपाणि राजा क्रोध-कषायित नेत्रों से देखता हुआ एक नर्तकी को दंड दे रहा है। हतभागिनी की सम्पूर्ण दीनता, लज्जा और ग्लानि चित्र में साकार हो उठी है। पाँच स्त्रियाँ उसमें और हैं। सबकी मुद्राओं में भय, कातरता, दीनयाचना और विह्वलता ऐसी चित्रित है कि सारा वातावरण काँपता-सा जान पड़ता है। गणिका के प्रेम-प्रस्ताव के ठुकराने का कैसा भयंकर परिणाम हो सकता है यह 'मृच्छकटिक' के शकार के आचरण से स्पष्ट है और फिर विटों की उस बस्ती में जहाँ 'बन्धुल' नाम के भाग्यहीन बच्चे पैदा होते थे, उनकी अवस्था की

कल्पना की जा सकती है। इस शोभा और कला की ज्योति-शिखा से पैदा होनेवाले कालिख की कहानी गोपनीय ही रखना ठीक है—अयं पटः संवृत एव शोभते!!

अभिनेताओं की सामाजिक मर्यादा

गणिका के अतिरिक्त जो स्त्री-पुरुष अभिनय आदि का पेशा करते थे, वे समाज में किस दृष्टि से देखे जाते थे, इस विषय में प्राचीन ग्रन्थों में दो तरह की बातें पाई जाती हैं। धर्म-ग्रन्थों के अनुसार तो निश्चित रूप से उन्हें बहुत ऊँचा स्थान नहीं दिया गया (मनु., 8-65)। और याज्ञवल्क्य (2-70) तो उनकी दी हुई गवाही को भी प्रामाणिक नहीं मानते। इसका कारण शायद यह है कि वे अत्यन्त झूठे और फरेबी माने जाते रहे होंगे। जायाजीव, रूपजीव आदि शब्दों से नटों को निर्देश करने से जान पड़ता है कि ये अपनी पत्नियों के रूप का व्यवसाय किया करते थे। इस बात का समर्थन इस प्रकार भी होता है कि मनु ने नटी के साथ बलात्कार करनेवाले व्यक्ति को कम दंड देने का विधान किया है (मनु., 8-362)। स्मृति-ग्रन्थों में यह भी कहा गया है कि इनके हाथ का अन्न अभोज्य है। इस प्रकार धर्मशास्त्र की दृष्टि से विचार किया जाए, तो नाचने का पेशा निकृष्ट माना जाता था। जान पड़ता है कि शुरू में जब नाट्यकला उन्नत नहीं हुई थी और नट लोग पुतलियों को नचाकर या इसी तरह के अन्य व्यवसायों से जीविका उपार्जन करते थे, तब से ही समाज में उनके प्रति एक अवज्ञा का भाव रह गया था। पर जैसे-जैसे नाटकीय कला उत्कर्ष को प्राप्त करती गई, वैसे-वैसे इनकी सामाजिक मर्यादा भी ऊँची उठती गई। पर सब मिलकर समाज की दृष्टि में वे बहुत ऊँचे नहीं उठे।

'नाट्यशास्त्र' के युग में भी इनकी सामाजिक मर्यादा गिर चुकी थी। भरत 'नाट्यशास्त्र' में अभिनय को बहुत महिमापूर्ण बताया गया है और इस शास्त्र को नाट्यवेद' की महत्त्वपूर्ण आख्या दी गई है। परन्तु फिर भी शास्त्रकार 'भरतपुत्रों' की हीन सामाजिक मर्यादा के प्रति सचेत हैं। शास्त्र में इसका कारण भी बताया गया है (36-30-47)। एक बार भरतपुत्रों (नटों) ने ऋषियों के अंगहार के अभिनय में 'अग्राह्य, दुराचारपूर्ण, ग्राम्यधर्मप्रवर्तक, निष्ठुर और अप्रशस्त' काव्य की योजना की थी। इससे ऋषि लोग क्रुद्ध हो गए और उन्होंने इनको भयंकर अभिशाप दिया। उस समय तक ये लोग 'द्विज' थे। पर ऋषियों ने शाप दिया कि चूँकि तुमने चरित्र का विडम्बन किया है जो एकदम अनुचित है, अतएव तुम्हारे वंशधर शूद्र हो जाएँगे, अब्रह्मचारी होंगे, स्त्री-पुत्र समेत नर्तक और 'उपाख्यानवान्' होंगे।" 'उपाख्यानवान्'

शब्द का एक अर्थ है स्तुतिगायक, खुशामदी, चाटुकार और दूसरा अर्थ है कामविलासी। इस प्रकार ऋषिशाप से अभिशप्त भरतपुत्र शूद्र और अब्रह्मचारी हुए। इस कथा को यदि ऐतिहासिकता की ओर घसीटा जाए तो इसका अर्थ यह हो सकता है कि पहले नटों की सामाजिक मर्यादा अच्छी थी, पर जब इन्होंने ऋषियों का भी 'कैरिकेचर' (विडम्बनम्) शुरू किया और कुछ उच्छृंखल आचरणों का परिचय दिया तो समाज के नियामकों ने इनकी मर्यादा हीन बना दी। कथा में यह भी कहा गया है कि देवताओं ने बहुत प्रयत्न किया, पर ऋषि लोगों ने उनकी प्रार्थना पर ध्यान नहीं दिया और इनकी मर्यादा हीन बनी रही। भरतमुनि ने आगे अपने 'पुत्रों' को अभिनय के पवित्र कार्य से इस पाप का प्रायश्चित्त करते रहने की सलाह दी है। स्पष्ट है कि शास्त्रकार को यह आशा नहीं थी कि अब इनकी मर्यादा ऊपर उठ सकती है। यद्यपि नाटकों, काव्यों और कामशास्त्रीय ग्रन्थों से इनकी उच्चतर सामाजिक मर्यादा के प्रमाण संग्रह किए जा सकते हैं, परन्तु समाज की मनोभावना को समझने के लिए इन ग्रन्थों की अपेक्षा स्मृति-ग्रन्थों की गवाही कहीं अधिक प्रामाणिक और विश्वसनीय है।

तांडव और लास्य

नाट्यशास्त्र में दो प्रकार के नाचों का विस्तृत उल्लेख है : तांडव और लास्य। तांडव के प्रसंग में भरतमुनि से प्रश्न किया गया कि यह नृत्त (तांडव) किसलिए भगवान् शंकर ने प्रवृत्त किया, तो भरतमुनि ने उत्तर दिया था कि नृत्त किसी अर्थ की अपेक्षा नहीं रखता। यह शोभा के लिए प्रयुक्त होता है। स्वभावतः ही प्रायः लोग इसे पसन्द करते हैं और यह मंगलजनक है, इसीलिए शिवजी ने इसे प्रवर्तित किया। विवाह, जन्म, प्रमोद, अभ्युदय आदि के उत्सवों के अवसर पर यह विनोदजनक है, इसलिए भी इसका प्रवर्तन हुआ है ('नाट्यशास्त्र', चौखम्बा, 4-260-3)। इस वक्तव्य से जान पड़ता है कि विवाह आदि के अवसरों पर नृत्त या तांडव का अभिनय होता था। 'नाट्यशास्त्र' में नृत्त के आविर्भाव की बड़ी मनोरंजक कहानी दी हुई है। ब्रह्मा के अनुरोध पर नाना भूतगणसमावृत हिमालय के पृष्ठ पर शिव ने सन्ध्याकाल में नाचना आरम्भ किया। तांडु नामक मुनि को शिव ने उसी नाच की विधि बताई थी। किस प्रकार हाथ और पैर से 108 प्रकार के करण होते हैं, दो करण (अर्थात् हाथ और पैर की विशेष भंगियाँ) मिलकर किस प्रकार नृत्तमातृका बनती है, फिर तीन करणों से कलापक, चार से मंडन और पाँच करणों से संघातक

बनता है, इनसे अधिक नौ तक करणों के संयोग से किस प्रकार अंगहार बनते हैं, इन बातों को विशद रूप से समझाया। अंगहार नृत्त के महत्त्वपूर्ण अंग हैं। ये बत्तीस प्रकार के बताए गए हैं। इन विभिन्न अंगहारों के साथ चार रेचक हैं : पादरेचक, कटिरेचक और कंठरेचक। जब शिव इन रेचकों और अंगहारों के द्वारा अपना नृत्त दिखला रहे थे, उसी समय पार्वती आनन्दोल्लास में सुकुमार भाव से नाच उठीं। पार्वती का वह नाच, नृत्त (या उद्धत नाच) नहीं था, बल्कि नृत्य (सुकुमार नाच) था। इसी को लास्य कहते हैं। एक और अवसर पर दक्ष-यज्ञ विध्वंस के समय सन्ध्या काल को जब शिव नृत्त कर रहे थे, उस समय शिव के गण मृदंग, भेरी, पटह, भांड, डिंडिम, गोमुख, पणव, दर्दुर आदि आतोद्य बाजे बजा रहे थे। शिव ने आनन्दोल्लास में समस्त अङ्गहारों के नाना भाँति के प्रयोग से लय और ताल के अनुकूल नृत्त किया। देव-देवियाँ और शिव के गण इस अवसर पर चूके नहीं। डमरू बजाकर प्रमत्त भाव से नर्तमान शंकर की विविध भंगियों को अर्थात् विविध अंगहारों के पिंडीभूत बन्धविशेष को—पिंडियों को—उन्होंने याद रखा। ये पिंडियाँ उन-उन देवताओं के नाम पर प्रसिद्ध हुईं, जिन्होंने उन्हें देखा था। तब से किसी उत्सव और आमोद के अवसर पर इस मांगल्यजनक नृत्त का प्रयोग होता आ रहा है। प्राचीन भारतीय रंगशाला में उन दिनों नृत्त या तांडव नृत्त का बड़ा प्रचलन था। अनेक प्राचीन मन्दिरों पर भिन्न-भिन्न करण और अंगहारों के चित्र उत्कीर्ण हैं। 'नाट्यशास्त्र' चतुर्थ अध्याय में विस्तृत रूप से इसके प्रयोग की बात बताई गई है।

अभिनय

सबसे पहले ब्राह्मण लोग कुतप नामक वाद्यविन्यास विधिपूर्वक कर लेते थे; फिर भांड वाद्य के बजानेवालों के साथ नर्तकी प्रवेश करती थी, उसकी अंजलि में पुष्प होते थे। एक विशेष प्रकार की नृत्य-भंगी से वह रंग-स्थल पर पुष्पोपहार रखती थी। फिर देवताओं को विशेष भंगी से नमस्कार करके वह अभिनय आरम्भ करती थी। जब वह गाने के साथ अभिनय करती थी, तब बाजा बजना बन्द रहता था और जब वह अंगहार का प्रयोग करने लगती थी, तब वाद्य भी बजने लगते थे। इस प्रकार गीत और नृत्य के पश्चात् नर्तकी रंगशाला से बाहर निकलती थी और फिर इसी विधान से अन्यान्य नर्तकियाँ रंगभूमि में पदार्पण करती थीं और बारी-बारी से पिंडीबन्धों का अभिनय करती थीं (ना. शा., 4,269-77)।

प्राचीन साहित्य में इस मनोहर नृत्य-अभिनय के अनेक उल्लेख हैं। यहाँ पर

एक का उल्लेख किया जा रहा है, जो कालिदास की सरस लेखनी से निकला है। यह चित्र इतना भावव्यंजक और सरस है कि उस पर विशेष टीका करना अनुचित जान पड़ता है। 'मालविकाग्निमित्र' नाटक में दो नृत्याचार्यों में अपनी कलाचातुरी के सम्बन्ध में तनातनी होती है। यह तय पाया है कि अपनी-अपनी शिष्याओं का अभिनय दोनों दिखाएँ और अपक्षपातिनी भगवती कौशिकी, दोनों में कौन श्रेष्ठ है, इस बात का निर्णय करें। दोनों आचार्य राजी हो गए। मृदंग बज उठा। प्रेक्षागार में दर्शकगण यथास्थान बैठ गए। भिक्षुणी की अनुमति से रानी की परिचारिका मालविका के शिक्षक आचार्य गणदास यवनिका के अन्तराल से सुसज्जिता शिष्या (मालविका) को रंगभूमि में ले आए। यह पहले ही स्थिर हो गया था कि चलित (छलित?) नृत्य—जिसमें अभिनेता दूसरे की भूमिका में उतरकर अपने ही मनोभाव व्यक्त करता है—के साथ होनेवाले अभिनय को दिखाया जाएगा। मालविका ने गान शुरू किया। मर्म यह था कि दुर्लभ जन के प्रति प्रेमपरवशा प्रेमिका का चित्त एक बार पीड़ा से भर उठता है, और फिर आशा से उल्लसित हो उठता है, बहुत दिनों के बाद फिर उसी प्रियतम को देखकर उसी की ओर वह आँखें बिछाए है। भाव मालविका के सीधे हृदय से निकले थे, कंठ उसका करुण था। उसके अतुलनीय सौन्दर्य, अभिनयव्यंजित अंगसौष्ठव, नृत्य की अभिराम भंगिमा और कंठ के मधुर संगीत से राजा और प्रेक्षकगण मंत्रमुग्ध-से हो रहे। अभिनय के बाद ही जब मालविका पर्दे की ओर जाने लगी, तो विदूषक ने किसी बहाने उसे रोका। वह ठिठककर खड़ी हो गई—उसका बायाँ हाथ कटिदेश पर विन्यस्त था, उसका कंकण कलाई पर सरक आया था, दाहिना हाथ शिथिल श्यामालता के समान सीधा झूल पड़ा था, झुकी हुई दृष्टि पैरों पर अड़ी हुई थी, जहाँ पैर के अंगूठे फर्श पर बिछे हुए पुष्पों को धीरे-धीरे सरका रहे थे और कमनीय देहलता नृत्य-भंगी से ईषदुन्नीत थी। मालविका ठीक उसी प्रकार खड़ी हुई थी, जिस सौष्ठव के साथ देहविन्यास करके अभिनेत्री को रंगभूमि में खड़ा होना उचित था :

वामं सन्धिस्तिमितवलयं न्यस्य हस्तं नितम्बे
कृत्वा श्यामाविटपिसदृशं स्त्रस्तमुक्तं द्वितीयम्।
पादांगुष्ठालुलितकुसुमे कुट्टिमे पातिताक्षं
नृत्यादस्याः स्थितमतितरां कान्तमृज्वायताक्षम्।

परिवाज्रिका कौशिकी ने दाद दी—अभिनय बिलकुल निर्दोष है। बिना बोले भी अभिनय का भाव स्पष्ट ही प्रकाशित हुआ है, अंगविक्षेप बहुत सुन्दर और चातुरीपूर्ण हुआ है। जिस-जिस रस का अभिनय हुआ है, उस-उस रस में तन्मयता स्पष्ट लक्षित हुई है। भावचेष्टा सजीव होकर स्पष्ट हुई है, मालविका ने बलपूर्वक अन्य विषयों से हमारे चित्त को अभिनय की ओर खींच लिया है :

अंगैरन्तनहितवचनैः सूचितः सम्यगर्थः,
पादन्यासो लयमनुगतस्तन्मयत्वं रसेषु।
शाखायोनिमृदुरभिनयस्तद्‌विकल्पानुवृत्तौ,
भावो भावंनुदति विषयाद्रागबंधः स एव।

इस श्लोक में कालिदास ने उस युग के अभिनय का सजीव आदर्श अंकित किया है।

अभिनय के चार अंग

यह समझना भूल है कि अभिनय में केवल अंगों की विशेष प्रकार की भंगिमाएँ ही प्रधान स्थान अधिकार करती थीं। अभिनय के चारों अंगों अर्थात् आंगिक, वाचिक, आहार्य और सात्विक—पर समान भाव से जोर दिया जाता था। आंगिक अर्थात् देह-सम्बन्धी अभिनय उन दिनों चरम उत्कर्ष पर था। इसमें देह, मुख और चेष्टा के अभिनय शामिल थे। सिर, हाथ, कटि, वक्ष, पार्श्व और पैर, इन अंगों के सैकड़ों प्रकार की अभिनय 'नाट्यशास्त्र' और 'अभिनयदर्पण' आदि ग्रन्थों में गिनाए गए हैं। 'नाट्यशास्त्र' में विस्तारपूर्वक बताया गया है कि किस अंग या उपांग के अभिनय का क्या विनियोग है, अर्थात् वह किस अवसर पर अभिनीत हो सकता है। फिर नाना प्रकार की घूमकर नाची जानेवाली भंगिमाओं का भी विस्तारपूर्वक विवेचन किया गया है। फिर वाचिक अर्थात् वचनसम्बन्धी अभिनय को भी उपेक्षणीय नहीं समझा जाता था। 'नाट्यशास्त्र' (15-2) में कहा गया है कि वचन का अभिनय बहुत सावधानी से करना चाहिए; क्योंकि यह नाट्य का शरीर है, शरीर और पोशाक के अभिनय वाक्यार्थ को ही व्यंजित करते हैं। उपयुक्त स्थलों पर उपयुक्त यति और काकु देकर बोलना, नाम-आख्यातनिपात उपसर्ग-समास-तद्धित-विभक्ति सन्धि आदि को ठीक-ठीक प्रकट करना, छन्दों को उचित ढंग से पढ़ सकना, शब्दों के प्रत्येक स्वर और व्यंजन को उपयुक्त रीति से उच्चारण कर सकना, इत्यादि बातें अभिनय का प्रधान अंग मानी जाती थीं। परन्तु यही सब कुछ नहीं था। केवल शारीरिक और वाचिक अभिनय भी अपूर्ण माने जाते थे। आहार्य या वस्त्रालंकारों की उपयुक्त रचना भी अभिनय का ही अंग समझी जाती थी। यह चार प्रकार की होती थी—पुस्त, अलंकार, अंगरचना और संजीव। नाटक के स्टेज को आज के समान 'रियलिस्टिक' बनाने का ऐसा पागलपन तो नहीं था; परन्तु पहाड़, रथ, विमान आदि को कुछ यथार्थता

का रूप देने के लिए तीन प्रकार के पुस्त व्यवहृत होते थे। वे या तो बाँस-सरकंडे से बने होते थे, जिन पर कपड़ा या चमड़ा चढ़ा दिया जाता था, या फिर यंत्रादि की सहायता से फर्जी बना लिये जाते थे, या फिर अभिनेता इस बात की चेष्टा करता था, जिससे उन वस्तुओं का बोध प्रेक्षक को हो जाता था (23, 5-7)।

इन्हें क्रमशः सन्धिम, व्याजिम और चेष्टिम पुस्त कहते थे। अलंकार में विविध प्रकार के माल्य, आभरण, वस्त्र आदि की गणना होती थी। अंग-रचना में पुरुषों और स्त्रियों के बहुविध वेष-विन्यास शामिल थे। प्राणियों के प्रवेश को संजीव कहते थे (23-152)। परन्तु इन तीनों प्रकार के अभिनयों से कहीं अधिक महत्त्वपूर्ण अभिनय सात्विक था। भिन्न-भिन्न रसों और भावों के अभिनय में अभिनेता या अभिनेत्री की वास्तविक परीक्षा होती थी। 'नाट्यशास्त्र' ने जोर देकर कहा है कि सत्व में ही नाट्य प्रतिष्ठित है (24-1)। सत्व की अधिकता, समानता और न्यूनता से नाटक श्रेष्ठ, मध्यम या निकृष्ट हो जाता है (24-2)। यह सत्व अव्यक्त रूप है, भाव और रस के आश्रय पर है, इसके अभिनय में रोमांच, अश्रु आदि का यथास्थान और यथारस प्रयोग अभीष्ट है।

नाटक के आरम्भ में

जब कोई नाटक खेला जानेवाला होता था तो उसके आरम्भ में एक बहुत आडम्बरपूर्ण विधि का अनुष्ठान किया जाता था। इसे 'पूर्वरंग' या नाटक आरम्भ होने के पहले की क्रिया कहते थे। पहले नगाड़ा बजाकर नाटक आरम्भ होने की सूचना दी जाती थी, फिर गायक और वादक लोग रंगभूमि में आकर यथास्थान बैठ जाते थे, कोरस आरम्भ होता था; मृदंग, वेणु, वीणा आदि वाद्य नर्तकों के नूपुर-झंकार के साथ बज उठते थे और इन कार्यों के बाद नाटक का उत्थापन होता था। पंडितों में यहाँ तक की क्रिया में मतभेद है कि वे पर्दे के पीछे होती थीं या बाहर। पर चूँकि शुरू में ही अवतरण नामक क्रिया का उल्लेख है, इससे जान पड़ता है कि ये पर्दे के पीछे न हो वास्तव में रंगभूमि में होते थे। फिर सूत्रधार का प्रवेश होता था, उसके एक पार्श्व में भृंगार में जल लिये हर एक भृंगारधर होता था और दूसरी ओर जर्जर (ध्वजा) लिये हुए दूसरा जर्जर-धर। इन दोनों पारिपार्श्विकों के साथ सूत्रधार पाँच पग आगे बढ़ आता था। उद्देश्य ब्रह्मा की पूजा होती थी। यह पाँच पग बढ़ना मामूली बढ़ना नहीं है, इसके लिए एक विशेष प्रकार की अभिनय-भंगी होती थी। फिर वह (सूत्रधार) भृंगार से जल लेकर आचमन प्रोक्षणादि से पवित्र हो लेता था।

वह एक विशेष आडम्बरपूर्ण अभिनय-भङ्गी से विघ्न को जर्जर करनेवाले जर्जर (ध्वज) को उत्तोलित करता था और भिन्न-भिन्न देवताओं को प्रणाम करता था। वह दाहिने पैर के अभिनय से शिव को और वाम पद के अभिनय से विष्णु को नमस्कार करता था। पहला पुरुष का और दूसरा स्त्री का पद समझा जाता था। एक नपुंसक पद भी होता था, जबकि दाहिने पैर को नाभि तक उत्क्षिप्त कर लिया जाता था। इस भङ्गी से वह ब्रह्मा को प्रणाम करता था। फिर विधिपूर्वक चार प्रकार के पुष्पों से वह जर्जर की पूजा करता। वह वाद्य-यंत्रों की भी पूजा करता था और तब नान्दीपाठ होता था। वह सर्वदेवता और ब्राह्मणों को नमस्कार करता था, देवताओं से कल्याण की प्रार्थना करता था, राजा की विजय-कामना प्रकट करता था, दर्शकों की धर्मवृद्धि होने की शुभाकांक्षा प्रकट करता था, कवि (नाटककार) को यश मिले और उसकी धर्मवृद्धि हो, ऐसी प्रार्थना करता था, और अन्त में अपनी यह शुभकामना भी प्रकट करता था कि इस पूजा से समस्त देवता प्रसन्न हों। प्रत्येक शुभाकांक्षा की समाप्ति पर पारिपार्श्विक लोग 'ऐसा ही हो' (एवमस्तु) कहकर प्रतिवचन देते थे और नान्दीपाठ समाप्त होता था। फिर शुष्कावकृप्टा विधि के बाद वह एक ऐसा श्लोक पाठ करता था, जिसमें अवसर के अनुकूल बातें होती थीं, अर्थात् वह या तो जिस देवता की विशेष पूजा के अवसर पर नाटक खेला जा रहा हो, उस देवता की स्तुति का श्लोक होता था, या फिर जिस राजा के उत्सव पर अभिनय हो रहा हो, उसकी स्तुति का। या फिर वह ब्रह्मा की स्तुति का पाठ करता था। फिर जर्जर के सम्मान के लिए भी वह एक श्लोक पढ़ता था और फिर चारी नृत्य शुरू होता था। इसकी विस्तृत व्याख्या और विधि 'नाट्यशास्त्र' के ग्यारहवें अध्याय में दी हुई है। यह चारी का प्रयोग पार्वती की प्रीति के उद्देश्य से किया जाता था, क्योंकि पूर्वकाल में कभी शिव ने इस विशेष भंगी से ही पार्वती के साथ क्रीड़ा की थी; इस सविलास अंगविचेष्टित रूप चारी के बाद महाचारी का विधान भी 'नाट्यशास्त्र' में दिया हुआ है। इस समय सूत्रधार जर्जर या ध्वजा को पारिपार्श्विकों के हाथ में दे देता था। फिर भूतगण की प्रीति के लिए तांडव का भी विधान है। फिर विदूषक आकर कुछ ऐसी ऊलजलूल बातें करता था, जिससे सूत्रधार के चेहरे पर स्मित-हास्य छा जाता था और फिर प्ररोचना होती थी, जिसमें नाटक के विषय-वस्तु अर्थात् किसकी कौन-सी जीत या हार की कहानी अभिनीत होनेवाली है, ये सब बातें बता दी जाती थीं, और अब वास्तविक नाटक शुरू होता था। शास्त्र में ऊपर की कही बातें विस्तारपूर्वक कही गई हैं। परन्तु साथ ही यह भी कहा गया है कि इस क्रिया को संक्षेप में भी किया जा सकता है। और यदि इच्छा हो तो और भी विस्तारपूर्वक करने का निर्देश देने में शास्त्र चूकता नहीं। ऊपर बताई हुई क्रियाओं के प्रयोग से यह विश्वास किया जाता था कि अप्सराएँ, गन्धर्व, दैत्य, दानव, राक्षस, गुह्यक, यक्ष तथा अन्यान्य देवगण और रुद्रगण प्रसन्न होते है और नाटक निर्विघ्न समाप्त

होता है। 'नाट्यशास्त्र' के बाद के इसी विषय के लक्षणग्रन्थों में यह विधि इतनी विस्तारपूर्वक नहीं कही गई है। 'दशरूपक', 'साहित्यदर्पण' आदि में तो बहुत संक्षेप में इसकी चर्चा-भर कर दी गई है। इस बात से यह अनुमान होता है कि बाद को इतने विस्तार और आडम्बर के साथ यह क्रिया नहीं होती होगी। विश्वनाथ के 'साहित्यदर्पण' से तो इतना स्पष्ट ही हो जाता है कि उनके जमाने में इतनी विस्तृत क्रिया नहीं होती थी। जो हो, सन् ईसवी के पहले और बहुत बाद में भी इस प्रकार की विधि रही जरूर हैं।

अभिनेताओं के विवाद

कभी-कभी अभिनेताओं में अपने-अपने अभिनय-कौशल की उत्कृष्टता के सम्बन्ध में कलह उपस्थित हो जाता था। साधारणतः यह विवाद दो श्रेणी के होते थे, शास्त्रीय और लौकिक। शास्त्रीय विवाद का एक सरस उदाहरण कालिदास के 'मालविकाग्निमित्र' में है। इसकी चर्चा हम अन्यत्र कर आए हैं। इसमें रस, भाव, अभिनयभंगिमा, मुद्राएँ, चारियाँ आदि विचारणीय होती थीं। कुछ दूसरे विवाद ऐसे होते थे जिनमें लोकजीवन की चेष्टाओं के उपस्थापन पर मतभेद हुआ करता था। उस समय राजा प्राश्निक नियुक्त करता था। प्राश्निक के लक्षण 'नाट्यशास्त्र' में दिए हुए हैं। यदि वैदिक क्रिया-कलाप-विषयक कोई विवाद होता था तो यज्ञविद् कर्मकांडी निर्णायक (प्राश्निक) नियुक्त होता था। यदि नाच की भंगी में विवाद हुआ तो नर्तक निर्णायक होता था। इसी प्रकार छन्द के मामले में छन्दोविद्, पाठ-विस्तार के मामले में वैयाकरण, राजकीय विभव या राजकीय अन्तःपुर का आचरण या राजकीय आचरण का विषय हो तो राजा स्वयं निर्णायक होता था। नाटकीय सौष्ठव का मामला होता था तो राजकीय दरबार के अच्छे वक्ता बुलाए जाते थे। प्रणाम की भंगिमा, आकृति और उसकी चेष्टाएँ, वस्त्र और आभरण की योजना और नेपथ्यरचना के प्रसंग में चित्रकारों को निर्णायक बनाया जाता था और स्त्री-पुरुष के परस्पर आकर्षणवाले मामलों में गणिकाएँ उत्तम निर्णायक समझी जाती थीं। भृत्य के आचरण के विषय में विवाद उपस्थित हुआ तो राजा के भृत्य प्राश्निक होते थे (27-63-67)। अवश्य ही जब शास्त्रीय विवाद उपस्थित हो जाता था तो शास्त्र के जानकारों की नियुक्ति होती थी।

नाटकों के भेद

अभिनीयमान नाटकों में सब प्रकार के मनोरंजक और रसोद्दीपक रूपक होते थे। शृंगार, वीर या करुणरसप्रधान ऐतिहासिक 'नाटक', नागरिक रईसी की कविकल्पित प्रेम-कथाओं के 'प्रकरण', धूर्तों और दुष्टों का हास्योत्तेजक उपस्थापनमूलक 'भाण'; स्त्रीहीन, वीररसप्रधान एकांकी 'व्यायोग'; और तीन अंक का 'समवकार'; भयानक दृश्यों को दिखानेवाला भूत-प्रेत, पिशाचों का उपस्थापक 'डिम'; स्वर्गीय प्रेमिका के लिए जूझ पड़नेवाले प्रेमियों की सनसनी फैलानेवाली प्रतिस्पर्द्धितावाला 'ईहामृग'; स्त्री-शोक की करुण-कथा-समन्वित एकांकी 'अंक'; एक ही पात्र द्वारा अभिनीयमान विनोद और शृंगारप्रधान 'वीथी'; हँसानेवाला 'प्रहसन' आदि रूपक बहुत लोकप्रिय थे। फिर बहुत तरह के उपरूपक भी थे, जिनमें नाटिका का प्रचलन सबसे अधिक था। यह स्त्रीप्रधान चार अंक का नाटक होता था और इसका कार्यक्षेत्र साधारणत: राजकीय अन्त:पुर तक ही सीमित था। प्रकरणिका, सट्टक और त्रोटक इसी श्रेणी के हैं। गोष्ठी में नौ-दस पुरुष और पाँच या छ: स्त्रियाँ अभिनय करती थीं, हल्लीश में एक पुरुष कई स्त्रियों के साथ नृत्य करता था। इसी प्रकार के और भी बहुत-से छोटे-मोटे रूपकों का अभिनय होता था। परवर्ती ग्रन्थों में अठारह प्रकार के उपरूपक गिनाए गए हैं। उपर्युक्त उपरूपकों के सिवा नाट्यरास है, प्रख्यान है, उल्लास्य है, काव्य है, प्रेंखण है, रासक है, संलापक है, श्रीगदित है, शिल्पक है, विलासिका है, दुर्मल्लिका है, भाणिका है। अचरज की बात यह है कि इतने विशाल संस्कृत-साहित्य में इन उपरूपकों में से अधिकांश को उदाहरणस्वरूप समझने के लिए भी मुश्किल से एकाध पुस्तक मिल पाती है। कभी-कभी तो एक भी नहीं मिलती। सम्भवत: ये लोकनाट्यरूप में ही जीते हों। उदाहरण के लिए समवकर नामक रूपक—जिसमें देवासुर-संघर्ष ही बीज होता है; नायक प्रख्यात और उदात्त चरित का (असुर?) होता है और जिसमें तीन प्रकार के प्रेम, तीन प्रकार के कपट तथा तीन प्रकार के विद्रव या उत्तेजनामूलक घटनाएँ हुआ करती हैं; जिसमें बारह या अधिक अभिनेता हो सकते थे तथा जो लगभग सात-सवा सात घण्टे में खेला जाता था इसका पुराना नमूना नहीं मिलता। वत्सराज का 'समुद्रमन्थन' (12वीं शताब्दी) बहुत बाद की रचना है और भास के 'पंचविश' नाटक के समवकार होने में सन्देह प्रकट किया गया है। सात-सात घण्टे तक चलनेवाले ऐसे पौराणिक नाटक को लोक-नाट्य समझना ही उचित जान पड़ता है। परवर्ती काल में जब रंगमंच बहुत उन्नत हो गया होगा और कालिदास जैसे कल्पकवि के नाटक उपलब्ध होने लगे होंगे तो ये लम्बे नाटक उपरले स्तर के समाज में उपेक्षित हो गए होंगे। साधारण जनता में ये फिर भी प्रचलित रहे होंगे और आजकल की रामलीला से पुराने लौकिक रूप का थोड़ा

अन्दाजा लगाया जा सकता है। इसी प्रकार ईहामृग, डिम आदि के भी पुराने नमूने नहीं प्राप्त होते। बारहवीं शताब्दी के कवि वत्सराज ने नाट्य-लक्षणों का अध्ययन करके इनके नमूने बनाए थे। उनके समवकार की चर्चा ऊपर हो चुकी है। उनका 'रुक्मिणीहरण' ईहामृग का उदाहरण है। परन्तु पुराना उदाहरण नहीं मिलता। स्पष्ट है कि शास्त्रकार ने केवल पुस्तकी विद्या का ही विश्लेषण नहीं किया है, बल्कि उन दिनों जितने प्रकार के नाटक और अभिनय प्रचलित थे सबका विश्लेषण किया है। परवर्ती शास्त्रकारों की दृष्टि इतनी उदार और व्यापक नहीं थी।

ऋतु-सम्बन्धी उत्सव

प्राचीन काव्यों, नाटकों, आख्यायिकाओं और कथाओं से जान पड़ता है कि भारतवर्ष ऋतु-सम्बन्धी उत्सवों को भलीभाँति मनाया करता था। इन उत्सवों में दो बहुत प्रसिद्ध हैं—वसन्तोत्सव और कौमुदीमहोत्सव। पहला वसन्त ऋतु का उत्सव है और दूसरा शरद् ऋतु का। संस्कृत का शायद ही कोई उल्लेखयोग्य कवि हो जिसने किसी-न-किसी बहाने इन दो उत्सवों की चर्चा न की हो। वसन्तोत्सव के विषय में यह बात तो अधिक निश्चय के साथ कही जा सकती है। कालिदास-जैसे कवि ने अपने किसी ग्रन्थ में वसन्त का और उसके उत्सव का वर्णन करने का मामूली मौका भी नहीं छोड़ा। 'मेघदूत' वर्षा का काव्य है, पर यक्षप्रिया के उद्यान का वर्णन करते समय प्रिया के चरणों के आघात से फूट उठनेवाले अशोक और मुख की मदिरा से सिंचकर खिल उठनेवाले बकुल के बहाने कवि ने वहाँ भी वसन्तोत्सव को याद किया है। आगे चलकर हम देखेंगे कि अशोक और बकुल का दोहद उत्पन्न करना वसन्तोत्सव का एक प्रधान अंग था।

वसन्त के कई उत्सव हैं। इसमें सुवसन्तक और मदनोत्सव का वर्णन सबसे ज्यादा आता है। किसी-किसी पंडित ने दोनों को एक उत्सव मानकर गलती की है। वात्स्यायन के 'कामसूत्र' में यक्षरात्रि, कौमुदीजागर और सुवसन्तक—ये तीनों उत्सव समस्याक्रीड़ा के प्रसंग में दिए हुए हैं, अर्थात् इन उत्सवों को नागरिक लोग एकत्र होकर मनाते थे। एक बहुत बाद के आचार्य यशोधर ने सुवसन्तक का अर्थ मदनोत्सव बताया है। उसी पर से यह भ्रम पंडितों में फैल गया है। हम आगे चलकर देखेंगे कि सुवसन्तक वस्तुतः अलग उत्सव था और उसके मनाने की विधि भी दूसरे प्रकार की थी। 'कामसूत्र' में होलिका नामक एक अन्य उत्सव का उल्लेख है जो आधुनिक होली के रूप में अब भी जीवित है। प्राचीन ग्रन्थों से जान पड़ता है

कि मदनोत्सव फागुन से लेकर चैत्र के महीने तक मनाया जाता था। इसके दो रूप होते थे, एक सार्वजनिक धूमधाम का और दूसरा अन्तःपुरिकाओं के परस्पर-विनोद और कामदेव के पूजने का। इसके प्रथम रूप का वर्णन सुप्रसिद्ध सम्राट श्रीहर्षदेव की 'रत्नावली' में इतने मनोहर और सजीव ढंग से अंकित है कि उस उत्सव का अन्दाजा लगाने के लिए उससे अधिक उपयोगी और कोई वर्णन नहीं हो सकता। इस सार्वजनिक धूमधाम के अतिरिक्त इसका एक शान्त सहज रूप और भी था। उसका थोड़ा-सा आभास पाठकों को भवभूति-जैसे कवि की शक्तिशाली लेखनी की सहायता से दिया जाएगा।

संगीत

संगीत का प्रचार इस देश में बहुत पुराने जमाने से है। वैदिक काल में ही सात स्वरों का विभाजन किया गया था, यद्यपि उनके नाम ठीक वही नहीं थे जो परवर्ती काल में प्रचलित हो गए। वैदिक साहित्य में दुन्दुभि, भूमिदुन्दुभि, आघाति आदि आतोद्य बाजे बन चुके थे और वीणा, कांडवीणा आदि वीणाजातीय तंत्री यंत्र भी बन गए थे। रामायण और महाभारत में अनेक वाद्ययंत्रों के नाम आते हैं और सप्तस्वरों और बाईस श्रुतियों की चर्चा आती है। भरत के 'नाट्यशास्त्र' में इसकी शास्त्रीय विवेचना मिलती है जो बहुत संक्षिप्त भी है और अस्पष्ट भी। इस ग्रन्थ में स्वर, श्रुति, मूर्छना आदि की व्याख्या है। राग का उल्लेख इस ग्रन्थ में नहीं पाया जाता, पर इसके ही समान अर्थों में 'जाति' का व्यवहार किया गया है। संगीत की जातियाँ अठारह बताई गई हैं। मतंग नामक आचार्य का बृहद्देशी ग्रन्थ प्रथम बार राग का उल्लेख करता है। ग्रन्थ के नाम से ही स्पष्ट है कि मतंग के सामने देशी 'राग' पर्याप्त थे और वे सम्भवतः 'शास्त्रीय' संगीत 'जाति' से अलग ढंग के थे। मतंग सम्भवतः सन् ईसवी की चौथी-पाँचवीं शताब्दी में हुए थे। उन्होंने देशी संगीत की परिभाषा इस प्रकार की है—स्त्रियाँ, बालक, गोपाल और क्षितिपाल अपनी इच्छा से जिन गानों का गायन करते हैं, अर्थात् किसी प्रकार की शास्त्रीय शिक्षा के बिना ही आनन्दोल्लासवश गाते हैं, वे 'देशी' कहलाते हैं :

अबलाबालगोपालैः क्षितिपालैर्निजेच्छया।
गीयते सानुरागेण स्वदेशे देशिरुच्यते॥

'राग' का परिचय कालिदास को भी था, क्योंकि 'तवास्मि गीत-रागेण' में राग

शब्द का व्यवहार लगभग आधुनिक अर्थ में ही है। कुछ लोग तो इस श्लोक के 'सारंगेण' पद का श्लिष्ट अर्थ करके यह भी बताना चाहते हैं कि सारंग राग का भी उन्हें परिचय था। यदि यह व्याख्या ठीक हो तो कालिदास के युग में उन प्रमुख रागों का अस्तित्व स्वीकार किया जा सकता है जो बाद में बहुत प्रमुख होकर आए हैं। पर इस व्याख्या के मानने में कुछ ऐतिहासिक अड़चनें बताई जाती हैं। 13वीं शताब्दी के शाङ्गदेव ने इन्हें 'अधुना प्रसिद्ध' कहा है।

मदनोत्सव

सम्राट् श्रीहर्षदेव के विवरण से जान पड़ता है कि दोपहर के बाद सारा नगर मदनोत्सव के दिन पुरवासियों की करतल-ध्वनि, मधुर संगीत और मृदंग के मधुर घोष से मुखरित हो उठता है, नगर के लोग (पौर जन) मदमत्त हो जाते थे। राजा अपने ऊँचे प्रासाद की सबसे ऊपरवाली चन्द्रशाला में बैठकर नगरवासियों के आमोद-प्रमोद को देखा करते थे। नगर की कामिनियाँ मधुपान करके ऐसी मतवाली हो जाती थीं कि सामने जो कोई पुरुष पड़ जाता, उस पर पिचकारी (शृङ्गक) के जल की बौछार करने लगती थीं। बड़े-बड़े रास्तों के चौराहे मर्दल नामक बाजे के गम्भीर घोष और चर्चरी की ध्वनि से शब्दायमान हो उठते थे। ढेर-का-ढेर सुगन्धित अबीर दसों दिशाओं में इतना उड़ता रहता था कि दिशाएँ रंगीन हो उठती थीं। जब नगरवासियों का आमोद पूरे गढ़ाव पर आ जाता तो नगरी के सारे राजपथ केशरमिश्रित अबीर से इस प्रकार भर उठते थे मानो उसकी छाया पड़ रही हो। लोगों के शरीर पर शोभायमान अलंकार और सिर पर पहने हुए अशोक के लाल फूल, इस लाल-पीले सौन्दर्य को और भी अधिक बढ़ा देते थे। ऐसा जान पड़ता था कि नगरी के सभी लोग सुनहरे रंग में डुबो दिए गए हैं।

कीर्णैःपिष्टातकौघैः कृतिदिवसमुखैः कुंकुमक्षोदगौरैः
हेमालंकारभाभिर्भरनमितशिखैः शेखरैः कैकिरातैः।
ऐषा वेषाभिलक्ष्यस्वभवनविजिताशेषवित्तेशकोषा
कौशाम्बी शातकुंभद्रवखचितजनेवैकपीता विभाति।

(रत्नावली, 1-11)

राजकीय प्रासाद तथा अन्य समृद्धिशाली भवनों के सामनेवाले आँगन में निरन्तर फव्वारा छूटा करता था, जिससे अपनी-अपनी पिचकारी में जल भरने की होड़-सी

मची रहती थी। इस स्थान पर पौरयुवतियों के बराबर आते रहने से उनकी मांग के सिन्दूर और गाल के अबीर झरते रहते थे, सारा आँगन लाल कीचड़ से भर जाता था और फर्श सिन्दूरमय हो उठता था :

धारायंत्रबिमुक्तसन्ततपयः पूरप्लुते सर्वतः
सद्यः सान्द्रविमर्दकर्दमकृतक्रोड़े क्षणं प्रांगणे।
उद्दामप्रमदाकपोलनिपतत्सिन्दूररागारुणैः
सैन्दूरीक्रियते जनेन चरणान्यासैः पुरः कुट्टिमम्॥

('रत्नावली', 1-12)

उस दिन वेश्याओं के मुहल्ले में सबसे अधिक हुड़दंग दिखाई देता था। रसिक नागरिक पिचकारियों में सुगन्धित जल भरकर वेश्याओं के कोमल शरीर पर फेंका करते थे और वे सीत्कार करके सिहर उठती थीं। वहाँ इतना अबीर उड़ता था कि सारा मुहल्ला अन्धकारमय हो जाया करता था।

अन्तःपुर की रसिका परिचारिकाएँ हाथ में आम्र-मंजरी लिये हुए द्विपदीखंड का गान करतीं, नृत्य करने लगती थीं। इस दिन इनका आमोद मर्यादा की सीमा पार कर जाता था। वे मदपान से मत्त हो उठती थीं। नाचते-नाचते उनके केशपाश शिथिल हो जाते थे, कबरी (जूड़ा) को बाँधनेवाली मालतीमाला खिसककर न जाने कहाँ गायब हो जाती थी, पैर के नूपुर झटकन-मटकन के वेग को न संभाल सकने के कारण दुगुने जोर से झनझनाते रहते थे—नगरी के भीतर और बाहर सर्वत्र आमोद और उल्लास की प्रचंड आँधी बह जाती थी :

स्त्रस्तः स्त्रग्दामशोभां त्यजति विरचितान्याकुलः केशपाशः।
क्षीबाया नूपुरौ च द्विगुणतरमिमौ क्रन्दतः पादलग्नौ।
व्यस्तः कम्पानुबंधादनवरतमुरो हन्ति हारोऽयमस्याः।
क्रीडन्त्याः पीड़येव स्तनभरविनमन्मध्यभंगानपेक्षम्॥

मदनोत्सव के सार्वजनिक उत्सव का एक अपेक्षाकृत अधिक शान्त-स्निग्ध चित्र भवभूति के 'मालती-माधव' नामक प्रकरण में पाया जाता है। उत्सव के दिन मदनोद्यान में, जो विशेष रूप से इसी उत्सव का उद्यान होता था और जिसमें कामदेव का मन्दिर हुआ करता था, नगर के स्त्री-पुरुष एकत्र होते थे और भगवान् कन्दप की पूजा करते थे। वहाँ सब लोग अपनी इच्छा के अनुसार फूल चुनते, माला बनाते, अबीर-कुंकुम से क्रीड़ा करते और नृत्य-गीत आदि से मनोविनोद किया करते थे। इस मन्दिर में प्रतिष्ठित परिवार की कन्याएँ भी आतीं और मदन देवता की पूजा करके मनोभिलषित वर की प्रार्थना किया करती थीं। लोगों की भीड़ प्रातःकाल से ही शुरू हो जाती और सायंकाल तक अबाध चलती रहती थी। 'मालती-माधव'

में वर्णित मदनोद्यान में अमात्य भूरिवसु की कन्या मालती भी पूजन के लिए और उत्सव मनाने के लिए गई थी। सशस्त्र पुरुषों से सुरक्षित एक विशाल हाथी की पीठ पर बैठकर वह आई थी और उसी पर बैठकर लौट गई थी। मालती सखियोंसमेत मदनोद्यान में सैर करने भी गई थी। इससे जान पड़ता है कि इस मेले में केवल साधारण नागरिक ही नहीं आते थे, सम्भ्रान्तवंशीया कन्याएँ भी घूम-फिर सकती थीं।

मदनोत्सव के इन दो वर्णनों के पढ़ने से पाठकों के मन में इनके परस्पर विरोधी होने की शंका हो सकती है। पहले वर्णन में नगर के लोग नगर में ही सायंकाल मदमत्त हो उठते थे, पर दूसरे वर्णन से जान पड़ता है कि वे सबेरे से लेकर शाम तक मदनोद्यान के मेले में जाया करते थे। परन्तु असल में यह विरोध नहीं है। वस्तुत: मदनोत्सव कई दिन तक मनाया जाता था। समूचा वसन्त ऋतु ही उत्सवों से भरा होता था। पुराण-ग्रन्थों के देखने से जान पड़ता है कि मदनोत्सव चैत्र शुक्ल द्वादशी को शुरू होता था। उस दिन लोग व्रत रखते थे। अशोकवृक्ष के नीचे मिट्टी का कलश स्थापन किया जाता था। उसमें सफेद चावल भर दिए जाते थे। नाना प्रकार के फल और ईख विशेष रूप से पूजोपहार का काम करती थी। कलश को सफेद वस्त्र से ढक दिया जाता था और श्वेत चन्दन छिड़का जाता था। कलश के ऊपर एक ताम्रपत्र रखा जाता या उसके ऊपर कदलीदल बिछाकर कामदेव और रति की प्रतिमा बनाई जाती थी। नाना भाँति के गन्ध-धूप से और नृत्य-वाद्य से कामदेव को प्रसन्न करने का प्रयत्न किया जाता था ('मत्स्यपुराण' 7वाँ अध्याय)। इसके दूसरे दिन अर्थात् चैत्र शुक्ल त्रयोदशी को भी मदन की पूजा होती थी और सम्मिलित भाव से स्तुति की जाती थी। चैत्र शुक्ल चतुर्दशी की रात को केवल पूजा ही नहीं होती थी, नाना प्रकार के अश्लील गान भी गाए जाते थे और पूर्णिमा के दिन छककर उत्सव मनाया जाता था। सम्भवत: त्रयोदशीवाला उत्सव ही मदनोद्यान का उत्सव है और पूर्णिमावाला 'रत्नावली' में वर्णित मदनोत्सव।

अशोक में दोहद

इस उत्सव का सबसे अधिक आकर्षक और सरस रूप अन्त:पुर के अशोक वृक्षतले होनेवाली मदन-पूजा है। महाराज भोजदेव के 'सरस्वती कंठाभरण' में स्पष्ट ही लिखा है कि यह उत्सव त्रयोदशी के दिन होता था, उस दिन कुसुम्भी रंग की कंचुकीमात्र धारण करनेवाली तरुणियाँ छककर उत्सव मनाया करती थीं। महाकवि कालिदास के 'मालविकाग्निमित्र' से और श्रीहर्षदेव की 'रत्नावली' से इस उत्सव

की एक झलक मिल जाती है। 'मालविकाग्निमित्र' से जान पड़ता है कि उस दिन मदनदेव की पूजा के पश्चात् अशोक में दोहद उत्पन्न किया जाता था। यह दोहद क्रिया इस प्रकार होती थी—कोई सुन्दरी सब प्रकार के आभरण पहनकर, पैरों में महावर लगाकर और नूपुर धारणकर बाएँ चरण से अशोक वृक्ष पर आघात करती थी। इस चरणाघात की विलक्षण महिमा थी। अशोक वृक्ष नीचे से ऊपर तक पुष्प-स्तवकों (गुच्छों) से भर जाता था। साधारणतः रानी ही यह कार्य करती थीं, परन्तु 'मालविकाग्निमित्र' में वर्णित घटना के दिन उनके पैर में चोट आ गई थी इसलिए अपनी परिचारिकाओं में सबसे अधिक सुन्दरी 'मालविका' को ही उन्होंने इस कार्य के लिए नियुक्त किया था। मालविका की एक सखी बकुलावलिका ने उसे महावर और नूपुर पहना दिए। मालविका अशोकवृक्ष के पास गई, उसके पल्लवों के एक गुच्छे को हाथ से पकड़ा, फिर दाहिनी ओर जरा झुकी और बाएँ पैर को धीरे से उठाकर अशोकवृक्ष पर एक मृदु आघात किया। नूपुर जरा-आ झुनझुना गया और यह आश्चर्यजनक सरस कृत्य समाप्त हुआ। राजा इस उत्सव में सम्मिलित नहीं हुए थे, बाद में संयोगवश आ उपस्थित हुए थे। रानी की अनुपस्थिति ही शायद उनकी अनुपस्थिति का कारण थी। पर 'रत्नावली' वाले वर्णन में रानी ने ही प्रधान हिस्सा लिया था, वहाँ राजा और विदूषक उपस्थित थे और अन्तःपुर की अन्य परिचारिकाएँ भी मौजूद थीं। अपनी सबसे सुन्दर परिचारिका सागरिका को रानी ने जान-बूझकर वहाँ से हटा दिया था। अशोकवृक्ष के नीचे सुन्दर स्फटिक-विनिर्मित आसन पर रानी ने राजा को बैठाया, पास ही दूसरे आसन पर वसन्तक नामक विदूषक भी बैठ गया। कांचनमाला नामक प्रधान परिचारिका ने रानी के सुन्दर कोमल हाथों में अबीर-कुंकुम-चन्दन और पुष्प-सम्भार दिए। रानी ने पहले मदनदेव की पूजा की और फिर पुष्पांजलि पति के चरणों पर बिखेर दी। ब्राह्मण वसन्तक को यथारीति दक्षिणा दी गई। यह सब कार्य सायंकाल के आसपास हुए, क्योंकि पूजाविधि के समाप्त होते ही वैतालिकों ने सन्ध्याकालीन स्तुति पाठ किया और राजा ने पूर्व की ओर देखा कि कुंकुम और अबीर में लिपटे हुए चन्द्रदेव प्राची दिशा को लाल बनाकर उदय-मंच पर आसीन हुए। इस दिन पूर्णिमा थी।

श्री भोजदेव के 'सरस्वतीकंठाभरण' से यह जान पड़ता है कि यह किसी निश्चित तिथि का उत्सव नहीं था। जिस किसी दिन इसका अनुष्ठान हो सकता था। इस उत्सव का विशेष नाम 'अशोकोत्तंसिका' (पृ. 574) था।

शारदातनय के 'भावप्रकाश' में वसन्त के निम्नांकित उत्सवों का उल्लेख (पृ. 137) है—अष्टमी-चन्द्र, शक्रार्चा या इन्द्रपूजन, वसन्त या सुवसन्तक, मदनोत्सव, बकुल और अशोक के वृक्षों के पास विहार और शाल्मली मूल-खेलन या एकशाल्मली-विनोद। इसके अतिरिक्त निदाघकाल के कई विनोद भी वसन्त में मनाए जा सकते होंगे; क्योंकि शारदातनय ने निदाघ (ग्रीष्म) उत्सवों के पहले यह

लिख दिया है कि ये प्राय: ग्रीष्मऋतु के हैं, अर्थात् अन्य ऋतु में भी इनका निषेध नहीं है। 'कामसूत्र' की जयमंगला टीका से कई विनोदों का वसन्त में मनाया जाना निश्चित है। निदाघ में प्राय: मनाए जानेवाले उत्सवों के नाम ये हैं—उद्यानयात्रा, सलिल-क्रीड़ा (जल-क्रीड़ा), पुष्पावचयिका (फूल चुनना), नवाम्रखादनिका (नए आम का खाना) और आम और माधवीलता का विवाह। इनमें प्राय: सभी वसन्त के वर्णन के सिलसिले में प्राचीन ग्रन्थों में वर्णित हैं। जलक्रीड़ा और नए आम का खाना भी वसन्त के अन्तिम दिन में असम्भव नहीं

सुवसन्तक

'सरस्वतीकंठाभरण' के अनुसार सुवसन्तक वसन्तावतार के दिन को कहते हैं। अर्थात् जिस दिन प्रथम बार वसन्त पृथ्वी पर उतरता है। इस तरह आजकल के हिसाब से यह दिन वसन्तपंचमी को पड़ना चाहिए। 'मात्स्यसूक्त' और 'हरिभक्तिविलास' आदि ग्रन्थों के अनुसार इसी दिन वसन्त का प्रथम प्रादुर्भाव होता है। इसी दिन मदन की पहली पूजा विहित है। इसी दिन उस युग की विलासिनियाँ कंठ में दुष्प्राप्य नव आम्रमंजरी धारण करके ग्राम को जगमग कर देती थीं :

छणपिट्ठधूसरत्थणि महुमअतम्बच्छि कुवलआहरणे।
कंठकअचूअमंजरि पुत्ति तुए मंडियो गामो॥

—'सरस्वतीकंठाभरण', पृ. 575

और कालिदास के 'ऋतुसंहार' से स्पष्ट है कि पुराने गर्म कपड़ों को फेंककर कोई लाक्षारस से या कुंकुम के रंग से रंजित और सुगन्धित कालागुरु से सुवासित हल्की लाल साड़ियाँ पहनती थीं, कोई कुसुम्भी दुकूल धारण करती थीं और कोई-कोई कानों में नवीन कर्णिकार के फूल, नील अलकों (केशों) में लाल अशोक के फूल और वक्ष:स्थल पर उत्फुल्ल नव-मल्लिका की माला धारण करती थीं :

गुरूणि वासांसि विहाय तूर्ण तनूनि लाक्षारसरंजितानि।
सुगन्धिकालागुरुधू पितानि धत्तेऽङ्गना काममदालसाङ्गी ॥13॥
कुसुम्भरागारुणितैर्दु कूलैर्नितम्बबिंबानि विलासिनीनाम्।
रक्तांशुकैः कुंकुमरागगौरैरलंक्रियन्ते स्तनमंडलानि ॥14॥
कर्णेषु योग्यं नवकर्णिकारं चलेषु नीलेष्वलकेष्वशोकः।
पुष्पं च फुल्लं नवमल्लिकाया: प्रयाति कान्तिं प्रमदाजनस्य ॥16॥

उद्यानयात्रा

उन दिनों वसन्त ऋतु की उद्यानयात्रा और वन-यात्राएँ काफी मजेदार होती थीं। 'कामसूत्र' (पृ. 53) से स्पष्ट है कि निश्चित दिन को दोपहर के पूर्व ही नागरिकगण सजधज कर तैयार हो जाते थे। घोड़ों पर चढ़ करके किसी दूर स्थित उद्यान या वन की ओर—जो एक दिन में ही लौट आने योग्य दूरी पर होता था—जाया करते थे। कभी-कभी इनके साथ गणिकाएँ भी होती थीं और कभी-कभी अन्त:पुर की गृहदेवियाँ होती थीं। इन उद्यान-यात्राओं में कुक्कुट (मुर्गे), लाव, बटेरों आदि और मेष अर्थात् भेड़ों की लड़ाइयाँ हुआ करती थीं। ये युद्ध काफी उत्तेजक होते थे और लड़नेवाले पशु-पक्षी लहूलुहान हो जाते थे। इनकी नृशंसता देखकर ही शायद सम्राट अशोक ने अपने शिलालेखों में इनकी मनाही का फर्मान जारी किया था। तो, इन उद्यानयात्राओं या पिकनिक-पार्टियों में हिन्दोल-लीला, समस्यापूर्ति, आख्यायिका, विन्दुमती, आदि प्रहेलिकाओं के खेल होते थे। वसन्तकालीन वनविहार में कई उल्लेखयोग्य खेल यहाँ दिए जा रहे हैं। क्रीड़ैकशाल्मली या शाल्मली-मूल-खेलन नाम का विनोद 'कामसूत्र', 'भावप्रकाश' और 'सरस्वतीकंठाभरण' आदि ग्रन्थों में दिया हुआ है। ठीक यह किस तरह का होता था, कुछ समझ में नहीं आता। पर फलों से लदे किसी एक ही सेमर के पेड़तले आँखमिचौनी खेलने के रूप में यह रहा होगा। सेमर का पेड़ ही क्यों चुना जाता था, यह समझ में नहीं आता। शायद उन दिनों वसन्त में लाल कपड़े पहने जाते थे और यह कुसुम-निर्भर (लाल फूलों से लदा) पेड़ लूका-चोरी खेलने का सर्वोत्तम साधन रहा हो। आजकल यह किसी प्रदेश में किसी रूप में जी रहा है कि नहीं, नहीं मालूम। यहाँ यह कह रखना उचित है कि 'कामसूत्र' की जयमंगला टीका के अनुसार इस विनोद का प्रचलन विदर्भ या बरार प्रान्त में अधिक था।

वसन्त के अन्य उत्सव

उदकक्ष्वेडिका भी पुराना विनोद है। यह होली के दिन अब भी निस्सन्देह जी रहा है और ऊपर श्रीहर्षदेव की गवाही से हमने मदनोत्सव का जो वर्णन पढ़ा है, उस पर से निश्चित रूप से अनुमान किया जा सकता है कि आज वह अपने मूल रूप में ही जीता है। बाँस की पिचकारियों में सुगन्धित जल भरकर युवकगण अपने

प्रियजनों को सराबोर कर देते थे। यही उदकक्ष्वेडिका कहा जाता था। इसका उल्लेख 'कामसूत्र' में भी है, और जयमंगला टीका के अनुसार इस विनोद का प्रचलन मध्यदेश में ही अधिक था। नागरिकाएँ जब अनंगदेव (कामदेव) की पूजा के लिए आम्र-मंजरी चुनकर कानों में पहनकर निकलती थीं तो उनके परस्पर हास-विलास से यह कार्य अत्यन्त सरस हो उठता था। पुरुष कभी अलग और कभी स्त्रियों के साथ इस चयन-कार्य को करते थे। इसे चूत-भंजिका कहते थे। वसन्त काल में फूल चुनना उन दिनों की नागरिकाओं के लिए एक खासा मनोविनोद था। इसे पुष्पावचायिका कहते थे। भोजदेव तो कहते हैं कि सुन्दरियों की मुखमदिरा से सिंचने पर जब बकुल फूलता था, तब उसी के फूल चुनकर यह उत्सव मनाया जाता था ('सरस्वतीकंठाभरण', पृ. 576)। सखियों के उपालम्भ-वाक्यों और प्रिय-हृदयों के उल्लसित विलास से कुसुमावचय का वह उत्सव बहुत स्फूर्तिप्रद होता था; क्योंकि कवियों ने जी खोलकर इसका वर्णन किया है। वसन्तकाल में जिस प्रकार प्रकृति अपने-आपको नि:शेष भाव से उद्‌बुद्ध कर देती है, उसी प्रकार जब मनुष्य भी कर सके तो उत्सव सम्भव है। प्रकृति ने अगर उल्लास प्रकट ही किया किन्तु मनुष्य जड़ीभूत बना रहा तो उत्सव कहाँ हुआ? दूसरी ओर यदि मनुष्य ने अपना हृदय खोलकर फूले हुए वृक्षों और मदिरायित मलय-पवन का आनन्द उपभोग किया तो प्रकृति की जो भी अवस्था क्यों न हो, वह आनन्ददायक ही होगी। मनुष्य ही प्रधान है, प्रकृति का उत्सव उसी की अपेक्षा में होता है। संस्कृत कवि ने इस महासत्य का अनुभव किया था। भारतवर्ष का चित्त जब स्वतंत्र था, जब वह उल्लास और विलास का सामंजस्य कर सकता था, उन दिनों मनुष्य की इस प्रधानता का ठीक-ठीक अनुभव कर सका था। फूल तो बहुत खिलते हैं, परन्तु पुष्प-पल्लवों से भरी हुई धरती असल में वह है जहाँ मनुष्य के सुन्दर चरणों का संसर्ग है, जहाँ उसका मनोभ्रमर दिनरात मँडराया करता है :

सन्तु द्रुमा: किसलयोत्तरपत्र भारा: प्राप्ते वसन्तसमये कथमित्थमेव
न्यासैर्नवद्युतिमतो: पदयोस्तवेयं भू:पुष्पिता सुतनु पल्लवितेव भाँति॥

—'सूक्तिसहस्र'

एक और उत्सव है, अभ्यूषखादनिका। गेहूँ, जौ आदि शूक धान्य, तथा चना, मटर आदि शमी धान्य के कच्चे पौधे में लगी फलियों को भूनकर अभ्यूष और होलाका नामक खाद्य बनाए जाते थे। नागर लोग इन वस्तुओं को खाने के लिए नगर के बाहर धूमधाम के साथ जाया करते थे। आजकल यह उत्सव वसन्तपंचमी के दिन मनाया जाता है।

इस प्रकार वसन्त की हवा कुसुमित आम की शाखाओं को कँपाती हुई आती थी, कोकिला की हूकभरी कूक दसों दिशाओं में फैला देती थी और शीतकालीन

जड़िमा से मुक्त मानव-चित्त को जबर्दस्ती हरण कर ले जाती थी :

आकम्पयन् कुसुमिताः सहकारशाखाः
विस्तारयन् परभृतस्य वचांसिदिक्षु।
वायुर्विवाति हृदयानि हरन्नराणां
नीहारपातविगमात् सुभगो वसन्ते॥

—'ऋतुसंहार', 6-22

उस समय पर्वतमाला के अनुपम सौन्दर्य से लोगों का चित्त विमोहित हो गया होता था, उसके सानुदेश में उन्मत्त कोकिल कूक उठते थे, प्रान्तभाग विविध कुसुम-समूह से लहक उठता था, शिलापट्ट सुगन्धित शिलाजतु की सुगन्धि से महक उठता था और राजा लोग सब देखकर आमोद-विह्वल हो उठते थे :

नानामनोज्ञकुसुमद्रुमभूषितान्तान्
हृष्टान्यपुष्टनिनदाकुलसानुदेशान्।
शैलेयजालपरिणद्धशिलातलौघान्
दृष्ट्वा जनः क्षितिभृतो मुदमेति सर्वः।

—ऋ.सं., 6-25

दरबारी लोगों के मनोविनोद

जो लोग राजसभाओं में बैठते थे वे भिन्न-भिन्न मनोवृत्तियों के होते थे। जब तक राजा सिंहासन पर बैठे रहते थे तब तक तो सारी सभा शान्त और संयत बनी रहती थी। दरबारी लोग अपनी-अपनी स्थिति और पदवी के अनुसार यथास्थान बैठे रहते थे, परन्तु राजा के आने के पहले और बीच में उनके उठ जाने पर सब लोग अपनी-अपनी रुचि के अनुसार मनोविनोद में लग जाते थे। 'कादम्बरी' में इस मनोविनोद का अच्छा-सा चित्र दिया हुआ है। जब राजा सभा में उपस्थित नहीं थे, उस समय कोई-कोई सामन्त पाशा खेलने के लिए कोठे खींच रहे थे, कोई पाशा फेंक रहे थे, कोई वीणा बजा रहे थे, कोई चित्रफलक पर राजा की प्रतिमूर्ति अंकित कर रहे थे, कोई-कोई काव्यालाप में व्यस्त थे, कोई-कोई आपस में हँसी-दिल्लगी में मशगूल थे, कुछ लोग विन्दुमती नामक काव्यात्मक खेल में उलझे हुए थे अर्थात् बहुत-से बिन्दुओं में अकार, उकार आदि मात्राएँ लगा दी गई थीं और उन पर से पूरे श्लोक का वे उद्धार कर रहे थे, कुछ लोग प्रहेलिका (पहेली) नामक काव्यभेद का रस

ले रहे थे, कोई-कोई राजा के बनाए हुए श्लोकों की चर्चा कर रहे थे, कोई-कोई विदग्ध रसिक ऐसे भी थे जो भरी सभा में वार-विलासिनियों के कंठ और कपोल आदि में तिलकरचना कर रहे थे, कुछ लोग उन रमणियों के साथ ठिठोली कर रहे थे, कुछ लोग बन्दीजनों से पुराने प्रतापी राजाओं का गुणगान सुन रहे थे और इस प्रकार अपनी रुचि और सुविधा के अनुसार कालयापन कर रहे थे। राजसभा के बाहर राजा के विशाल प्रासाद के एक पार्श्व में कहीं कुत्ते बँधे थे; कहीं कस्तूरी मृग विचरण कर रहे थे; कहीं कुबड़े, बौने, नपुंसक, गूँगे, बहरे आदमी घूम रहे थे; कहीं किन्नरयुगल और वनमानुष विहार कर रहे थे; कहीं सिंह-व्याघ्र आदि हिंस्र जन्तुओं के पिंजड़े वर्तमान थे। ये सभी वस्तुएँ दरबारियों के मनोविनोद का साधन थीं। स्पष्ट ही मालूम होता है कि राजदरबार के मुख्य विनोद में काव्यकला सबसे प्रमुख थी। वस्तुत: राजसभा में सात अंगों का होना परम आवश्यक माना जाता था। ये सात अंग हैं : (1) विद्वान, (2) कवि, (3) भाट, (4) गायक, (5) मसखरे, (6) इतिहासज्ञ, और (7) पुराणज्ञ।

विद्वांस: कवयो भट्टा गायका: परिहासका:।
इतिहासपुराणज्ञा: सभा सप्तांग-संयुता॥

काव्यशास्त्र विनोद

पुराना भारत विश्वास करता था कि बुद्धिमानों का काल काव्य-शास्त्र-विनोद में कटता है—'काव्यशास्त्रविनोदेन कालो गच्छति धीमताम्'। हमने देखा ही है कि सभा, समाज, उद्यानयात्रा, पुत्रजन्म, मेला, यात्रा, कोई भी ऐसा अवसर नहीं आता था जिसमें वह काव्यालाप से विनोद न पाता हो। राजा कवि-सभाओं का नियमित आयोजन करते थे। हमने इस प्रकार की राजसभाओं को पहले ही लक्ष्य किया है। इन सभाओं में कवियों की परीक्षा हुआ करती थी। वासुदेव, सातवाहन, शूद्रक, साहसांक आदि राजाओं ने इस विशाल परम्परा को चलाया था और बहुत हाल तक सभी यशोऽभिलाषी भारतीय नरेश इस परम्परा का पोषण करते आए हैं। 'काव्य-मीमांसा' में राजशेखर ने लिखा है कि राजा लोग स्वयं भी किस प्रकार भाषा और काव्य की मर्यादा पर ध्यान देते थे—अपने परिवार में कई राजाओं ने कड़े नियम बनाए थे ताकि भाषागत माधुर्य ह्रास न होने पाए। जैसे; सुना जाता है मगध में राजा शिशुनाग ने यह नियम कर दिया था कि उनके अन्त:पुर में ट, ठ, ड, ढ, ऋ, ष, स, ह, इन आठ वर्णों का उच्चारण कोई न करे। शूरसेन के राजा कुबिन्द ने भी कटु

संयुक्त अक्षरों के उच्चारण का प्रतिषेध कर दिया था। कुन्तलदेश में राजा सातवाहन की आज्ञा थी कि उनके अन्त:पुर में केवल प्राकृत भाषा बोली जाए। उज्जयिनी में राजा साहसांक की आज्ञा थी कि उनके अन्त:पुर में केवल संस्कृत बोली जाए।

कवियों का नाना भाव से सम्मान होता था। समस्याएँ दी जाती थीं, और प्रहेलिका, विन्दुमती आदि से परीक्षा ली जाती थी। कवि लोग भी काफी सावधान हुआ करते थे। कोई उनकी रचना चुरा न ले, सुनकर याद करके अपने नाम से चला न दे, इस बात का ध्यान रखते थे। राजशेखर ने बताया है कि जब तक काव्य पूरा नहीं हुआ हो तब तक दूसरों के सामने उसे नहीं पढ़ना चाहिए। इसमें यह डर रहता है कि वह आदमी उस काव्य को अपना कहकर ख्यात कर देगा—फिर कौन साक्षी दे सकेगा कि किसकी रचना है? सम्मानेच्छु कवियों में परस्पर-प्रतिस्पर्द्धा भी खूब हुआ करती थी। नाना भाव से एक-दूसरे को परास्त करने का जो प्रयत्न होता था उसकी कई मनोरंजक कहानियाँ पुराने ग्रन्थों में मिल जाती हैं। इस राजसभा में काव्यपाठ करना सामान्य बात नहीं थी। चिन्तासक्त मंत्रियों की गम्भीर मूर्ति, सब कुछ करने के लिए प्रतिक्षण तत्पर दूतों की कठोर मुखमुद्रा, प्रान्तभाग में खुफिया विभाग के धूर्त मनुष्य, बहुतर ऐश्वर्यशालियों के हाथी-घोड़े-लाव-लश्कर की अभिभूत कर देनेवाली उपस्थिति, कायस्थों की कुटिल भृकुटियाँ और नई-नई कूटनीतिक चिन्ताओं का सर्वत्र विस्तार मामूली साहसवाले कवि को त्रस्त-शंकित बना देता था। एक कवि ने तो राजा के सामने ही इस राजसभा को हिंस्र-जन्तुओं से भरे समुद्र के समान कहकर अपना चित्त-विक्षोभ हल्का किया था :

चिन्तासक्तनिमग्नमंत्रि-सलिलं दूतोर्मिशाखाकुलम्,
पर्यन्तस्थितचारनक्रमकरं नागाश्वहिंस्राश्रयम्।
नानावाशककंकपक्षिरुचिरं कायस्थसर्पास्पदम्,
नीतिक्षुण्णतटं च राजकरणं हिंस्रेः समुद्रायते॥

नया कवि इस राजसभा में बड़ी कठिनाई में पड़ जाता था। एक कवि ने राजसभा में प्रथम बार आए हुए सम्भ्रम से कवि की वाणी को नवविवाहिता वधू से उपमा दी है। बिना बुलाए भी वह आना चाहती है, गले से उलझकर रह जाती है, पूछने पर भी बोलती नहीं, काँपती है, स्तम्भित हो रहती है, अचानक फीकी पड़ जाती है। गला रुँध जाता है, आँख और मुँह की रोशनी धीमी पड़ जाती है। कवि बड़े अफसोस के साथ अनुभव करता है कि वाणी है या नवोढ़ा बहू है—दोनों में इतनी समानता है।

नाहूतापि पुरः पदं रचयति प्राप्तोपकंठं हठात्
पृष्टा न प्रविवक्ति कम्पमयते स्तंभं समालम्बते।
वैवणयं स्वरभङ्गमञ्चति बलान्मन्दाक्षमन्दानना
कष्टं भोः प्रतिभावतोऽयभिसभं वाणी नवोढायते॥

काव्य-कला

स्वभावत: ही यह प्रश्न होता है कि वह काव्य क्या वस्तु है जो राजसभाओं में सम्मान दिलाता था या गोष्ठी-समाजों में कीर्तिशाली बनाता था। निश्चय ही वह 'कुमारसम्भव' या 'मेघदूत'-जैसे बड़े-बड़े रस-काव्य नहीं होंगे। वस्तुत: उक्तिवैचित्र्य ही वह काव्य है। दंडी-जैसे आलंकारिक आचार्यों ने अपने-अपने ग्रन्थों में स्वीकार किया है कि कवित्व-शक्ति क्षीण भी हो तो भी कोई बुद्धिमान् व्यक्ति अलंकारशास्त्रों के अभ्यास से राजसभाओं में सम्मान पा सकता है (1-104-105)। राजशेखर ने उक्ति-विशेष को ही काव्य कहा है। यह यहाँ स्पष्ट रूप में समझ लेना चाहिए कि मेरा तात्पर्य यह नहीं है कि रसमूलक प्रबन्ध-काव्यों को काव्य नहीं माना जाता था या उनका सम्मान नहीं होता था; मेरा वक्तव्य यह है कि काव्य नामक कला जो राजसभाओं और गोष्ठी-समाजों में कवि को तत्काल सम्मान देती थी वह उक्ति-वैचित्र्यमात्र थी। दुर्भाग्यवश हमारे पास वे समस्त विवरण जिनका ऐतिहासिक मूल्य हो सकता था, उपलब्ध नहीं हैं; पर आनुश्रुतिक परम्परा से जो कुछ प्राप्त होता है उससे हमारे वक्तव्य का समर्थन ही होता है। यही कारण है कि पुराने अलंकारशास्त्रों में रस की उतनी परवा नहीं की गई जितनी अलंकारों के गुणों और दोषों की। गुण-दोष का ज्ञान वादी को पराजित करने में सहायक होता था और अलंकारों का ज्ञान उक्ति-वैचित्र्य में सहायक होता था। काव्यकला केवल प्रतिभा का विषय नहीं मानी जाती थी, अभ्यास को भी विशेष स्थान दिया जाता था। राजशेखर ने काव्य की उत्पत्ति के दो कारण बतलाए हैं : समाधि अर्थात् मन की एकाग्रता और अभ्यास अर्थात् बार-बार परिशीलन करना। इन्हीं दोनों के द्वारा शक्ति उत्पन्न होती है। यह स्वीकार किया गया है कि प्रतिभा नहीं होने से काव्य सिखाया नहीं जा सकता। विशेषकर उस आदमी को तो किसी प्रकार कवि नहीं बनाया जा सकता जो स्वभाव से पत्थर के समान है, किसी कष्टवश या व्याकरण पढ़ते-पढ़ते नष्ट हो चुका है, या 'यत्र-यत्र धूमस्तत्र तत्र वह्नि:, जैसे अनल-धूमशाली तर्करूपी आग से जल चुका है या कभी भी सुकवि के प्रबन्ध को सुनने का मौका ही नहीं पा सका।

ऐसे व्यक्ति को तो किसी प्रकार की भी शिक्षा दी जाए उसमें कवित्व शक्ति आ ही नहीं सकती, क्योंकि कितना भी सिखाओ गधा गान नहीं गा सकेगा और कितना भी दिखाओ अन्धा सूर्य को नहीं देख सकेगा, पहला मामला प्रकृत्या जड़ का है और दूसरा नष्टसाधन का :

यस्तु प्रकृत्याश्मसमान एव काव्येन वा व्याकरणेन नष्ट॥
तर्केन दाह्योऽनलधूमिना वाऽप्याविद्धकर्ण: सुकविप्रबन्धै:॥

न तस्य वक्तृत्वसमुद्भवः स्याच्छिक्षाविशेषैरपि सुप्रयुक्तः ।
न गर्दभो गायति शिक्षितोऽपि संदर्शितं पश्यति नार्कमन्धः ॥

—'कविकंठाभरण', 1-22-23

यह और बात है कि पूर्व जन्म के पुण्य से मंत्रसिद्ध कवित्व हो जाए या फिर इसी जन्म में सरस्वती की साधना से देवी प्रसन्न होकर कवित्वशक्ति का वरदान दे दें ('कविकंडाभरण', 1-24), परन्तु प्रतिभा थोड़ी-बहुत आवश्यक तो है ही। कवित्व सिखलानेवाले ग्रन्थों का यह दावा तो नहीं है कि वे गधे को गाना सिखा देंगे, परन्तु इतना दावा वे अवश्य करते हैं कि जिस व्यक्ति में थोड़ी-सी भी शक्ति हो उसे इस योग्य बना देंगे कि वह सभाओं और समाजों में कीर्ति पा ले।

उक्ति-वैचित्र्य

यदि हम इस बात को ध्यान में रखें तो सहज ही समझ आ जाता है कि उक्ति-वैचित्र्य को इन अलंकारिकों ने इतना महत्त्व क्यों दिया है। उक्ति-वैचित्र्य वाद-विजय और मनोविनोद की कला है। भामह ने बताया है कि वक्रोक्ति ही समस्त अलंकारों का मूल है और वक्रोक्ति न हो तो काव्य ही नहीं हो सकता। भामह की पुस्तक पढ़ने से यही धारणा होती है कि वक्रोक्ति का अर्थ उन्होंने कहने के विशेष प्रकार के ढंग को ही समझा था। वे स्पष्ट रूप से ही कह गए हैं कि सूर्य-अस्त हुआ, चन्द्रमा प्रकाशित हो रहा है, पक्षी अपने-अपने घोंसलों में जा रहे हैं, इत्यादि वाक्य काव्य नहीं हो सकते; क्योंकि इन कथनों में कहीं वक्रभङ्गिमा नहीं है। दोष उनके मत से उस जगह होता है जहाँ वाक्य की वक्रता अर्थप्रकाश में बाधक होती है। भामह के बाद के आलंकारिकों ने वक्रोक्ति को एक अलंकार मात्र माना है। किन्तु भामह ने वक्रोक्ति को काव्य का मूल समझा है। दंडी भी भामह के मत का समर्थन कर गए हैं। यद्यपि वे वक्रोक्ति का अर्थ अतिशयोक्ति या बढ़ा-चढ़ाकर कहना बता गए हैं। वक्रोक्ति को निश्चय ही बहुत दिनों तक काव्य का एकमात्र मूल माना जाता रहा, पर व्यावहारिक रूप में कभी भी काव्य केवल वक्रोक्ति-मूलक—अर्थात् निर्दोष वक्र-भंगिमा के रूप कहे हुए वाक्य के रूप में उसका प्रयोग नहीं होता था। उन दिनों भी रसमय काव्य लिखे जाते थे और सच पूछा जाय तो सरस काव्य जितने उन दिनों लिखे गए उतने और कभी लिखे ही नहीं गए। वस्तुतः आलंकारिक लोग तब भी ठीक-ठीक काव्यस्वरूप को समझा नहीं सके थे। कुन्तक या कुन्तल नाम के एक आचार्य सम्भवतः नवीं या दसवीं शताब्दी में हुए। उन्होंने अपनी असाधारण

प्रतिभा के बल पर 'वक्रोक्ति' शब्द की एक ऐसी व्यापक व्याख्या की जिससे वह शब्द काव्य का वास्तविक स्वरूप समझाने में बहुत दूर तक सफल हो गया। कुन्तक के मत का सार मर्म इस प्रकार है—केवल शब्दों में ही कवित्व नहीं होता और केवल अर्थ में भी नहीं। शब्द और अर्थ दोनों के साहित्य में अर्थात् एक साथ मिलकर भाव प्रकाश करने के सामंजस्य में काव्यत्व होता है।

वैसे तो ऐसा कभी नहीं होगा कि शब्द और अर्थ परस्पर विच्छिन्न होकर श्रोता के समक्ष उपस्थित हों। शब्द और अर्थ तो जैसा कि गोस्वामी तुलसीदासजी कह गए हैं—'गिरा अर्थ जल बीचि सम कहियत भिन्न न भिन्न'। वे एक-दूसरे को छोड़कर रह नहीं सकते, फिर शब्द और अर्थ के साहित्य में काव्य होता है ऐसा कहना क्या बेकार का प्रलापमात्र नहीं है? कुन्तक जवाब देते हैं कि यही तो वक्रोक्ति का चमत्कार है। काव्य में शब्द और अर्थ के साहित्य में एक विशिष्टता होनी चाहिए। जब कवि-प्रतिभा के बल पर एक वाक्य अन्य वाक्य के साथ एक विचित्र विन्यास में विन्यस्त होता है तब एक-दूसरे शब्द से मिलकर जिस प्रकार स्वर और ध्वनि लहरी के आत्तान-वितान से रमणीय माधुर्य का सर्जन करेंगे, उसी प्रकार दूसरी ओर तद्गर्भित अर्थ भी उसके साथ तुल्ययोगिता करके परस्पर को एक नवीन चमत्कार से चमत्कृत करेंगे। इसी प्रकार ध्वनि के साथ ध्वनि के मिलने से और अर्थ के साथ अर्थ के मिलने से जो दो परस्पर से स्पर्द्धा करनेवाली चारुताएँ (सुन्दरताएँ) उत्पन्न होंगी, उनका पारस्परिक सामंजस्य ही यहाँ साहित्य शब्द का अर्थ है। उदाहरण के लिए दो रचनाएँ ली जा सकती हैं। दोनों में भाव एक ही है।

चन्द्रमा धीरे-धीरे उदय होकर डरता-डरता आसमान में चल रहा है, क्योंकि माननियों के गरम-गरम आँसुओं से कलुषित कटाक्षों की चोट उसे बार-बार खानी पड़ रही है। एक कवि ने इसे इस प्रकार कहा :

माननीजनविलोचनपातानुष्णवाष्पकलुषानभिगृह्णन्।
मन्दमन्दमुदित:प्रययौ खं भीतभीत इव शीतमयूख:॥

दूसरे ने जरा जमके इस प्रकार कहा :

क्रमादेकद्वित्रिप्रभृतिपरिपाटी: प्रकटयन्,
कला: स्वैरं स्वैरं नवकमलकन्दांकुररुच:।
पुरन्ध्रीणां प्रेयोविरहदनोद्दीपितदृशां,
कटाक्षेभ्यो विभ्यन् निभृत इव चन्द्रोऽभ्युदयते॥

यहाँ दोनों कविताओं का अर्थ एक ही है, पर दूसरी कविता में शब्द और अर्थ की मिलित चारुता-सम्पत्ति ने सहृदय के हृदय में विशेष भाव से चमत्कार पैदा किया है।

अस्तु, हमें यहाँ आलंकारिकों के बाल के खाल निकालनेवाले तर्कों को दुहराने

की इच्छा बिलकुल नहीं है। हम केवल काव्य के उस मनोविनोदात्मक पहलू का स्मरण कराना चाहते हैं जो राज-सभाओं, सहृदय-गोष्ठियों, अन्तःपुर के समाजों और सरस्वती-भवनों में नित्य मुखरित हुआ करती थी। आगे हम इस विषय में कुछ विस्तार से कहने का अवसर खोजेंगे। यहाँ इतना ही स्मरणीय है कि प्राचीन भारतीय काव्य का एक महत्त्वपूर्ण अंश कवि के रचना-कौशल और सहृदय के मनोविनोद के लिए लिखा गया था। इस रचना-कौशल का जब कभी प्रदर्शन होता था तो दर्शकों की भीड़ लग जाया करती थी, इसमें विजयी होनेवाले का गौरव इतना अधिक था कि कभी-कभी बड़े-बड़े सम्राट विजयी कवि की पालकी में कन्धा लगा देते थे!

कवियों की आपसी प्रतिस्पर्द्धा

कभी-कभी परस्पर की प्रतिस्पर्द्धा से कवियों की असाधारण मेधाशक्ति, हाजिरजवाबी और औदार्य का पता चलता है। कहानी प्रसिद्ध है कि नैषधकार श्रीहर्षकवि के वंशधर हरिहर नामक कवि गुजरात के राजा वीरधवल के दरबार में आए। सभा में स्वयं उपस्थित न होकर उन्होंने अपने एक विद्यार्थी को भेजा और राजा वीरधवल, मंत्री वस्तुपाल तथा राजकवि सोमेश्वर के नाम अलग-अलग आशीर्वाद भेजे। राजा और मंत्री ने प्रीतिपूर्वक आशीर्वाद स्वीकार किया, पर कवि सोमेश्वर ईर्ष्या से मन-ही-मन ऐसा जले कि उस विद्यार्थी से बात तक नहीं की। हरिहर कवि ने यह बात गाँठ बाँध ली। दूसरे दिन कवि के सम्मान के लिए राजसभा की आयोजना हुई, सब आए, सोमेश्वर नहीं आए। उन्होंने कोई बहाना बना लिया। कुछ दिन इसी प्रकार बीत गए। हरिहर पंडित का सम्मान बढ़ता गया। एक दूसरे अवसर पर राजा ने हरिहर पंडित से कहा कि 'पंडित, मैंने इस नगर में वीरनारायण नामक प्रासाद बनवाया है, उस पर प्रशस्ति खुदवाने के लिए मैंने सोमेश्वर पंडित से 108 श्लोक बनवाए हैं, तुम भी देख लो कैसे हैं।' पंडित ने कहा, 'सुनवाइए।' राजाज्ञा से सोमेश्वर पंडित श्लोक सुनाने लगे। हरिहर पंडित ने सुनने के बाद काव्य की बड़ी प्रशंसा की और बोले, 'महाराज, काव्य हो तो ऐसा ही हो। महाराज भोज के 'सरस्वतीकंठाभरण' नामक प्रासाद के गर्भ-गृह में ये श्लोक खुदे हुए हैं। मुझे भी याद हैं। सुनिए।' इतना कहकर पंडित ने सभी श्लोक पढ़कर सुना दिए। सोमेश्वर का मुँह पीला पड़ गया। राजा और मंत्री सभी ने उन्हें चोरकवि समझा। ऊपर से किसी ने कुछ कहा नहीं, परन्तु उनका सम्मान जाता रहा। सोमेश्वर हैरान थे क्योंकि श्लोक वस्तुतः उनके ही बनाए हुए थे। मंत्री वस्तुपाल—जो उन दिनों लघु भोजराज नाम से ख्यात थे—के

पास जाकर गिड़गिड़ाकर बोले कि 'श्लोक मेरे ही हैं।' मंत्री ने कहा कि 'हरिहर पंडित की शरण जाओ तभी तुम्हारी मान-रक्षा हो सकती है।' अन्त में सोमेश्वर ने वही किया। शरणागत की मान-रक्षा का भार कवि हरिहर ने अपने ऊपर ले लिया। दूसरे दिन राज सभा में हरिहर कवि ने बताया कि सरस्वती ने उन्हें वर दिया है कि एक सौ आठ श्लोक तक वे एक बार सुनकर ही याद कर ले सकते हैं और सोमेश्वर को अपदस्थ करने के लिए ही उस दिन उन्होंने एक सौ आठ श्लोक सुना दिए थे। वस्तुत: वे सोमेश्वर के ही श्लोक थे। राजा को असली वृत्तान्त मालूम हुआ तो आश्चर्यचकित रह गए और दोनों कवियों को गले मिलवाकर दोनों में प्रेम सम्बन्ध स्थापित कराया ('प्रबन्ध-कोश', 12)।

मंत्री वस्तुपाल की सभा में इन हरिहर पंडित का बड़ा सम्मान था। वहाँ मदन नाम के एक दूसरे कवि भी थे। हरिहर और मदन में बड़ी लाग-डाँट थी। सभा में यदि दोनों कवि जुट गए तो कलह निश्चित था। इसीलिए मंत्री ने द्वारपाल से हिदायत कर दी थी कि एक के रहते दूसरा सभा में न आने पाए। एक दिन द्वारपाल की असावधानी से यह दुर्घटना हो ही गई। हरिहर कवि अपना काव्य सुना रहे थे कि मदन पहुँचे। आते ही डाँटा, 'ऐ हरिहर, घमंड छोड़ो, बढ़कर बातें मत करो। कविराजरूपी मत्त गजराजों का अंकुश मैं मदन आ गया हूँ!'

'हरिहर परिहर गर्व कविराजगजांकुशो मदन:।'

हरिहर ने तड़ाक से जवाब दिया, 'मदन, मुँह बन्द करो। हरिहर का चरित मदन की पहुँच के बाहर है!'

'मदन विमुद्रय वदनं हरिहरचरितं स्मरातीतं।'

मंत्री ने देखा बात बढ़ रही है। बीच में टोक करके बोले, 'भई, झगड़ा बन्द करो। इस नारिकेल को लक्ष्य करके सौ-सौ श्लोक बनाओ। जो आगे बना देगा उसकी जीत होगी।' मदन और हरिहर दोनों ही काव्य बनाने में उलझ गए। मदन ने जब तक सौ पूरे किए तब तक हरिहर साठ ही में रहे। मंत्री ने कहा, 'हरिहर पंडित, तुम हारे। हरिहर ने तपाक से कहा, 'हारे कैसे!' और खट से एक कविता पढ़कर सुनाई—'अरे गँवार जुलाहे, क्यों गँवार औरतों के पहनने के लिए सैकड़ों घटिया किस्म के कपड़े बुनकर अपने को परेशान कर रहा है? भले आदमी, कोई एक ही ऐसी साड़ी क्यों नहीं बनाता जिसे क्षण-भर के लिए भी राजमहिषियाँ अपने वक्ष:स्थल से हटाना गवारा न करें :

रे रे ग्रामकुविंद कन्दलतया वस्त्राणयमूनि त्वया
गोणीविभ्रमभाजनानि बहुश: स्वात्मा किमायास्यते।

अप्येकं रुचिरं चिरादभिनवं वासस्तदासूत्र्यतां
यन्नोज्झन्ति कुचस्थलात् क्षणमपि क्षोणीभूतां वल्लभा: ॥

मंत्री ने प्रसन्न होकर दोनों कवियों का पर्याप्त सम्मान किया।

राजसभा में शास्त्र-चर्चा भी होती थी। नाना शास्त्रों के जानकार पंडित तर्कयुद्ध में उतरते थे। जीतनेवाले का सम्मान यहाँ तक होता था कि कभी-कभी राजा पालकी में अपना कन्धा लगा देते थे। प्राचीन ग्रन्थों में ब्रह्मरथयान और पट्टबन्ध नामक सम्मानों के उल्लेख हैं। जो पंडित सभा में विजयी होता था उसके रथ को जब राजा स्वयं खींचते थे तो उसे 'ब्रह्मरथयान' कहते थे और जब राजा स्वयं सुवर्णपट्ट पंडित के मस्तक पर बाँध देते थे तो उसे 'पट्टबन्ध' कहा जाता था। पाटलिपुत्र में उपवर्ष, वर्ष, पाणिनि, पिंगल, व्याडि, वररुचि और पतंजलि का ऐसा ही सम्मान हुआ था और उज्जयिनी में कालिदास, मेंठ, अमर, सूर, भारवि, हरिश्चन्द्र और चन्द्रगुप्त का ऐसा सम्मान हुआ था।

राजसभाओं में विजयी होना जितने गौरव की बात थी, पराजित होना उतने ही अगौरव और निन्दा की। अनुश्रुतियों में पराजित पंडितों के आत्मघात तक कर लेने की बातें सुनी जाती हैं। जयन्तचन्द्र राजा के राजपंडित हरिकवि राजसभा में हारकर मरे थे, ऐसा प्रसिद्ध है। इसी पंडित के पुत्र प्रसिद्ध श्रीहर्ष कवि हुए जिन्होंने पिता के अपमान का बदला चुकाया था। बहुत थोड़ी उमर में ही वे विद्या पढ़कर राजसभा में उपस्थित हुए थे। जब राजा की स्तुति उन्होंने उत्तम काव्यों से की तो उनके पिता को पराजित करनेवाले पंडित ने उन्हें 'कोमल बुद्धि का कवि' कहकर तिरस्कार किया। श्रीहर्ष की भवें तन गईं, कड़ककर उन्होंने जवाब दिया—'चाहे साहित्य-जैसी सुकुमार वस्तु हो या न्याय-शास्त्र की गाँठवाला तर्कशास्त्र, दोनों ही क्षेत्रों में वाणी मेरे साथ समान रूप से विहार करती है। यदि पति हृदयंगम हो तो चाहे मुलायम गद्दा हो चाहे कुशों और काँटों से आकीर्ण वनभूमि, स्त्री की समान प्रीति ही प्राप्त होती है' :

साहित्ये सुकुमारवस्तुनि दृढ़ न्यायग्रहग्रन्थिले
तर्के वा मयि संविधातरि सम लीलायते भारती।
शय्या वास्तु मृदूत्तरच्छदवती दर्भाङ्कुरैरावृता
भूमिर्वा हृदयंगमोयदि पतिस्तुल्या रतिर्योषिताम् ॥

और उक्त पंडित को किसी भी शास्त्र के तर्क-युद्ध में उतरने के लिए ललकारा। उस पंडित को पराजित करके कवि ने अशेष कीर्ति प्राप्त की।

विद्वत्सभा में परिहास

पंडितों की सभा में किसी सीधे-सादे व्यक्ति को बैठाकर उसे मूर्ख बनाकर रस लेने की जो मनोवृत्ति सर्वत्र पाई जाती है, उसका भी परिचय प्राचीन ग्रन्थों से मिल जाता है। प्रसिद्ध बौद्ध साधक भुसुकपाद को इसी प्रकार मूर्ख बनाने का प्रयत्न किया गया था। वह मनोरंजक कहानी इस प्रकार है :

नालन्दा के विश्वविद्यालय में एक गाबदी-जैसा आदमी आया और नालन्दा के एक प्रान्त में उसने एक झोंपड़ी बनाई और वहीं वास करने लगा। वह त्रिपिटक की व्याख्या सुनता और साधना करता। वह हमेशा शान्त भाव से रहता था, इसलिए लोग उसे शान्तिदेव कहने लगे। नालन्दा के संघ में एक और नाम भुसुकु से वह विख्यात हुआ। इसका कारण यह था कि 'भुञ्जानोऽपि प्रभास्वरः सुप्तोऽपि कुटीम् गतोऽपि तदेवेति भुसुकुसमाधिसमापन्नात्वात् भुसुकु नामऽख्यातिः संघेऽपि' अर्थात् भोजन के समय उसकी मूर्ति उज्ज्वल रहती, सोने के समय उज्ज्वल रहती और कुटी में बैठे रहने पर भी उज्ज्वल रहती।

इस प्रकार से बहुत दिन बीत गए। शान्तिदेव किसी के साथ बहुत बात नहीं करते, अपने मन से अपना काम करते जाते। लेकिन लड़कों ने उनके साथ दुष्टता करना शुरू कर दिया। बहुत से लोगों के मन में हुआ कि वे कुछ जानते नहीं, अतएव किसी दिन उन्हें अप्रतिभ करने की बात उन लोगों ने सोची। नालन्दा में नियम था कि ज्येष्ठ मास की शुक्लाष्टमी को पाठ और व्याख्या होती थी। नालन्दा के बड़े विहार के उत्तरपूर्व के कोने में एक बहुत बड़ी धर्मशाला थी। पाठ और व्याख्या के लिए उसी धर्मशाला को सजाया जाता था। सभी पंडित वहीं जुटते और अनेकों श्रोता सुनने के लिए आते। जब सभा जुड़ गई, पंडित लोग आ गए और सब कुछ तैयार हो गया तब लड़कों ने जिद्द पकड़ी कि 'शान्तिदेव आज तुम्हें ही पाठ और व्याख्या करनी होगी।' शान्तिदेव जितना ही इनकार करते उतना ही लड़के जिद्द पकड़ते और अन्त में उन्हें पकड़कर उन लोगों ने वेदी पर बैठा ही दिया। उन लोगों ने सोचा कि ये एक भी बात नहीं बोल सकेंगे, तब हम लोग हँसेंगे और ताली बजाएँगे। शान्तिदेव गम्भीर भाव से बैठकर बोले, "किम् आर्ष पठामि अर्थार्ष वा।" सुनकर पंडित लोग स्तब्ध रह गए। वे लोग आर्ष सुन चुके थे, अर्थार्ष नहीं। उन लोगों ने कहा कि इन दोनों में भेद क्या है। शान्तिदेव बोले, "परमार्थ ज्ञानी को ऋषि कहते हैं। वे ही बुद्ध और जिन हैं। वे लोग जब कुछ कहते हैं वही आर्ष वचन हैं। प्रश्न हो सकता है कि सुभूति आदि आचार्यों ने अपने शिष्यों को उपदेश देने के लिए जो ग्रन्थ लिखे हैं उन्हें आर्ष कैसे कहा जा सकता है? इसके उत्तर में युवराज आर्य मैत्रेय का वह वचन उद्धृत किया जा सकता है जिसमें कहा गया है

कि आर्ष वचन वस्तुतः उसे ही कहा जाएगा जो सुन्दर अर्थ से युक्त हो, धर्म-भाव से अनुप्राणित हो, त्रिधातु-संक्लेश का उपशमन करनेवाला हो, तृष्णा का उच्छेद करनेवाला हो और प्राणीमात्र की कल्याण-बुद्धि से प्रेरित हो। ऐसे ही वचन को आर्ष कहा जाएगा और इसके विपरीत जो है वही अनार्ष है। आर्ष और अनार्ष की यही व्याख्या पारमार्थिक है, अन्य व्याख्याएँ ठीक नहीं हैं। आर्य मैत्रेय का वचन है :

यदर्थवद् धर्मपदोपसंहितं त्रिधातुसंक्लेश-निवर्हणं वचः।
भवे भवेच्छान्त्यनुशंसदर्शकं तद्वत्क्रमार्षं विपरीतमन्यथा॥

"ऐसे ही आर्ष ग्रन्थों से अर्थ लेकर अन्य पंडितों ने जो ग्रन्थ लिखे हैं वे अर्थार्ष कहलाते हैं। अर्थार्ष ग्रन्थों के मूल आर्ष ग्रन्थ हैं। अतएव आर्ष ग्रन्थ से पंडित लोगों ने जो कुछ खींचकर संग्रह किया है वही अर्थार्ष है और सुभूति आदि आचार्यों के जो उपदेश हैं वे आर्ष हैं क्योंकि उसके अधिष्ठाता भगवान हैं।" पंडित लोगों ने कहा, "हम लोगों ने आर्ष बहुत सुना है तुमसे कुछ अर्थार्ष सुनेंगे।"

इसके पूर्व ही शान्तिदेव 'बोधिचर्यावतार', 'शिक्षा-समुच्चय' और 'सूत्रसमुच्चय' नामक तीन अर्थार्ष ग्रन्थ लिख चुके थे। कुछ देर तक ध्यान करने के बाद वे 'बोधिचर्यावतार' का पाठ करने लगे। शुरू से ही पाठ आरम्भ हुआ। बोधिचर्या की भाषा बड़ी ललित है, मानो वीणा के स्वर में बंधी हो; भाव अत्यन्त गम्भीर, संक्षिप्त और मधुर हैं। पंडित लोग स्तब्ध होकर सुनने लगे। लड़कों ने सोचा था कि इस आदमी को हंसी में उड़ा देंगे, लेकिन वे भक्ति से आप्लुत हो उठे। क्रम से जब पाठ जमने लगा, महायान के गूढ़तत्त्वों की व्याख्या होने लगी और जब शान्तिदेव मधुर स्वर से—

यदा न भावो नाभावो मतेः सन्तिष्ठते पुरः।
तदान्यगत्यभावेन निरालम्बः प्रशाम्यति॥

इस श्लोक की व्याख्या कर रहे थे, हठात् स्वर्ग का द्वार खुल गया और श्वेत वर्ण के विमान पर चढ़कर, शरीर की कान्ति से दिगन्त को आलोकित करते हुए मंजुश्री उतरने लगे। व्याख्या खत्म होने पर वे शान्तिदेव को गाढ़ आलिंगन में बाँधकर विमान पर चढ़ाकर स्वर्ग ले गए। दूसरे दिन पंडित लोग उनकी कुटी में गए वहाँ 'बोधिचर्यावतार', 'शिक्षा-समुच्चय' और 'सूत्र-समुच्चय' ये तीन पोथियाँ उन्हें मिलीं और उन लोगों ने इनका प्रचार कर दिया। इन तीनों में दो ही प्राप्य है, केवल 'सूत्र-समुच्चय' का पता नहीं लग रहा है। जो दो पोथियाँ मिली हैं, ये छापी भी गई हैं (हरप्रसाद शास्त्री : बौ. गा. दो)।

कथा आख्यायिका

राजमभा में कथा-आख्यायिका का कहनेवाला काफी सम्मान पाता था। संस्कृत में कथा का साहित्य बहुत विशाल है। विद्वानों का अनुमान है कि संसार-भर में भारतीय कथाएँ फैली हुई हैं। जो कथा सम्मान दिलाती थी वह जैसे-तैसे नहीं सुनाई जाती थी। केवल घटनाओं को प्राचीन भारतीय बहुत महत्त्व नहीं देते थे। घटनाओं को उपलक्ष्य करके कवि श्लेषों की झड़ी बाँध देगा, विरोधाभासों का ठाठ खड़ा कर देगा, श्लेष-परिपुष्ट उपमाओं का जंगल लगा देगा, तब जाकर कहेगा कि यह अमुक घटना है। वह किसी भी ऐसे अवसर की उपेक्षा नहीं करेगा जहाँ उसे एक उत्प्रेक्षा या दीपक या रूपक या विरोधाभास या श्लेष करने का अवसर मिल जाए। प्रसिद्ध कथाकार सुबन्धु ने तो ग्रन्थ के आरम्भ में प्रतिज्ञा ही कर ली थी कि आदि से अन्त तक श्लेष का निर्वाह करेंगे। पुराने कथाकारों में सबसे श्रेष्ठ बाणभट्ट हैं। इन्होंने कथा की प्रशंसा करते हुए मानो अपनी ही रचना के लिए कहा था कि सुस्पष्ट मधुरालाप से और हावभाव से नितान्त मनोहरा तथा अनुरागवश स्वयमेव शय्या पर उपस्थित अभिनवा वधू के समान सुगम कलाविद्या सम्बन्धी वाक्यविन्यास के कारण सुश्राव्य और रस के अनुकरण के कारण बिना प्रयास शब्दगुम्फ को प्राप्त करनेवाली कथा किसके हृदय में कौतुकयुक्त प्रेम नहीं उत्पन्न करती? सहजबोध्य दीपक और उपमा अलंकार से सम्पन्न अपूर्व पदार्थ के समावेश से विरचित और अनवरत श्लेषालंकार से किञ्चित् दुर्बोध्य कथाकाव्य, उज्ज्वल प्रदीप के समान उपादेय चम्पक-पुष्प की कली से गुँथे हुए और बीच-बीच में चमेली के पुष्पों से अलंकृत घन-सन्निविष्ट मोहनमाला की भाँति किसे आकृष्ट नहीं करता?

सच पूछा जाय तो बाणभट्ट ने इन पंक्तियों में कथा-काव्य का ठीक-ठीक लक्षण दिया है। कथा कलालाप-विलास से कोमल होगी, कृत्रिम पद-संघट्टना और अलंकारप्रियता के कारण नहीं बल्कि बिना प्रयास के रस के अनुकूल गुम्फवाली होगी, उज्ज्वल दीपक और उपमाओं से सुसज्जित रहेगी और निरन्तर श्लेष अलंकार के आते रहने के कारण जरा दुर्बोध्य भी होगी—परन्तु सारी बातें रस की अनुवर्तिनी होंगी। अर्थात् संस्कृत के आलंकारिक जिस रस को काव्य की आत्मा कहते हैं, जो अंगी है, वही कथा और आख्यायिका का भी प्राण है। काव्य में कहानी गौण है, पदसंघट्टना भी गौण है, मुख्य है केवल रस। यह रस अभिव्यक्त नहीं किया जा सकता, शब्द से वह अप्रकाश्य है। उसे केवल व्यंग्य या ध्वनित किया जा सकता है। इस बात में काव्य और कथा-आख्यायिका में इस रस के अनुकूल कहानी, अलंकार-योजना और पद संघट्टना सभी महत्त्वपूर्ण हैं, किसी की उपेक्षा नहीं की जा सकती। एक पद्य के बन्धन से मुक्त होने के कारण ही गद्य-कवि की जवाबदेही

बढ़ जाती है। वह अलंकार की और पद-संघट्टना की उपेक्षा नहीं कर सकता। कहानी तो उसका प्रधान वक्तव्य ही है। कहानी के रस को अनुकूल रख कर इन शर्तों का पालन करना सचमुच कठिन है और इसलिए संस्कृत के आलोचकों ने गद्य को कविता की कसौटी कहा है—'गद्यं कवीनां निकषं वदन्ति'।

अब प्रश्न हो सकता है कि यदि रस मचमुच ही इन कथा-आख्यायिकाओं की आत्मा है तो अलंकारों की इतनी योजना क्यों जरूरी समझी गई? आज के युग में वह बात समझ में नहीं आ सकती। जिन दिनों ये काव्य लिखे गए थे उन दिनों भारतवर्ष की समृद्धि अतुलनीय थी। उन दिनों के समाज की अवस्था और सहृदय की मनोवृत्ति जाने बिना इनको ठीक-ठीक समझना असम्भव है। उन दिनों के सहृदयों की शिक्षा-दीक्षा आज से बहुत भिन्न थी। उनके मनोविनोद में काव्यचर्चा का महत्त्वपूर्ण स्थान था।

बृहत्कथा

कथा-साहित्य की चर्चा करते समय 'बृहत्कथा' को नहीं भूला जा सकता। 'रामायण', 'महाभारत' और बृहत्कथा' ये तीन ग्रन्थ समस्त संस्कृत काव्य, नाटक कथा-आख्यायिका और चम्पू के मूल उत्स हैं। भारतवर्ष के तीनों बड़े-बड़े गद्य-काव्यकार दंडी, सुबन्धु और बाणभट्ट 'बृहत्कथा' के ऋणी हैं। भारतवर्ष का यह दुर्भाग्य ही कहा जाना चाहिए कि यह अमूल्य निधि आज अपने मूल रूप में प्राप्त नहीं है। सन् ईसवी की आठवीं-नवीं शताब्दी तक के भारतीय साहित्य में 'बृहत्कथा' और उसके लेखक गुणाढ्य पंडित की चर्चा प्रायः ही आती रहती है। यहाँ तक कि लगभग 875 ई. में कम्बोडिया की एक संस्कृत प्रशस्ति में गुणाढ्य और उनकी 'बृहत्कथा' की चर्चा आती है। परन्तु आज वह नहीं मिलती। यह ग्रन्थ संस्कृत में नहीं बल्कि प्राकृत में लिखा गया था और प्राकृत भी पैशाची प्राकृत। इसके निर्माण की कहानी बड़ी ही मनोरंजक है।

गुणाढ्य पंडित महाराज सातवाहन के सभापंडित थे। एक बार राजा सातवाहन अपनी प्रियाओं के साथ जलक्रीड़ा करते समय संस्कृत की कम जानकारी के कारण लज्जित हुए और यह प्रतिज्ञा कर बैठे कि जब तक संस्कृत धारावाहिक रूप से लिखने-बोलने नहीं लगेंगे तब तक बाहर मुँह नहीं दिखाएँगे। राज-काज बन्द हो गया। गुणाढ्य पंडित बुलाए गए। उन्होंने एक वर्ष में संस्कृत सिखा देने की प्रतिज्ञा की, पर एक अन्य पंडित ने छः महीने में ही इस असाध्य-साधन का संकल्प किया।

गुणाढ्य ने इस पर प्रतिज्ञा की कि यदि कोई छः महीने में संस्कृत सिखा देगा तो वे संस्कृत में लिखना-बोलना ही बन्द कर देंगे। छः महीने बाद राजा तो सचमुच ही धारावाहिक रूप से संस्कृत बोलने लगे, पर गुणाढ्य को मौन होकर नगर से बाहर चला जाना पड़ा। उनके दो शिष्य उनके साथ हो लिये। वहीं किसी शापग्रस्त पिशाचयोनि-प्राप्त गन्धर्व से कहानी सुनकर गुणाढ्य पंडित ने इस विशाल ग्रन्थ को पैशाची भाषा में लिखा। कागज का काम सूखे चमड़े से और स्याही का काम रक्त से लिया गया। पिशाचों की बस्ती में और मिल ही क्या सकता था! कथा सम्पूर्ण करके गुणाढ्य अपने शिष्यों सहित राजधानी को लौट आए। स्वयं नगर के उपान्त भाग में ठहरे और अन्य शिष्यों से राजा के पास स्वीकारार्थ भिजवा दिया। राजा ने अवहेलनापूर्वक इस मौनोन्मत्त लेखक द्वारा चमड़े पर रक्त से लिखे हुए पैशाची ग्रन्थ का तिरस्कार किया। राजा ने कहा कि भला ऐसे ग्रन्थ की वक्तव्य-वस्तु में विचारयोग्य हो ही क्या सकता है!

पैशाची वाग् मसी रक्तं मौनोन्मत्तश्च लेखकः।
इति राजाऽब्रवीत् का वा वस्तुसारविचारणा।

—'बृहत्कथामंजरी', 1|87

शिष्यों से यह समाचार सुनकर गुणाढ्य बड़े व्यथित हुए। चिता में ग्रन्थ को फेंकने ही जा रहे थे कि शिष्यों ने फिर एक बार सुनने का आग्रह किया। आग जला दी गई, पंडित आसन बाँधकर बैठ गए। एक-एक पन्ना पढ़कर सुनाया जाने लगा और समाप्त होते ही आग में डाल दिया जाने लगा। कथा इतनी मधुर और इतनी मनोरंजक थी कि पशु-पक्षी-मृग-व्याघ्र आदि सभी खाना-पीना छोड़कर तन्मय भाव से सुनने लगे। उनके मांस सूख गए। जब राजा की रन्धनशाला में ऐसे ही पशुओं का मांस पहुँचा तो शुष्क मांस के भक्षण से राजा के पेट में दर्द हुआ। वैद्य ने नाड़ी देखकर रोग का निदान किया। कसाइयों से कैफियत तलब की गई और इस प्रकार अज्ञात पंडित के कथावाचन की मनोहारिता राजा के कानों तक पहुँची। राजा आश्चर्यचकित होकर स्वयं उपस्थित हुए, लेकिन तब तक अन्य के सात भागों में से छः जल चुके थे। राजा पंडित के पैरों पर गिरकर सिर्फ एक ही भाग बचा सके। उस भाग की कथा हमारे पास मूल रूप में तो नहीं, पर संस्कृत अनुवाद के रूप में अब भी उपलब्ध है।

बुद्धस्वामी के 'बृहत्कथाश्लोकसंग्रह,' क्षेमेन्द्र की 'बृहत्कथामंजरी' और सोमदेव के 'कथासरित्सागर' में 'बृहत्कथा' (या वस्तुतः 'बड्डकहा', क्योंकि यही उसका मूल नाम था) के उस अवशिष्ट अंश की कहानियाँ संग्रहीत हैं। इनमें पहला ग्रन्थ नेपाल के और बाकी कश्मीर के पंडितों की रचना है। पंडितों में गुणाढ्य के विषय में कई प्रश्नों को लेकर काफी मतभेद रहा है। पहली बात है कि गुणाढ्य कहाँ

के रहनेवाले थे। कश्मीरी कथाओं के अनुसार वे प्रतिष्ठान में उत्पन्न हुए थे और नेपाल कथा के अनुसार कौशाम्बी में। फिर काल को लेकर भी मतभेद है। कुछ लोग सातवाहन को और उनके साथ ही गुणाढ्य को सन् ईसवी के पूर्व की पहली शताब्दी में रखते हैं और कुछ बहुत बाद में। दुर्भाग्यवश यह काल-सम्बन्धी झगड़ा भारतवर्ष के सभी प्राचीन आचार्यों के साथ अविच्छेद रूप से सम्बद्ध है। हमारे साहित्यालोचकों का अधिकांश श्रम इन कालनिर्णय-सम्बन्धी कसरतों में ही चला जाता है। ग्रन्थ के मूल वक्तव्य तक पहुँचने के पहले सर्वत्र एक तर्क का दुस्तर फेनिल समुद्र पार करना पड़ता है। एक तीसरा प्रश्न भी 'बृहत्कथा' के सम्बन्ध में उठता है। वह यह कि पैशाची किस प्रदेश की भाषा है। इधर ग्रियर्सन जैसे भाषा-विशेषज्ञ ने अपना यह फैसला सुना दिया है कि पैशाची भारतवर्ष के उत्तर-पश्चिम सीमान्त की बर्बर जातियों की भाषा थी। ये कच्चा मांस खाते थे, इसीलिए इन्हें पिशास या पिशाच कहा जाता था। गुणाढ्य की पुस्तकों के सभी संस्कृत संस्करण कश्मीर में (सिर्फ एक नेपाल में) पाए जाते हैं, इस पर से ग्रियर्सन का तर्क प्रबल ही होता है।

प्राकृत काव्य के पृष्ठपोषक सातवाहन

हमने पहले ही देखा है कि सातवाहन राजा के विषय में यह प्रसिद्धि चली आती है कि उन्होंने अपने अन्त:पुर में यह नियम ही बना दिया था कि केवल प्राकृत भाषा का ही व्यवहार हो। उनके सभापंडित गुणाढ्य का प्राकृत ग्रन्थ कितना महत्त्वपूर्ण है, यह भी हमने देख लिया है। स्वयं सातवाहन बहुत अच्छे कवियों में गिने गए हैं। सातवाहन के सम्बन्ध में भारतीय साहित्य में बहुत अधिक लोककथाएँ प्रचलित हैं। सातवाहनवंशी राजा दक्षिण में बहुत दिनों तक राज्य करते रहे। संस्कृत में सातवाहन शब्द कई प्रकार से लिखा मिलता है, सातवाहन, सालवाहन, शालिवाहन आदि। शिलालेखों में 'साड' भी मिलता है। संक्षेप में सात या साल कहने की भी प्रथा थी। इसीलिए यह इशारा किया जाता है कि 'हाल' नाम वस्तुत: साल या साड का रूपान्तर है। यह अनुमान बहुत गलत नहीं लगता। हेमचन्द्राचार्य की 'देशी नाममाला' से भी इसका समर्थन होता है। जो भी हो, सालवाहन में कोई 'हाल' नाम के बड़े ही प्रबल पराक्रमी राजा हुए हैं। 'मोदकै: मां ताड्य' वाली कहानी में उनके संस्कृत के अज्ञान का जो उपहास किया गया है, उसका कारण उनका प्राकृत-प्रेम ही है। उन्होंने कोई प्राकृत गाथा-कोश का संपादन किया था जो 'हाल की सत्तसई' के नाम से बाद में प्रसिद्ध हुआ। यह प्राकृत सत्तसई शृंगाररस की बहुत सुन्दर रचना है। इसमें

ग्राम-जीवन का बहुत ही सरस चित्रण है। कभी-कभी तो इसकी गाथाओं में शृंगार रस बिलकुल नहीं है, पर टीकाकारों ने रगड़ के उसमें से शृंगार रस निकाल लिया है। 'हाल की सतसई' प्राकृत काव्य के उत्कर्ष का निदर्शन है। यह ग्रन्थ जैसा कि 'गाथा कोश' नाम से प्रकट है, हाल द्वारा संगृहीत कोई संग्रह-ग्रन्थ रहा होगा, परन्तु उनकी अपनी कविताएँ भी इसमें अवश्य हैं। 'प्रबन्धकोश' में इस संग्रह की एक मनोरंजक कहानी दी हुई है। इस कहानी में भी राजा का जलविहार और 'मोदकैः मां ताड्य' की कहानी पहले जैसी ही है। बाद में राजा अपमानित होकर सरस्वती की आराधना करता है, और उनकी कृपा से सारे नगर को आधे पहर के लिए कवि बनने का गौरव प्राप्त होता है। फलतः राजा ने उस आधे पहर की लिखी हुई नगरवासियों की दस करोड़ गाथाएँ संग्रह कीं। यही संगृहीत गाथाएँ 'सातवाहनशास्त्र' नाम से प्रसिद्ध हुईं (प्रबन्धकोश, पृ. 72)। 'सप्तशती' उसका बहुत संक्षिप्त रूप है। प्राकृत के काव्यों, कथाओं और आख्यायिकाओं के ये सबसे बड़े पृष्ठपोषक हुए। ऐसे राजा के लिए प्राकृत कवि कौतूहल ने अपनी प्रिया से ठीक कहा था कि 'हे प्रिये, यह वह राजा था जिसके बिना सुकवियों की काव्यरचना सुचिर परिचिन्तित होने पर भी दरिद्रों के मनोरथ की तरह जहाँ से उठती थी वहीं विलीन हो जाती थी :

हियएच्चेय विसयंति सुइर परिचिंतियावि सुकईणं,
जेण विणा दुहियाणं व मणोरहा कव्वविनिवेसा।

—लीला., पृ. 18

कथाकाव्य का मनोहर वायुमंडल

कथाकाव्य का वायुमंडल अत्यन्त मनोहर है। वह अद्‌भुत मोहक लोक है, इस दुनिया में वह दुर्लभ है। वहाँ प्रभात होते ही पद्‌म-मधु से रंगे हुए वृद्ध कलहंस की भाँति चन्द्रमा आकाश गंगा के पुलिन से उदास-सा होकर पश्चिम जलधि के तट पर उतर आता था, दिङ्मंडल वृद्ध रंकु मृग की रोमराजि के समान पांडुर हो उठता था, हाथी के रक्त से रंजित सिंह के सटाभार के समान या लोहितवर्ण लाक्षारस के सूत्र के समान सूर्य की किरणें, आकाशरूपी वनभूमि से नक्षत्रों के फूलों को इस प्रकार झाड़ देती थीं मानों वे पद्‌मरागमणि की शलाकाओं की बनी हुई झाड़ू हों, उत्तर ओर अवस्थित सप्तर्षिमंडल सन्ध्योपासन के लिए मानसरोवर के तट पर उतर आता था, पश्चिम समुद्र के तीर पर सीपियों के उन्मुक्त मुख से बिखरे हुए मुक्तापटल चमकने लगते थे, मोर जाग पड़ते थे, सिंह जमुहाई लेने लगते थे,

करेणुबालाएँ मदस्रावी प्रियतम गजों को जगाने लगती थीं, वृक्षगण पल्लवांजलि से भगवान् सूर्य को शिशर-सिक्त कुसुमांजलि समर्पण करने लगते थे, वनदेवताओं की अट्टालिकाओं के समान उन्नत वृक्षों की चोटी पर गर्दभ-लोम-सा धूसर अग्निहोत्र का धूम इस प्रकार सट जाता था मानो कर्बुरवर्ण के कपोतों की पंक्ति हो; शिशिर-विन्दु को वहन करके, पद्मवन को प्रकम्पित करके, परिश्रान्त शबर-रमणियों के धर्मविन्दु को विलुप्त करके, वन्य महिष के फेनविन्दु से सिंचके, कम्पित पल्लव और लतासमूह को नृत्य की शिक्षा दे करके, प्रस्फुटित पद्मों का मधु बरसा के, पुष्पसौरभ से भ्रमरों को सन्तुष्ट करके, मन्द-मन्द-संचारी प्रभातवायु बहने लगती थी; कमलवन में मत्त गज के गंडस्थलीय मद के लोभ से स्तुतिपाठक भ्रमररूपी वैतालिक गुंजार करने लगते थे, ऊषर में शयन करने के कारण वन्य मृगों के निचले रोम धूसरवर्ण हो उठते थे और जब प्राभातिक वायु उनका शरीर स्पर्श करती थी तो उनकी उनींदी आँखों की ताराएँ ढुलमुला जाती थीं और बरौनियाँ इस प्रकार सटी होती थीं मानो उत्तप्त जतुरस से सटा दी गयी हों, वनचर पशु इतस्ततः विचरण करने लगते थे, सरोवर में कलहंसों का श्रुति-मधुर कोलाहल सुनाई देने लगता था, मयूरगण नाच उठते थे और सारी मरुस्थली एक अपूर्व महिमा से उद्‌भासित हो उठती थी। ('कादम्बरी' के प्रभात-वर्णन से)। उस जादूभरे रसलोक में प्रिया के पदाघात से अशोक पुष्पित हो जाता है; क्रीड़ा-पर्वत पर की चूड़ियों की झनकार से मयूर नाच उठता है, प्रथम आषाढ़ के मेघगर्जन से हंस उत्कंठित हो जाता है, कज्जलभरे नयनों के कटाक्षपात से नीलकमल की पाँत बिछ जाती है, कपोल-देश की पत्राली आँकते समय प्रियतम के हाथ काँप जाते हैं, आम्र-मंजरी के स्वाद से कषायित-कंठ कोकिल अकारण ही हृदय कुरेद देते हैं, क्रौञ्च-निनाद से वनस्थली की शस्यराशि अचानक कम्पमान हो उठती है और मलयानिल के झोंके से विरहविधुर प्रेमिक सोच्छ्वास जाग पड़ते हैं। भारतीय कथा-साहित्य वह मोहक अलबम है जिसमें एक-से-एक कमनीय चित्र भरे पड़े हैं। वह ऐसा उद्यान है, जहाँ रंग-बिरंगे फूलों से लदी क्यारियाँ हर दृष्टि में पाठक को आकृष्ट करती हैं।

पद्यबद्ध कथा

नवीं शताब्दी के प्रसिद्ध आलंकारिक रुद्रट ने लिखा है कि संस्कृत में तो कथा गद्य में लिखी जानी चाहिए, पर प्राकृत आदि अन्य भाषाओं की कथा गाथाबद्ध हो सकती है। वस्तुतः उन दिनों प्राकृत में गाथाबद्ध कथाएँ बनी थीं। कथा का वह

मनोहर वायुमंडल, जिसकी चर्चा ऊपर हुई है, इन गाथाबद्ध काव्यों में भी मिलता है। आठवीं शताब्दी के कौतूहल नामक कवि की लिखी एक कथा 'लीलावती' मिली है जिसमें रुद्रट के बताए सब लक्षण मिलते हैं। भाषा का चटुल-चपल प्रवाह यहाँ भी है, वर्णन की रंगीनी इसमें भी है, सरस करने की प्रवृत्ति इसमें भी है, स्थान-स्थान पर गद्य भी है। पढ़ते-पढ़ते ऐसा लगता है कि 'कादम्बरी' आदि कथाओं का जो वातावरण है वह बहुत-कुछ ऐसा ही है। कवि का कहना है कि प्रतिष्ठानपुर नगर था जहाँ बहुत शोभा थी। वह शुरू करेगा—जहाँ सुन्दरियों के चरण-नूपुर के शब्दों का अनुसरण करनेवाले राजहंस अपनी चोंचों से किसलय त्याग करके प्रतिराव मुखर हो उठते हैं, जहाँ के यज्ञाग्नि से निकले धुएँ से आकाश ऐसा काला हो उठता है कि उन्हें देखकर क्रीड़ामयूर चन्द्रकान्त मणियों के शिलातल पर नाच उठते हैं, जहाँ के घरों में लगी मणियों से ज्योति निकल-निकलकर अन्धकार को इस प्रकार दूर कर देती है कि अभिसारिकाओं की प्रेमयात्रा कठिन हो जाती है, जहाँ के मन्दिरों और स्तूपिकाओं की पताकाएँ सूर्यकिरणों को आच्छादित कर देती हैं जिनमें संगीत वनिताएँ बिना छाते के ही आराम से चला करती हैं, जहाँ कलकंठा कोकिलाएँ अपनी कूक से मानिनियों के हृदय कुरेदकर प्रियजनों का दौत्य सम्पादन करती हैं इत्यादि-इत्यादि। और फिर बहुत बाद में जाकर कवि कहेगा कि यह प्रतिष्ठानपुर है। इन पद्यबद्ध गाथाओं की परम्परा बहुत दिनों तक इस देश में चलती रही है।

इन्द्रजाल

इन्द्रजाल का अर्थ है इन्द्रियों का जाल या आवरण, अर्थात् वह विद्या जिससे इन्द्रियाँ जाल से ढँकी-सी आच्छादित हो जाएँ। भारतवर्ष की इन्द्रजाल की अद्भुत आश्चर्यजनक लीला सारे संसार में प्रसिद्ध थी। राजसभा में ऐन्द्रजालिकों के लिए विशिष्ट स्थान दिया जाता था। तंत्रग्रन्थों में इन्द्रजाल की अनेक विधियाँ बताई गई हैं। 'दत्तात्रेय तंत्र' के ग्यारहवें पटल में दर्जनों ऐसी विधियाँ दी हुई हैं जिससे आदमी कबूतर, मोर आदि पक्षी बनकर उड़ने लग सकता है; मारण, मोहन, वशीकरण, उच्चाटन आदि में बिना अभ्यास के सिद्धि प्राप्त कर सकता है, पति पत्नी को और पत्नी पति को वश में कर सकती है। प्रयोग करनेवाला ऐसा अंजन लगा सकता है जिससे वह स्वयं अदृश्य होकर औरों को देख सके और इसी प्रकार के सैकड़ों कर्म कर सकता है। 'इन्द्रजाल तंत्र-संग्रह' नामक ग्रन्थ में हिंस्र जन्तुओं को निवारण करने का, स्तम्भित करने का और निश्चेष्ट कर देने का उपाय बताया गया है, आग

बाँधना, आग लगी होने का भ्रम पैदा करना, दूसरों की बुद्धि बाँध देना आदि अद्‌भुत फलों की व्यवस्था है। इन कार्यों के लिए मंत्र की सिद्धि के साथ ही द्रव्य-सिद्धि का भी विधान है। उदाहरण के लिए चलती हुई नाव को रोक देने के लिए यह उपाय बताया गया है कि भरणी नक्षत्र में क्षीरकाष्ठ की पाँच अंगुल की कील नौका में ठोंक देने से निश्चित रूप से नौका स्तम्भन हो जाएगा, परन्तु इसके लिए जप आदि की भी व्यवस्था दी गई है। इस प्रकार के सैकड़ों नुस्खे बताए गए हैं। और इस प्रकार के नुस्खे बतानेवाले तंत्र-ग्रन्थों की संख्या भी बहुत अधिक है। इन पुस्तकों के पाठमात्र से कोई सिद्धि प्राप्त नहीं होती, क्योंकि तंत्रों में बार-बार याद दिला दिया गया है कि इन क्रियाओं के लिए गुरु की उपस्थिति आवश्यक है।

'रत्नावली' से जाना जाता है कि इन्द्र और सम्बर इस विद्या के आचार्य माने जाते थे। ये इन्द्रजालिक पृथ्वी पर चाँद, आकाश में पर्वत, जल में अग्नि, मध्याह्न काल में सन्ध्या दिखा सकते थे; गुरु के मंत्र की दुहाई देकर घोषणा कर सकते थे कि जिसको जो देखने की इच्छा हो उसे वही दिखा सकेंगे। राजसभा में राजा की आज्ञा पाकर वे शिव, विष्णु, ब्रह्मा आदि देवताओं को प्रत्यक्ष दिखा सकते थे। 'रत्नावली' में राजा की आज्ञा पाकर एक ऐन्द्रजालिक ने कमल-पुष्प में उपविष्ट ब्रह्मा को, मस्तक में चन्द्रकलाधारी शिव को, शंख-चक्र-गदा-पद्म-धारी दैत्यनिषूदन विष्णु को, ऐरावत पर समासीन इन्द्र को तथा नृत्यपरायण दिव्य नारियों को दिखाया था :

एष ब्रह्मा सरोजे रजनिकरकलाशेखरः शंकरोऽयं
दोर्भिर्दैत्यान्तकोऽसौ सधनुरसिगदाचक्रचिह्नैश्चतुर्भिः,
एषोऽप्यैरावतस्थस्त्रिदशपतिरमी देवि देवास्तथान्ये
नृत्यन्ति व्योम्नि चैताश्चलचरणरणन्नूपुरा दिव्यनार्यः ॥

—रत्ना., 4-74

इतना ही नहीं, उसने अन्तःपुर में आग लगाने का भ्रम भी पैदा कर दिया था। आग की लपटों से बड़े-बड़े मकानों के ऊपर सुनहरा कंगूरा-सा दीखने लगा था। असह्य तेज से उद्यान के वृक्षों के पत्ते तक झुलसते हुए जान पड़ने लगे थे और क्रीड़ापर्वत पर धुआँ का ऐसा अम्बार लग गया था कि वह एक सजल मेघ की भाँति दीखने लगा था (4।75)।

इस विद्या के आचार्य सम्बर या शबर नामक असुर हैं। 'कालिकापुराण' से जान पड़ता है (उत्तरतंत्र 60वाँ अध्याय) कि वेश्याओं, नर्तकों और रागवती औरतों का एक उत्सव हुआ करता था जिसे शाबरोत्सव कहते थे। इस उत्सव की विशेषता यह थी कि इस दिन (श्रावण कृष्ण दशमी) को अश्लील शब्दों का उच्चारण किया जाता था और नागरिकों में एक-दूसरे को गाली देने की प्रथा थी। विश्वास किया जाता था कि जो दूसरों को अश्लील गाली नहीं देता और स्वयं दूसरों की अश्लील

गाली नहीं सुनता, उस पर देवी अप्रसन्न होती है। शाबर तंत्र या इन्द्रजाल विद्या का एक बहुत बड़ा हिस्सा वशीकरण विद्या है, शायद इसीलिए शाबरोत्सव में वेश्याओं का ही प्राधान्य होता था।

मृगया-विनोद

नागरिकों के लिए मृगया भी एक अच्छा-सा विनोद था। अजन्ता में जातक की कहानी को आश्रय करके (17 वीं गुहा में) मृगया-विहार का एक सुन्दर चित्र दिया है। राजा घोड़े पर सवार है। यद्यपि दौड़ते हुए घोड़े के साथ-साथ छत्रधर का छत्र लेकर चलना कुछ समझ में नहीं आता, पर यहाँ छत्र है। सम्भवत: राजकीय चिह्न होने के कारण यह प्रतीक का ही कार्य कर रहा है। आगे कुछ वन्यजन हैं जो सम्भवत: आजकल के 'हाँका' देनेवालों के पूर्वाधिकारी हैं। स्त्रियों की संख्या काफी है, कुछ तो घोड़ों पर भी हैं। कुत्ते भी हैं जो आगे दौड़ रहे हैं। मृगों की भयत्रस्त व्याकुलता बहुत सुन्दर अंकित है। 'कादम्बरी' में वन्य लोगों की मृगया का बड़ा ही मनोहर वर्णन है, पर वह उनका विनोद नहीं था, पेट भरने का साधन था। उसमें भी कुत्ते प्रमुख रूप से थे। 'शकुन्तला' नाटक में भी दुष्यन्त के शिकार का वर्णन मिलता है। वह आखेटक कई दिनों तक चलता रहा और ऊबड़खाबड़ और भयंकर स्थान में घूमते-घूमते बिचारे माढ़व्य को बड़ा कष्ट हो रहा था। राजा धनुष लेकर शिकार खेलता था और निरन्तर धनुष की ज्या के स्फालन से उसके शरीर का पूर्वभाग कर्कश हो आया था। ऐसा जान पड़ता है कि कालिदास के युग में मृगया को बहुत अच्छा विनोद नहीं माना जाता था। वन के निरीह प्राणियों को अकारण कष्ट पहुँचाना उचित भी नहीं है। इसीलिए सेनापति के मुख से कवि ने कहलवाया है कि लोग झूठ-मूठ ही इस विनोद को व्यसन बताया करते हैं। इससे अच्छा विनोद और क्या हो सकता है? राजा के लिए यह अत्यन्त आवश्यक विनोद है, क्योंकि इससे शरीर की चर्बी कम हो जाती है; तोंद घट जाती है, शरीर उठने-बैठने में तत्पर हो जाता है। पशुओं के मुख पर भय और क्रोध के भाव दिखाई देते हैं और भागते हुए लक्ष्य पर निशाना मारने का अभ्यास होता है—इससे सुन्दर विनोद और क्या हो सकता है?

मेदच्छेदकृशोदरं लघु भवत्युत्थानयोग्यं वपुः
सत्त्वानामपि लक्ष्यते विकृतिमच्चितं भयक्रोधयोः।
उत्कर्षः स च धन्विनां यदिषवः सिद्धयन्ति लक्ष्येऽचले,
मिथ्यैव व्यसनं वदन्ति मृगयामीदृग् विनोदः कुतः?

राजा 'वाणहस्ता यवनियों' द्वारा परिवृत था और ये यवनियाँ मृगावेशी होने पर भी पुष्पधारिणी थीं। वे राजा के अस्त्र-शस्त्र की रखवाली करती थीं। मेगस्थनीज़ ने चन्द्रगुप्त को इस प्रकार की दासियों से घिरा देखा था। एक अज्ञातनामा ग्रीक लेखक ने बताया है कि ये सुन्दरियाँ जहाजों में भरकर भृगुकच्छ नामक भारतीय बन्दरगाह पर उतारी जाती थीं और वहाँ से इनका व्यवसाय होता था। भारतीय नागरिकों की विलास-लीला के अन्तराल में करुण कहानियों की परम्परा कम नहीं है!

सो, यह मृगया विनोद सदोष माना जाकर भी मनोरंजन का साधन माना अवश्य जाता था। भारतीय कथा-साहित्य में इस मृगया-विहार का वर्णन अत्यधिक मात्रा में हुआ था। लेकिन कितना भी मनोरंजक विनोद यह क्यों न हो, और कितना भी लाभदायक क्यों न हो, प्रेम-व्यापार के सामने यह फीका पड़ ही जाता था। कहानियों के मृगयाविहारी राजपुत्र प्रायः किसी-न-किसी रोमांस के चक्कर में पड़ जाते थे, मृगों के पीछे दौड़नेवाले घोड़े की रास तब ढीली होती थी जब प्रिया के साहचर्य के कारण उनकी आँखों में मुग्ध भाव से विलोकन का उपदेश झलक पड़ता था। किन्नर-मिथुन पकड़ने का कौतूहल तब शान्त होता था जब स्वर्गीय अप्सरा की वीणा की झनकार सुनाई दे जाती थी और अधिज्य धनुष को तभी विश्राम मिलता था जब उससे भी अधिक वक्र भृकुटि सामने आ जाती थी। यही एकमात्र शरण थी। इसी की छाया मिलने पर भैसों को अपने विकराल सींगों से बार-बार ताड़ित करके निपान-सलिलों को गँदला बनाने की छुट्टी मिलती थी, इसी का सहारा पाने पर हरिणों के झुंड छायादार वृक्षों के नीचे जुगाली करने का अवसर पाया करते थे; और इसी की शरण गहने पर दुर्घट वराहों को जलाशय में उगे हुए मोथे कुतरने की स्वाधीनता मिल पाती थी। क्योंकि इसके बिना ज्याबन्ध के शिथिल होने की सम्भावना ही नहीं थी।

गाहन्तां महिषा निपानसलिलं शृङ्गैर्मुहुस्ताड़ितम्
छायाबद्धकदम्बकं मृगकुलं रोमन्थमभ्यस्यतु।
विस्रब्धं क्रियतां वराहपतिभिर्मुस्ताक्षतिं पल्लवे
विश्रामं लभतामिदं च शिथिलज्याबन्धमस्मद्धनुः ॥

लेकिन यह तो काव्य-नाटकों में होना ही चाहिए। ऐसे रोमांस के उद्‌देश्य से ही तो ये साहित्य लिखे जाते हैं। द्यूत हो तो भी वहीं जाकर गिरेगा, प्राणि-समाह्वय हो तो वहीं पहुँचेगा, मल्ल-विद्या हो तो वहीं जाकर रुकेगी और मृगया-विनोद हो तो भी वहीं अटकेगा। इसका यह मतलब तो हो ही नहीं सकता कि वास्तविक जीवन में भी शिकारियों को ऐसे रोमांस नित्य मिल जाया करते थे।

द्यूत और समाह्वय

प्राचीन साहित्य के मनोविनोद में द्यूत का स्थान था। यह दो प्रकार का होता था—अक्षकीड़ा और प्राणिद्यूत। 'विश्वभारती पत्रिका' (खंड 3, अंक 2) में पं. श्री हरिचरण वन्द्योपाध्याय ने इस विषय में एक अच्छा लेख दिया है। उस लेख का कुछ आवश्यक अंश यहाँ उद्धृत किया जा रहा है :

"अक्षक्रीड़ा और प्राणिद्यूत दोनों ही व्यसन हैं। मनु (7।47-48) ने अट्ठारह प्रकार के व्यसनों का उल्लेख किया है, जिनमें दस कामज हैं और आठ क्रोधज हैं। काम शब्द का अर्थ इच्छा है और कामज व्यसन का मूल लोभ है, अर्थात् पण और प्रतिपण रूप से लभ्य धन के उपभोग की इच्छा ही इसका कारण है। इसीलिए इसकी गणना कामज व्यसनों में है। यह व्यसन दुरन्त है अर्थात् इसके अन्त में दुख होता है और जीतनेवाले और हारनेवाले के बीच बैर उत्पन्न करता है। अक्षक्रीड़ा का इतिहास वेदों में भी पाया जाता है। ऋग्वेद के दसवें मंडल के 34वें सूक्त में 10 ऋचाएँ हैं जिनका विषय अक्षक्रीड़ा है। वैदिक-युग में बहेरे का फल अक्ष-रूप में व्यवहृत होता था, इसका शारि-फलक (dice board) 'इरिण' कहलाता था। सायण-भाष्य में इसके अर्थ के लिए 'आस्फार' शब्द का प्रयोग किया गया है। उक्त सूक्त की आठवीं ऋचा में 'त्रिपंचाशः क्रीड़तिप्रातः' कहा गया है, जिसका अर्थ है कि अक्ष के 53 व्रात (संघ) शारि-फलक पर क्रीड़ा करते हैं। इसका मतलब यह हुआ कि द्यूत की 53 सभाएँ थीं। जान पड़ता है कि वैदिक युग में अक्षक्रीड़ा का विशेष रूप से प्रचार था। किन्तु सारे ऋग्वेद में ऐसी एक भी ऋचा नहीं है जिसमें द्यूत की प्रशंसा की गई हो बल्कि ऐसे प्रमाण मिलते हैं कि द्यूतकार समस्त धन हारकर ऋणमुक्ति के लिए चोरी किया करते थे। इसीलिए अक्ष और अक्ष-कितव (जुआड़ी) की निन्दा की ऋचाएँ पाई जाती हैं।

"महाभारत, पौराणिक कथाओं का महासमुद्र है। इसके सभा-पर्व में जो द्यूत-पर्व और अनुद्यूत-पर्व है, उसमें पाश-कीड़ा का दुष्परिणाम विस्तारपूर्वक दिखाया गया है। शकुनि के कपटद्यूत से पराजित होकर राज्य-भ्रष्ट पांडवगण वनवासी हुए थे। कुरुक्षेत्र के भीषण नर-संहार के रूप में यही व्यसन कारण बना था। निषध-राज नल अक्ष-क्रीड़ा में ही पराजित होकर पत्नीसमेत वन गए थे और नाना दुःख, क्लेश सहने के बाद अयोध्या के राजा ऋतुपर्ण के साथी बने थे।"

'याज्ञवल्क्य-संहिता' के व्यवहाराध्याय में द्यूत-समाह्वय नाम का एक प्रकरण है। इसका विषय है द्यूत और समाह्वय। निर्जीव पाशादि से खेलनेवाली क्रीड़ा को द्यूत कहते हैं। इसमें जिस द्यूत का वर्णन है उससे जाना जाता है कि द्यूत में जीते हुए पण में राजा का हिस्सा होता था और सभिक अर्थात् जुआ खेलानेवाला धूर्त

कितवों से रक्षा करने के लिए प्राप्य पण दिया करता था। जो लोग कपटपूर्वक या धोखा देने के लिए मंत्र या औषधि की सहायता से जुआ खेला करते थे, उन्हें राजा श्वपद आदि चिह्नों से चिह्नित करके राज्य से निर्वासित कर दिया करते थे। द्यूतसभा में चोरी न हो, इसके लिए राजा की ओर से एक अध्यक्ष नियुक्त हुआ करता था। मेष, महिष, कुक्कुट आदि द्वारा प्रवर्तित पण या शर्त बदकर जो क्रीड़ा हुआ करती थी, उसे समाह्वय या समाह्वय नामक प्राणिद्यूत कहा करते थे (याज्ञवल्क्य, 2,199-200)। दो मल्लों या पहलवानों की कुश्ती को भी समाह्वय कहते थे। नल राजा ने अपने भाई पुष्कर को राज्य का पण या दाँव रखकर जो द्यूत युद्ध के लिए आह्वान किया था, उसे भी समाह्वय के अन्तर्गत माना गया है (मनु, 9, 22-224)।

आजकल जिसे शतरंज कहते हैं, वह भी भारतीय मनोविनोद ही है। इसे प्राचीनकाल में 'चतुरंग' कहते थे। हाल ही में शूलपाणि आचार्य की लिखी हुई 'चतुरंग-दीपिका' नामक पुस्तक प्रकाशित हुई है। इसमें चतुरंग-क्रीड़ा का विस्तारपूर्वक विवेचन है।

मनु ने द्यूत और प्राणि-समाह्वय, दोनों ही को राजा के द्वारा निषिद्ध करने की व्यवस्था दी है। अशोक ने अपने राज्य में प्राणि-समाह्वय का निषेध कर दिया था। फिर भी प्राणि-समाह्वय प्राचीन भारतीय नागरिकों के मनोविनोद का साधन बना ही रहा। मेष, तित्तिर, लाव आदि प्राणियों की लड़ाई पर बाजी लगाई जाती थी। इन लड़ाइयों को देखने के लिए नागरिकों की भीड़ उमड़ पड़ती थी, फिर भी यह विनोद उस उन्माद की सीमा तक इस देश में कभी नहीं पहुँचा जिसका परिचय रोम आदि प्राचीन देशों के इतिहास में मिलता है।

यह नहीं समझना चाहिए कि द्यूत का कुछ अधिक रसमय और निर्दोष पहलू था ही नहीं। भारतीय साहित्य का एक अच्छा भाग प्रेमियों की द्यूतलीला का वर्णन है। उसमें भारतीय मनीषा का स्वाभाविक सरस प्रवाह सुन्दर रूप में सुरक्षित है। विवाह के अवसर पर दुलहिन की सखियाँ वर को द्यूत में ललकारती थीं और नाना प्रकार के पण रखकर उसे छकाने का उपाय करती थीं। विवाह के बाद वर-वधू आपस में नाना भाव के रसमय पण रखकर द्यूत में एक-दूसरे को ललकारते थे और यद्यपि इन प्रेमद्यूतों में हारना भी जीत भी और जीतना भी, तथापि प्रत्येक पक्ष में जीतने का ही उत्साह प्रधान रहता था :

भोगः स यद्यपि जये च पराजये च
यूनोर्मनस्तदपि वांछति जेतुमेव।

मल्लविद्या

मल्लविद्या भारतवर्ष की अति प्राचीन विद्या है। आज भी उसका कुछ-न-कुछ गौरव अवशिष्ट रह ही गया है। प्राचीन भारत में मल्लों का बड़ा सम्मान था। प्रतिस्पर्धी मल्लों की कुश्ती नागरिकों के मनोरंजन के प्रधान साधनों में थी। महाभारत के विराटपर्व (12वें अध्याय) में भीम और जीमूत नामक मल्ल की कुश्ती का बहुत ही हृदयग्राही चित्र दिया हुआ है। दर्शकों से भरी हुई मल्ल-रंगशाला में भीम बलशाली शार्दूल की भाँति शिथिल गति से उपस्थित हुए। उन्हें अपने पहचाने जाने की शंका थी, इसीलिए संकुचित थे। रंगशाला में प्रवेश करके उन्होंने पहले मत्स्यराज को अभिवादन किया, फिर कक्षा (काछा) बाँधने लगे। उनके काछा बाँधते समय जनमंडली में अपार हर्ष का संचार हुआ। इस वर्णन से प्राचीन भारत की मल्ल-मर्यादा का अच्छा परिचय मिलता है। लँगोट अखाड़े में बाँधने की प्रथा थी। प्रतिद्वंद्वी एक-दूसरे को ललकारकर पहले बाहुयुद्ध में भिड़ जाते थे और फिर एक-दूसरे के नीचे घुसकर उलट देने का प्रयत्न करते थे। इसके बाद नाना कौशलों से एक-दूसरे को पछाड़ देने का प्रयत्न करते थे। मल्लों के हाथों में कक्कट अर्थात् घट्ठे पड़े होते थे। इस प्रसंग में महाभारत में नाना प्रकार के मल्लविद्या के पारिभाषिक शब्द भी आए हैं। अर्जुन मिश्र ने अपनी 'भारतदीपिका' में अन्य शास्त्रों से वचन उद्धृत करके इन शब्दों की व्याख्या की है। 'कृतदाव' मारने को और 'प्रतिकृत' उसे काट देने को कहते थे। चित्र में नाना प्रकार के मल्लबन्ध के दाँव चलाए जाते थे। परस्पर के संघात को 'सन्निपात', मुक्का मारने को 'अवधूत', गिराकर पीस देने को 'प्रमाथ', ऊपर अन्तरिक्ष में बाहुओं से प्रतिद्वन्द्वी को रगेदने को 'उन्मथन' और स्थानच्युत करने को 'प्रच्यावन' कहते थे। नीचे मुखवाले प्रतिद्वन्द्वी को अपने कन्धे पर से घुमाकर पटक देने से जो शब्द होता था, उसे 'बराहोद्धूतनिस्वन' कहते थे। फैली हुई भुजाओं से तर्जनी और अंगुष्ठ के मध्यभाग से प्रहार करने को तलाख्य और अर्द्धचन्द्र के समान मल्ल की मुट्ठी को 'वज्र' कहा जाता था। फैली अंगुलियोंवाले हाथ से प्रहार करने को 'प्रहृति' कहते थे। इसी प्रकार पैर से मारने को 'पादोद्धत', जंघाओं से रगेदने को 'शवघट्टन', जोर से प्रतिद्वन्द्वी को अपनी ओर खींच लाने को 'प्रकर्षण', घुमाकर खींचने को 'अभ्याकर्ष', खींचकर पीछे ले जाने को 'विकर्षण' कहते थे।

इसी प्रकार भागवत (10.42-44) में कंस की मल्लशाला का बड़ा सुन्दर चित्र दिया हुआ है। पहलवानों ने उस रंगशाला की पूजा की थी, तूर्यभेरी आदि बाजे बजाए गए थे। नागरिकों के बैठने के लिए बने हुए मंचों को माला और पताकाओं से सजाया गया था। नगरवासी (पौर) और देहात के रहनेवाले (जानपद) ब्राह्मण, क्षत्रिय आदि नागरिक तथा राजकर्मचारी अपने-अपने निर्दिष्ट स्थानों पर बैठे थे।

कंस का आसन बीच में था और वह अनेक मंडलेश्वरों से घिरा हुआ था। सब लोगों के आसन ग्रहण कर लेने के बाद मल्ल ताल का तूर्य बजा और सुसज्जित मल्ल लोग अपने-अपने उस्तादों के साथ रंगशाला में पधारे। नन्द गोपों को भी बुलाया गया, उन्होंने अपने उपहार राजा को भेंट किए और यथास्थान बैठ गए। इस पुराण में मल्ल-विद्या के अनेक पारिभाषिक शब्दों का उल्लेख है। परिभ्रामण-विक्षेप-परिरम्भ-अवयातन-उत्सर्पण-अपसर्पण-अन्योन्यप्रतिरोध-उत्थापन-उन्नयन-स्थापन-चालन आदि (भागवत, 10-44-8-52) पारिभाषिक शब्दों का प्रयोग किया गया है। दुर्भाग्यवश इस विद्या के विवरण-ग्रन्थ अब प्राप्त नहीं हैं। पुराणों में और टीकाओं में ही थोड़ा-बहुत साहित्य बच रहा है।

वैनोदिक शास्त्र

राजशेखर ने 'काव्य-मीमांसा' के आरम्भ में ही काव्य-विद्या के अट्ठारह अंगों के नाम गिनाए हैं, जिनमें एक वैनोदिक भी है। अलंकारशास्त्र में इस प्रकार का अंग-विभाग साधारणतः नहीं पाया जाता और इसलिए राजशेखर की 'काव्यमीमांसा' के एक अंश का उद्धार होने पर अब पंडितों को यह नई बात मालूम हुई तो इन अंगों और इनके प्रवर्तक आचार्यों के सम्बन्ध में नाना भाँति की जल्पनाकल्पना चलने लगी। इन अंगों में से कई तो निश्चित रूप से ऐसे हैं जिनका परिचय अलंकारशास्त्र के भिन्न-भिन्न ग्रन्थों से मिल जाता है, पर कुछ ऐसे भी हैं जो नए-से लगते हैं। 'वैनोदिक' एक ऐसा ही अंग है।

'वैनोदिक' नाम ही विनोद से सम्बन्ध रखता है। कामशास्त्रीय ग्रन्थों में ('कामसूत्र', 1-4) मदपान की विधियाँ, उद्यान और जलाशय आदि की क्रीड़ाएँ, मुर्ग और बटेरों आदि की लड़ाइयाँ, द्यूत-क्रीड़ाएँ, यक्ष या सुख-रात्रियाँ, कौमुदी जागरण अर्थात् चाँदनी रात में जागकर क्रीड़ा करना इत्यादि बातों को 'वैनोदिक' कहा गया है। राजशेखर ने इस अंग के प्रवर्तक का नाम 'कामदेव' दिया है, इस पर से पंडितों ने अनुमान भिड़ाया है कि कामशास्त्रीय विनोद और काव्यशास्त्रीय विनोद एक ही वस्तु होंगे। परन्तु कामदेव नामक पौराणिक देवता और वैनोदिक शास्त्र-प्रवर्तक कामदेव नामक आचार्य एक ही होंगे, ऐसा अनुमान करना ठीक नहीं भी हो सकता है। राजा भोज के 'सरस्वतीकंठाभरण' से यह अनुमान और भी पुष्ट होता है कि कामोद्दीपक क्रिया-कलाप ही वस्तुतः वैनोदिक समझे जाते होंगे। शारदा-तनय के 'भावप्रकाश' में नाना ऋतुओं के लिए विलास-सामग्री बताई गई है।

वह परस्परा बहुत दूर तक, ग्वाल और पद्माकर तक आकर अपने चरम विकास पर पहुँचकर समाप्त हो गई है। अतः इन वैनोदिक सामग्रियों का कामशास्त्रवर्णित सामग्रियों से मिलना न तो आश्चर्य का कारण हो सकता है और न यही सिद्ध करता है कि 'कामसूत्र' में जो कुछ वैनोदिक के नाम से दिया गया है वही काव्यशास्त्रीय वैनोदिक का भी प्रतिपाद्य है।

'कादम्बरी' में बाणभट्ट ने राजा शूद्रक की वर्णना के प्रसंग में कुछ ऐसे काव्यविनोदों की चर्चा की है जिनके अभ्यास से राजा कामशास्त्रीय विनोदों के प्रति वितृष्ण हो गया था। हमारा अनुमान है कि ऐसे ही विनोद काव्यशास्त्रीय विनोद कहे जाते होंगे। वे इस प्रकार हैं—वीणा, मृदंग आदि का बजाना, मृगया, विद्वत्सेवा, विदग्धों यानी रसिकों की मंडली में काव्यप्रबन्धादि की रचना करना, आख्यायिका आदि का सुनना, आलेख्य कर्म, अक्षरच्युतक, मात्राच्युतक, विन्दुमती, गूढ़ चतुर्थपाद, प्रहेलिका आदि। शूद्रक इन्हीं विनोदों से काल-यापन करता हुआ 'वनिता-सम्भोग-पराङ्मुख' हो सका था। यहाँ स्पष्ट ही कामशास्त्रीय विनोदों के साथ इन विनोदों का विरोध बताया गया है, क्योंकि कामशास्त्रीय विनोदों का फल और चाहे जो कुछ भी हो, 'वनिता-सम्भोग-पराङ्मुखता' नहीं है। उन दिनों सभाओं और गोष्ठियों में इन विनोदों की जानकारी का बड़ा महत्त्व था। हमने पहले ही लक्ष्य किया है कि दंडी ने 'काव्यादर्श' (1-105) में कीर्ति प्राप्त करने की इच्छावाले कवियों को श्रमपूर्वक सरस्वती की उपासना की व्यवस्था दी है, क्योंकि कवित्वशक्ति के दुर्बल होने पर भी परिश्रमी मनुष्य विदग्ध गोष्ठियों में इन उपायों को जानकर विहार कर सकता था:

तदस्ततंन्द्रैरनिशं सरस्वती
श्रमादुपास्या खलु कीर्तिमीप्सुभिः।
कृशे कवित्वेऽपि जनाः कृतश्रमाः
विदग्धगोष्ठीषु विहर्तुमीशते॥

यह स्पष्ट कर देना उचित है कि यहाँ यह नहीं कहा जा रहा कि 'कामशास्त्र' में जो कुछ कहा गया है, वह निश्चित रूप से काव्यशास्त्रीय विनोदों में नहीं आ सकता। हमारे कहने का तात्पर्य यह है कि काव्य के वैनोदिक अंग के नाम से जो बातें मिलती हैं वही हू-ब-हू कामशास्त्रीय वैनोदिक नहीं हो सकती और कहीं-कहीं निश्चित रूप से उल्लेख मिलता है कि काव्यशास्त्रीय विनोदों के अभ्यास से राजकुमारगण कामशास्त्रीय विनोदों से बच जाया करते थे। स्वयं वात्स्यायन के 'कामसूत्र' में इस प्रकार की काव्य-कलाओं की सूची है जो यद्यपि कामशास्त्रीय विनोदों की सिद्धि के लिए गिनाए गए है, तथापि उन्हें 'वनिता-सम्भोग-पराङ्मुखता' के उद्देश्य से कोई व्यवहार करना चाहे तो शूद्रक की भाँति निःसंशय उसका उपयोग कर सकता है।

वात्स्यायन की 64 कलाओं की लम्बी सूची में कुछ का सम्बन्ध विशुद्ध

मनोविनोद से है जो चीनी-तुर्किस्तान की चंगबाजी या रोमन पशु-युद्ध से मिलती-जुलती हैं। इनमें भेड़ों, मुर्गों और तित्तिरों की लड़ाई, तोतों और मैनों को पढ़ाना है और ऐसी ही और-और बातें हैं। कुछ प्रेम के घात-प्रतिघात में सहायक हैं, जैसे प्रिया के कपोलों पर पत्राली लिखना, दाँत और वस्त्रों का रंगना, फूलों और रंगे हुए चावलों से नाना प्रकार के नयनाभिराम चित्र बनाना, इत्यादि। और बाकी विशुद्ध साहित्यिक हैं जिनके लक्षण यद्यपि काव्य-ग्रन्थों में मिल जा सकते हैं, पर प्रयोग की भंगिमा और योजना अपूर्व और विलक्षण है।

उन दिनों बड़ी-बड़ी गोष्ठियों, समाजों और उद्यान-यात्राओं का आयोजन होता था, उनमें नाना-नाना प्रकार के साहित्यिक मनोविनोदों की धूम मच जाती थी। कुछ मनोविनोदों की चर्चा की जा रही है।

1. प्रतिमाला या अन्त्याक्षरी में एक आदमी एक श्लोक पढ़ता था और उसका प्रतिपक्षी पंडित श्लोक के अन्तिम अक्षर से शुरू करके दूसरा अन्य श्लोक पढ़ता। यह परम्परा लगातार चलती जाती थी।

2. दुर्वाचक योग के लिए ऐसे कठोर उच्चारणवाले शब्दों का श्लोक सामने रखा जाता था कि जिसे पढ़ सकना बड़ा मुश्किल होता। उदाहरण के लिए जयमंगलाकार ने यह श्लोक बताया है :

दंष्ट्राग्रदर्धा प्रग्योद्राक् क्षमामम्बन्तः स्थामुन्चिक्षप।
दवध्रुट्क्षिद्धचृत्विक् स्तुत्यो युष्मानसोऽव्यात् सर्पत्कितुः।

3. मानसीकला एक अच्छा साहित्यिक मनोविनोद थी। कमल के या अन्य किसी वृक्ष के पुष्प अक्षरों की जगह पर रख दिए जाते थे। इसे पढ़ना पड़ता था। पढ़नेवाले की चातुरी इस बात पर निर्भर करती थी कि वह इनका इकार, उकार आदि की सहायता से एक ऐसा छन्द बना ले जो सार्थक भी हो और छन्द के नियमों के विरुद्ध भी न हो। यह विन्दुमती से कुछ मिलता-जुलता है। लेकिन इस कला का और भी कठिन रूप यह होता था कि पढ़नेवाले के सामने फूल आदि कुछ भी न रखकर केवल उसे एक बार सुना दिया जाता था कि यहाँ कौन-सी मात्रा है और कहाँ अनुस्वार-विसर्ग है।

4. अक्षरमुष्टि दो तरह की होती थी : साभासा और निरवभासा। साभासा, संक्षिप्त करके बोलने की कला है, जैसे 'फाल्गुण-चैत्र-वैशाख' को 'फा चै वै' कहना। इस प्रकार के संक्षिप्तीकृत श्लोकों का अर्थ निकालना सचमुच टेढ़ी खीर है। निरवभासा या निराभासा अक्षरमुष्टि गुप्त भाव से बातचीत करने की कला है। इसके लिए उन दिनों नाना भाँति के संकेत प्रचलित थे। हथेली और मुट्ठी को भिन्न-भिन्न आकार में दिखाने से भिन्न-भिन्न वर्ग सूचित होते हैं। जैसे कवर्ग के लिए मुट्ठी बाँधना, चवर्ग के लिए हथेली को किसलय के समान बनाना, इत्यादि। वर्ग बताने के बाद

उसके अक्षर बताए जाते थे और इसके लिए अंगुलियों को उठाकर काम चलाया जाता था। जैसे ग कहना है तो पहले मुट्ठी बाँधी गई और फिर तीसरी अंगुली उठाई गई। इस प्रकार अक्षर तय हो जाने पर पोरों से या चुटकी बजाकर मात्रा की संख्या बताई जाती थी। पुराने संकेतों का एक श्लोक इस प्रकार है :

मुष्टिः किसलयं चैवं घटा च त्रिपताकिका।
पताकां कुशमुद्राद्य मुद्रा वर्गेषु सप्तसु॥

ऐसे ही नाना प्रकार के साहित्यिक मनोविनोद उन दिनों काफी प्रचलित थे।

अब यदि इस प्रकार के समाज में कवि को कीर्ति प्राप्त करना है तो उसे इन विषयों का अभ्यास करना ही होगा। यही कारण है कि भारतीय साहित्य में यद्यपि 'रस' को काव्य का श्रेष्ठ उपादान स्वीकार किया गया है, तथापि नाना प्रकार की शब्दचातुरी और अर्थचातुरी को भी स्थान दिया गया है।

प्रकृति की सहायता

भारतवर्ष का नक्षत्र-तारा-खचित नील आकाश, नद-नदी, पर्वतों से शोभायमान विशाल मैदान और तृण-शाद्वलों से परिवेष्ठित हरित वनभूमि ने इस देश को उत्सवों का देश बना दिया है। हमने पहले ही लक्ष्य किया है कि वसन्तागम के साथ-ही-साथ किस प्रकार भारतीय चित्त आह्लाद और उल्लास से नाच उठता था। मदनपूजा, कुसुम-चयन, हिन्दोल-लीला, उदक्क्ष्वेडिका आदि उल्लासपूर्ण विनोदों से समग्र जनचित्त आन्दोलित हो उठता था। राज-अन्तःपुर से लेकर गरीब किसान की झोंपड़ी तक नृत्य-गीत की मादकता बह जाती थी और जनचित्त के इस उल्लास को प्रकृति अपने असीम ऐश्वर्य से सौगुना बढ़ा देती थी। और भला जब दिगन्त सहकार (आम)-मंजरी के केसर से मूर्च्छमान हो, और मधुपान से मत्त होकर भौंरे गली-गली घूम रहे हों तो ऐसे भरे वसन्त में किसका चित्त किसी अज्ञात उत्कंठा से कातर नहीं हो जाएगा?

सहकारकुसुमकेसरनिकरभरामोदमूर्च्छितदिगन्ते।
मधुरमधुविधुरमधुपे मधौ भवेत् कस्य नोत्कंठा?

वसन्त फूलों की ऋतु है। लाल-लाल पलाश, गुलाबी काञ्चनार, सुवर्णाभ आरग्वध, मुक्ताफल के समान सिन्दुवार, कोमल शिरीष और दूध के समान श्वेत

मल्लिका आदि पुष्पों से वनभूमि चित्र की भाँति मनोहर हो उठती है, पुष्पपल्लवों के भार से वृक्ष लद जाते हैं, कुसुम-स्तवकों से फूली हुई मंजुललताएँ मलयानिल के झोंकों से लहराने लगती हैं, मदमत्त कोकिल और भ्रमर अकारण औत्सुक्य में लोकमानस को हिल्लोलित कर देते हैं, ऐसे समय में उत्कंठा न होना ही अस्वाभाविक है। वनभूमि तक जब नृत्य और वाद्य से मदिर हो उठी तब मनुष्य तो मनुष्य ही है। कौन है जो मल्लिका का रस पीकर मतवाली बनी हुई भ्रमरियों के कलगान को और दक्षिणी पवनरूपी उस्तादजी से शिक्षा पाई हुई वंजुल (बेत) लता की मंजरियों का नर्तन देखकर उत्सुक न हो उठे? पुराना भारतवासी जीवन्त था, वह इस मनोहारी शोभा को देखकर मुग्ध हो उठता था :

इह मधुपवधूनां पीतमल्लीमधूनां
विलसति कमनीयः काकलीसंप्रदायः।
इह नटति सलीलं मञ्जरी वंजुलस्य
प्रदिपदमुपदिष्टा दक्षिणेनानिलेन।

सो, वसन्त के समागम के साथ-ही-साथ प्राचीन भारत का चित्त जाग उठता था, वह नाच-गान खेल-तमाशों में मत्त हो उठता था।

वसन्त के बाद ग्रीष्म। पश्चिमी रेगिस्तानी हवा आग बरसाती हुई त्रिलोक की समूची आर्द्रता को सोख लेती, दावाग्नि की भाँति नील वनराजि को भस्मसात कर देती, विकराल बवंडरों से उड़ाई हुई तृणधूलि आदि से आसमान भर जाता और बड़े-बड़े तालाबों में भी पानी सूख जाने से मछलियाँ लोटने लगतीं—सारा वातावरण भयंकर अग्निज्वाला से धधक उठता—फिर भी उस युग का नागरिक इस विकट काल में भी अपने विलास का साधन संग्रह कर लेता था। कवि ने सन्तोष के साथ नागरक के इस विलास का औचित्य बताया है। भला यदि ग्रीष्म न होता तो ये सफेद महीन वस्त्र, सुगन्धित कर्पूर का चूर्ण, चन्दन का लेप, पाटलपुष्पों से सुसज्जित धारागृह (फव्वारेवाले घर), चमेली की माला; चन्द्रमा की किरणें क्या विधाता की सृष्टि की व्यर्थ चीजें न हो जातीं?

अत्यच्छं सितमंशुकं शुचि मधु स्वामोदमच्छं रजः
कार्पूरं विधृतार्द्रचन्दनकुचद्वंद्वाः कुरंगीदृशः।
धारावेश्म सपाटलं विचकिलस्त्रग्दाम चन्द्रत्विषा
धातः सृष्टिरियं वृथैव तब नो ग्रीष्मोऽभविष्यद्यदि॥

इस ग्रीष्मकाल का सर्वोत्तम विनोद जलक्रीड़ा था, जिसका काव्यों में अत्यधिक वर्णन पाया जाता है। जलाशयों में विलासिनियों के कान में धारण किए हुए शिरीषपुष्प छा जाते थे, पानी चन्दन और कस्तूरिका के आमोद से तथा नाना रंग के अंगरागों

से और शृंगार-साधनों से रंगीन हो जाता था, जल-स्फालन से उठे हुए जल-बिन्दुओं से आकाश में मोतियों की लड़ी बिछ जाती थी, जलाशय के भीतर से गूँजते हुए मृदंगघोष को मेघ की आवाज समझकर बेचारे मयूर उत्सुक हो उठते थे, केशों से खिसकते हुए, अशोक-पल्लवों से कमल-दल चित्रित हो उठते थे और आनन्द-कल्लोल से दिङ्मंडल मुखरित हो उठता था। प्राचीन चित्रों में भी यह जलकेलि मनोरम भाव से अंकित है। इस प्रकार प्रकृति के ताप की तीव्र पृष्ठभूमि में मनुष्यचित्त का अपना शीतल विनोद विजयी बनकर निकलता था। वसन्त में प्रकृति मानवचित्त के अनुकूल होती है और इसलिए वहाँ आनुकूल्य ही विनोद का हेतु है, पर ग्रीष्म के विनोद के मूल में है विरोध। प्रकृति और मनुष्य की विरुद्ध मनोदशाओं से यह विनोद अधिक उज्ज्वल हो उठता था। एक तरफ प्रकृति का प्रकुपित नि:श्वास बड़े-बड़े जलाशयों को इस प्रकार सुखा देता था कि मछलियाँ कीचड़ में लोटने लगती थीं और दूसरी तरफ मनुष्य के बनाए क्रीड़ासरोवरों में वारविलासिनियों के कानों से खिसके हुए शिरीषपुष्प—जो इस ग्रीष्मकाल में उत्तम और उचित कानों के गहने हुआ करते थे—मुग्ध मछलियों के चित्त में शैवाल-जाल का भ्रम उत्पन्न करके उन्हें चंचल बना देते थे!

अमी शिरीषप्रसवावतंसा:
प्रभ्रंशिनो वारिविहारिणीनाम्।
पारिप्लवा: केलिसरोवरेषु
शैवाललोलांश्च्छलयन्ति मीनान्॥

ग्रीष्म बीतते ही वर्षा। आसमान मेघों से, पृथ्वी नवीन जल की धारा से, दिशाएँ बिजली की चंचल लताओं से, वायुमंडल वारिधारा से, वनभूमि कुटजपुष्पों से और नदियाँ बाढ़ से भर गईं :

मेघैर्व्योम नवांबुभिर्वसुमती विद्युल्लताभिर्दिशो।
धाराभिर्गगनं वनानि कुटजै: पूरैर्वृता निम्नगा।

मालती और कदम्ब, नीलोत्पल और कुमुद, मयूर और चातक, मेष और विद्युत वर्षाकाल को अभिराम सौन्दर्य से भर देते हैं। प्राचीन भारत वर्षा का उपभोग नाना भाव से करता था। सबसे सुन्दर और मोहक विनोद झूला झूलना था, जो आज भी किसी-न-किसी रूप में बचा हुआ है। मेघ-नि:स्वन और धारा की रिमझिम के साथ झूले की अद्भुत तुक मिलती है (दे.अ. 22)। जिस जाति ने इस विनोद का इस ऋतु के साथ सामंजस्य ढूँढ निकाला है, उसकी प्रशंसा करनी चाहिए। वर्षाकाल कितने आनन्द और औत्सुक्य का काल है, इसे भारतीय साहित्य के विद्यार्थी मात्र जानते हैं। 'मेघदूत' का अमर संगीत इसी काल में सम्भव था। कोई आश्चर्य नहीं

यदि केका (मोर की वाणी) की आवाज से, मेघों के गर्जन से, मालती-लता के पुष्प-विकास से, कदम्ब की भीनी-भीनी सुगन्ध से और चातक की रट से मनुष्य का चित्त उत्क्षित हो जाय—वह किसी अहैतुक औत्सुक्य से चंचल हो उठे। वर्षा का काल ऐसा ही है। यह वह काल है जब हंस आदि जलचर पक्षी भी अज्ञात औत्सुक्य से चंचल होकर मानसरोवर की ओर दौड़ पड़ते हैं। राजहंस के विषय में काव्य-ग्रन्थ में कहा गया है कि वर्षाकाल में वह उड़कर मानसरोवर की ओर जाने लगता है। बल्कि यह कविप्रसिद्ध हो गई है कि वर्षा ऋतु का वर्णन करते समय यह जरूर कहा जाए कि ये उड़कर मानसरोवर की ओर जाते हैं ('साहित्यदर्पण', 7, 23)। कालिदास के यक्ष ने अपने सन्देशवाही मेघ को आश्वस्त कराते हुए कहा था कि 'हे मेघ, तुम्हारे श्रवण-सुभग मनोहर गर्जन को सुनकर मानसरोवर के लिए उत्कंठित होकर राजहंस मुँह में मृणाल-तन्तु का पाथेय लेकर उड़ पड़ेंगे और कैलास पर्वत तक तुम्हारा साथ देंगे।

कर्तुं यच्च प्रभवति महीमुच्छिलींध्रामवंध्याम्।
तच्छुत्वाते श्रवणसुभगं गर्जितं मानसोत्का॥
आकैलासाद्बिसकिसलयच्छेदपाथेयवन्तः।
संपत्स्यंते नभसि भवतो राजहंसाः सहायाः॥

—'मेघदूत', 1-11

परन्तु प्राचीन भारत का सहृदय अपने इस प्रिय पक्षी के उत्सुक हृदय को ही पहचानता था, उसने अपने क्रीड़ा-सरोवर में ऐसी व्यवस्था कर रखी थी कि हंस उस वियोग पथिक की भाँति दिङ्मूढ न होने पाये जो अभागा वर्षाकाल में घर से बाहर निकल पड़ा था और ऊपर घनपटल मेघ को, अगल-बगल में मोर में नाचते हुए पहाड़ों को, तथा नीचे तृणांकुरों से धवल पृथ्वी को देखकर ऐसा विरह-विधुर हुआ था कि सोच ही नहीं पा रहा था कि किधर दृष्टि दे—सब तरफ तो दिल में हूक पैदा करने वाली सामग्री थी :

उपरि घनं घनपटलं तिर्यग्गिरयोऽपि नर्तितमयूराः।
क्षितिरपि कन्दलधवला दृष्टिं पथिकः क्व पातयतु?

काव्य-ग्रन्थ में यह वर्णन भी मिलता है कि राजाओं और रईसों की भवनदीर्घिका (घर का भीतरी तालाब) और क्रीड़ा-सरोवरों में सदा पालतू हंस रहा करते थे। 'कादम्बरी' में कहा गया है कि जब राजा शूद्रक सभा-भवन से उठे तो उनको लेकर चलने वाली वारविलासिनियों के नूपुर-रव से आकृष्ट होकर भवनदीर्घिका के कलहंस सभागृह की सोपान-श्रेणियों को धवलित करके कोलाहल करने लगे थे और स्वभावतः ही ऊँची आवाजवाले गृह-सारस मेखला-ध्वनि से उत्कंठित

होकर इस प्रकार क्रेंकार करने लगे मानो काँसे के बर्तन पर रगड़ पड़ने से कर्णकटु आवाज निकल रही हो। कालिदास ने गृह-दीर्घिकाओं के जिन उदक-लोल विहंगमों का वर्णन किया है वे मल्लिनाथ के मत से हंस ही थे। यद्यपि, संस्कृत का कवि राजहंस और कलहंस को सम्बोधन करके कह सकता है कि हे हंसो, कमल धूलि से धूसरांग होकर इस भ्रमर-गुजित पद्मवन में हंसिनियों के साथ तभी तक क्रीड़ा कर लो जब तक कि हर-गरल और कालव्याल-जालावली के समान निबिड़ नील मेघ से सारे दिङ्मंडल को काला कर देनेवाला (वर्षा) काल नहीं आ जाता। परन्तु भवन-दीर्घिका के हंस फिर भी निश्चित रहेंगे। उन्हें किस बात की कमी है कि वे मेघ के साथ मानसरोवर की ओर दौड़ पड़ें। यही कारण है कि यक्ष के बगीचे में जो मरकत मणियों के घाटवाली वापी थी, जिसमें स्निग्ध वैदूर्य-नालवाले स्वर्णमय कमल खिले हुए थे, उसमें डेरा डाले हुए हंस, मानसरोवर के निकटवर्ती होने पर भी मेघ को देखकर वहाँ जाने के लिए उत्कंठित होने वाले नहीं थे। उनको वहाँ किस बात की चिन्ता थी, वे तो 'व्यपगत-शुच्' थे। यह व्याख्या गलत है कि यक्ष का गृह ऐसे स्थान पर था जहाँ वस्तुतः हंस रुक जाते हैं। सही व्याख्या यह है, जैसा कि मल्लिनाथ ने कहा है, कि वर्षाकाल में भी उस वापी का जल कलुष नहीं होता था इसलिए वहाँ के हंस निश्चिन्त थे।

वर्षा बीती और लो, नववधू की भाँति शरद ऋतु आ गई। प्रसन्न है उसका चन्द्रमुख, निर्मल है उसका अम्बर, उत्फुल्ल हैं उसके कमल-नयन, लक्ष्मी की भाँति विभषित है वह लीला-कमल से तथा उपशोभित है हंस-रूपी बाल-व्यजन (नन्हें से पंखे) से। आज जगत् का अशेष तारुण्य प्रसन्न है॥

अद्य प्रसन्नेन्दुमुखी सिताम्बरा, समाययावुत्पलपत्रनेत्रा।
सपंकजा श्रीरिव गां निषेवितुं, सहंस-बाल-व्यजना शरद्वधूः॥

शरद् वधू आई और साथ में लेती आई कादम्ब और कारंडव को, चक्रवाक और सारस को, क्रौंच और कलहंस को। आदिकवि ने लक्ष्य किया था (किष्किन्धा, 30) कि शरदागमन के साथ-ही-साथ पद्म-धूलि-धूसर सुन्दर और विशाल पक्षवाले कामुक चक्रवाकों के साथ कलहंसों के झुंड महानदियों के पुलिनों पर खेलने लगे थे। प्रसन्नतोया नदियों के सारस-निनादत स्रोत में—जिनमें कीचड़ तो नहीं था, पर बालू का अभाव भी नहीं था—हंसों का झुंड झम्प देने लगा था। एक हंस कुमुद-पुष्पों से घिरा हुआ सो रहा था और प्रशान्त निर्मल ह्रद में वह ऐसा सुशोभित हो रहा था, मानो मेघमुक्त आकाश में तारागणों से वेष्टित पूर्णचन्द्र हो। संस्कृत के कवि ने शरद्ऋतु में होनेवाले अद्भुत परिवर्तन को अपनी और भी अद्भुत भंगी से इस प्रकार लक्ष्य किया था कि आकाश अपनी स्वच्छता से निर्मल नीर-सा बना हुआ है, कान्ता अपनी कमनीय गति से हंस-सी बनी जा रही है और हंस अपनी

शुक्लता से चन्द्रमा-सा बना जा रहा है। सब कुछ विचित्र, सब कुछ नवीन, सब कुछ स्फूर्तिदायक।

शरदऋतु उत्सवों की ऋतु है। कौमुदी-महोत्सव, रात्रि-जागरण, द्यूतविनोद और सुख-रात्रियों के लिए इतना उत्तम समय कहाँ मिलेगा? शरदऋतु के बाद शीतकाल आता था, परन्तु यह शीत इसमें इतना कठोर नहीं होता कि कोई उत्सव मनाया ही न जा सके। हेमन्तकाल युवक-युवतियों की कन्दुक क्रीड़ा का काल था। यह कन्दुक-क्रीड़ा प्राचीन भारत का अत्यन्त सरस विनोद था और अवसर पाते ही कवियों ने दिल खोलकर इसका वर्णन किया है। सुन्दर मणिनूपुरों के क्वणन, मेखला की चंचल लरों का झणझणायित और बारबार टकरानेवाली चंचल चूड़ियों की रुनझुन के साथ की कन्दुक-क्रीड़ा में अपना एक स्वतंत्र छन्द है जो बरबस मन हरण करता होगा।

अमन्द मणिनूपुरक्वणनचारुचारिक्रमं,
झणज्झणितमेखलातरलतारहारच्छटम्।
इदं तरलंकणावलिविशेषवाचलितं,
मनोहरति सुभ्रु व: किमपि कन्दुकक्रीड़ितम्।

सो, भारतवर्ष की प्रकृति अनुकूल होकर भी और प्रतिकूल होकर भी सरस विनोद की सहायता करती थी। उस दिन इस देश का चित्त जागरूक था, आज वह वैसा नहीं है। हम उस कल्पलोक को आश्चर्य और सम्भ्रम के साथ देखते रह जाते हैं।

सामाजिक और दार्शनिक पृष्ठभूमि

समूचे प्राचीन भारतीय साहित्य में जो बात विदेशी पाठकों को सबसे अधिक आश्चर्य में डाल देती है, वह यह है कि इस साहित्य में कहीं भी असन्तोप या विद्रोह का भाव नहीं है। पुनर्जन्म और कर्मफल के सिद्धान्तों को स्वीकार कर लेने के कारण पुराना भारतीय इस जगत् को एक उचित और सामंजस्यपूर्ण विधान ही मानता आया है। यदि दुख है तो इसमें असन्तुष्ट होने का कोई हेतु नहीं, क्योंकि मनुष्य इस जगत् में अपने किए का फल भोगने को आया ही है। इस असन्तोष के अभाव ने सामाजिक वातावरण को आनन्द, उल्लास और उत्सव के अनुकूल बना दिया है। यही कारण है कि भारतीय चित्त इन उत्सवों को केवल थके हुए दिमाग का विश्राम नहीं समझता, वह इसे मांगल्य मानता है। नाच, गान, नाटक केवल मनोविनोद नहीं हैं, परम मांगल्य के जनक हैं, इनको विधिपूर्वक करने से गृहस्थ के अनेक पुराकृत कर्म से उत्पन्न

विघ्न नष्ट होते हैं, पापक्षय होता है और सुललित फलोंवाला कल्याण होता है :

मांगल्यं ललितश्चैव ब्रह्मणो वदनोद्भवम्
सुपुण्यं च पवित्रं च शुभं पापविनाशनम्।

—'नाट्यशास्त्र', 36-73

क्योंकि देवता गन्धमाल्य से उतना प्रसन्न नहीं होते जितना नाट्य और नृत्य से होते हैं ('नाट्यशास्त्र', 36-77)। जो इस नाट्य को सावधानी के साथ सुनता है या जो प्रयोग करता है या जो देखता है वह उस गति को प्राप्त होता है जो वेद के विद्वानों को मिलती है, जो यज्ञ करनेवाले को मिलती है और जो गति दानशीलों को प्राप्त होती है (ना. शा., 36-74-75); क्योंकि जैसा कि कालिदास जैसे क्रान्तदर्शी कह गए हैं, मुनि लोगों ने इसे देवताओं का अत्यन्त कमनीय चाक्षुष यज्ञ बताया है :

देवानामिममामनन्ति मुनयः
कान्तं क्रतुं चाक्षुषम्।

शायद ही संसार की किसी और जाति ने नृत्य और नाट्य को इतनी बड़ी चीज समझा हो। यही कारण है कि प्राचीन भारत नृत्य और नाट्य को केवल सामयिक विनोद नहीं समझता था, वह इससे कहीं बड़ी चीज है।

यह बात कुछ विचित्र-सी लग सकती है कि यद्यपि गोष्ठी-विहार, यात्रा-उत्सव, नट-युद्ध और नाट्य-प्रदर्शनों को इतना महत्त्वपूर्ण प्रयोग माना जाता था, फिर भी भारतीय गृहस्थ यह नहीं चाहता था कि उसके घर की बहू-बेटी इन जलसों में भाग लें। कामशास्त्र के आचार्यों तक ने गृहस्थों को सलाह दी है कि इन हजूमों से अपनी स्त्रियों को अलग रखें। पद्मश्री नामक बौद्ध कामशास्त्री ने उद्यान-यात्रा, तीर्थ-यात्रा, नटयुद्ध, बड़े-बड़े उत्सव आदि से स्त्रियों को अलग रखने की व्यवस्था दी है :

उद्यानतीर्थनटयुद्धसमुत्सवेषु
यात्रादिदेवकुलबन्धुनिकेतनेषु।
क्षेत्रेष्वशिष्टयुवतीरतिसंगमेषु
नित्यं सता स्ववनिता परिरक्षणीया।

—'नागरसर्वस्व', 9-12

परन्तु ये निषेध ही इस बात के सबूत हैं कि स्त्रियाँ इन उत्सवों में जाती जरूर थीं। परन्तु जो लोग नाच-गान का पेशा करते थे, वे बहुत ऊंची निगाह से नहीं देखे जाते थे, यह सत्य है। क्यों ऐसा हुआ, और ऊपर बताए हुए महान् आदर्श से इसका क्या सामंजस्य है? वस्तुतः नाच-गान-नाट्य-रंग के प्रयोगकर्ता स्त्री-पुरुष शिथिल चरित्र के हुआ करते थे, परन्तु उनके प्रयोजित नाट्यादि प्रयोग फिर भी महत्त्वपूर्ण

माने जाते थे। पेशा करनेवालों की स्वतंत्र जाति थी और जातिप्रथा के विचित्र तत्त्ववाद के अनुसार उनका शिथिल चरित्र भी उस जाति का एक कर्म मान लिया गया था। जब किसी जाति के कर्म का विधान स्वयं विधाता ने कर दिया हो तो उसके बारे में चिन्ता करने की कोई बात रह ही कहाँ जाती है? इस प्रकार भारतवर्ष अम्लान चित्त से इन परस्पर-विरोधी बातों में भी एक सामंजस्य ढूँढ़ चुका था!

गृहस्थ के अपने घर में भी नृत्य-गान का मान था। इस बात के पर्याप्त प्रमाण हैं कि अन्त:पुर की वधुएँ नाटकों का अभिनय करती थीं। यहाँ नाट्य और नाट्य के प्रयोक्ता, दोनों ही पवित्र और मोहनीय होते थे। यहीं वस्तुत: भारतीय कला अपने पवित्रतम रूप में पालित होती थी। गृहस्थ का मर्मस्थान उसका अन्त:पुर है और वह अन्त:पुर जिन दिनों स्वस्थ था उन दिनों वहाँ सुकुमार कला की स्रोतस्विनी बहती रहती थी। अन्त:पुर की देवियों का उच्छृंखल उत्सवों और यात्राओं में जाना निश्चय ही अच्छा नहीं समझा जा सकता था। परन्तु इसका मतलब यह कदापि नहीं समझना चाहिए कि स्त्रियाँ हर प्रकार के नाट्यरंग से दूर रखी जाती थीं। एक प्रकार का हुजूम हर युग में और हर देश में ऐसा होता है जिसमें किसी भले घर की बहू-बेटी का जाना अशोभन होता है। प्राचीन भारत के अन्त:पुरों में नाट्य-नृत्य का जो बहुल प्रचार था, उसके प्रमाण बहुत पाए जा सकते हैं। हमने ऊपर कुछ की चर्चा भी की है।

परिशिष्ट

[श्री ए. वेंकट सुब्बैया ने नाना ग्रन्थों से कलाओं की सूची तैयार की है। वह पुस्तक अडयार (मद्रास) से 1911 ई. में छपी थी। पाठकों को कलाओं के विषय में विस्तृत रूप से जानने के लिए इस पुस्तक को देखना चाहिए। यहाँ विभिन्न ग्रन्थों से चार कला-सूचियाँ संग्रह की जा रही हैं। तीन सूचियाँ श्री वेंकट सुब्बैया की पुस्तक में प्राप्य हैं। चौथी अन्यत्र से ली गई है। कई स्थानों पर प्रस्तुत लेखक ने श्री वेंकट सुब्बैया की व्याख्याओं से भिन्न व्याख्या दी है, परन्तु इन कलाओं का मुख्य अर्थ समझने में उनकी व्याख्याओं से उसे सहायता बहुत मिली है।]

'ललितविस्तर' की कलासूची

1 लङ्घितम्—कूदना।
2 प्राक्चलितम्-उछलना।
3 लिपिमुद्रागणनासंख्यासालम्भधनुवदाः
लिपि—लेखनकला।
मुद्रा—एक हाथ या कभी-कभी दोनों हाथों के द्वारा अथवा हाथ की उँगलियों से भिन्न-भिन्न आकृतियों का बनाना।
गणना—गिनना, हिसाब।
संख्या—संख्याओं की गिनती।
सालम्भ—कुश्ती लड़ना।
धनुर्वेद—धनुष-विद्या।
4 जवितम्—दौड़ना।
5 प्लवितम्—पानी में हुबकी लगाना।
6 तरणम्—तैरना।
7 इष्वस्त्रम्—तीर चलाना।

8 हस्तिग्रीवा—हाथी की सवारी करना।
9 रथ:—रथ-सम्बन्धी बातें।
10 धनुष्कलापः—धनुष-सम्बन्धी सारी बातें।
11 अश्वपृष्ठम्—घोड़े की सवारी।
12 स्थैर्यम्—स्थिरता।
13 स्थाम—बल।
14 सुशौर्यम्—साहस।
15 बाहुव्यायाम—बाहु का व्यायाम।
16 अंकुशग्रहपाशग्रहा:—अंकुश और पाश, इन दोनों हथियारों का ग्रहण करना।
17 उद्यानिर्माणम्—ऊँची वस्तु को फांदकर और दो ऊँची वस्तु के बीच से कूदकर पार जाना।
18 अपयानम्—पीछे की ओर से निकलना।
19 मुष्टिबन्ध:—मुट्ठी और घूँसे की कला।
20 शिखाबन्ध:—शिखा बाँधना।
21 छेद्यम्—भिन्न-भिन्न सुन्दर आकृतियों को काटकर बनाना।
22 भेद्यम्—छेदना।
23 तरणम्—नाव खेना या जहाज चलाना या तैरना।
24 स्फालनम्—(कन्दुक आदि को) उछालने का कौशल।
25 अक्षुण्णवेधित्वम्—भाले से लक्ष्यवेध करना।
26 मर्मनेधित्वम्—मर्मस्थल का वेधना।
27 शब्दवेधित्वम्—शब्दवेधी बाण चलाना।
28 दृढ़प्रहारित्वम्—मुष्टिप्रहार करना।
29 अक्षक्रीड़ा—पाशा फेंकना।
30 काव्यव्याकरणम्—काव्य की व्याख्या करना।
31 ग्रन्थरचितम्—ग्रन्थ-रचना।
32 रूपम्—रूप-निर्माण-कला (लकड़ी-सोना इत्यादि में आकृति बनाना)
33 रूपकर्म—चित्रकारी।
34 अधीतम्—अध्ययन करना।
35 अग्निकर्म—आग पैदा करना।
36 वीणा—वीणा बजाना।
37 वाद्यनृत्यम्—नाचना और बाजा बजाना।
38 गीतपठितम्—गाना और कविता-पाठ करना।
39 आख्यातम्—कहानी सुनाना।
40 हास्यम्—मजाक करना।

41 लास्यम्—सुकुमार नृत्य।
42 नाट्यम्—नाटक, अनुकरण-नृत्य।
43 विडिम्बितम्—दूसरे का व्यंगात्मक अनुकरण, कैरिकेचर।
44 माल्यग्रन्थनम्—माला गूँथना।
45 संवाहितम्—शरीर की मालिश।
46 मणिरागः—बहुमूल्य पत्थरों का रंगना।
47 वस्त्ररागः—कपड़ा रंगना।
48 मायाकृतम्—इन्द्रजाल।
49 स्वप्नाध्यायः—सपनों का अर्थ लगाना।
50 शकुनिरुतम्—पक्षी की बोली समझना।
51 स्त्रीलक्षणम्—स्त्री का लक्षण जानना।
52 पुरुषलक्षणम्—पुरुष का लक्षण जानना।
53 अश्वलक्षणम्—घोड़े का लक्षण जानना।
54 हस्तिलक्षणम्—हाथी का लक्षण जानना।
55 गोलक्षणम्—गाय, बैल का लक्षण जानना।
56 अजलक्षणम्—बकरा, बकरी का लक्षण जानना।
57 मिश्रितलक्षणम्—मिलावट पहचानने की या भिन्न-भिन्न जन्तुओं के पहचानने की कला।
58 कैटभेश्वर लक्षणम्—लिपि-विशेष।
59 निर्घण्टुः—कोष।
60 निगमः—श्रुति।
61 पुराणम्—पुराण।
62 इतिहासः—इतिहास।
63 वेदः—वेद।
64 व्याकरणम्—व्याकरण।
65 निरुक्तम्—निरुक्त।
66 शिक्षा—उच्चारणविज्ञान।
67 छन्द—छन्द।
68 यज्ञकल्पः—यज्ञ-विधि।
69 ज्योतिः—ज्योतिष।
70 सांख्यम्—सांख्यदर्शन।
71 योगः—योगदर्शन।
72 क्रियाकल्पः—काव्य और अलंकार।
73 वैशेषिकम्—वैशेषिक दर्शन।

74 वेशिकम्—'कामसूत्र' के अनुसार वैशिक विज्ञान का प्रणयन (दत्तक नामक आचार्य ने पाटलिपुत्र की वेश्याओं के अनुरोध से किया था)।

75 अर्थविद्या—राजनीति और अर्थशास्त्र।

76 बार्हस्पत्यम्-लोकायत मत।

77 आश्चर्यन्—?

78 आसुरम्—असुरों-सम्बन्धी विद्या।

79 मृयपक्षिरुतम्—पशु-पक्षी की बोली समझना।

80 हेतुविद्या—न्याय-दर्शन।

81 जतुयंत्रम्—लाख के यंत्र बनाना।

82 मधूच्छिष्टकृतम्—मोम का काम।

83 सूचीकर्म—सूई के काम।

84 विदलकर्म—दलों या हिस्सों को अलग कर देने का कौशल।

85 पत्रच्छेद्यम्—पत्तियों को काट-छाँटकर विभिन्न आकृतियाँ बनाना।

86 गन्धयुक्ति—कई द्रव्यों के मिश्रण से सुगन्धि तैयार करना।

वात्स्यायन

1 गीतम्—गाना।

2 वाद्यम्—बाजा बजाना।

3 नृत्यम्—नाचना।

4 आलेख्यम्—चित्रकारी।

5 विशेषकच्छेद्यम्—(दे. ल. वि. की कलासूची, 85)

6 तंडुलकुसुमबलिविकारा:—पूजा के लिए अक्षत और रंग-बिरंगे फूलों का सजाना।

7 पुष्पास्तरणम्—घर या कमरे को फूलों से सजाना।

8 दशनवसनाङ्गरागः—शरीर, कपड़े और दाँतों पर रंग चढ़ाना।

9 मणिभूमिका कर्म—गच में मणि बैठाना।

10 शयनरचनम्—शय्या की रचना।

11 उदकवाद्यम्—पानी को इस प्रकार बजाना कि उससे मुरज नामक बाजे की आवाज निकले।

12 उदकघात:—जल-क्रीड़ा में सखियों या प्रेमियों का आपस में जल के छींटे की मार देना।

13 चित्रयोगा:—विचित्र औषधियों का प्रयोग जानना।

14 माल्यग्रथनविकल्पा:—विभिन्न प्रकार से फूल गूँथना।
15 शेखरकापीडयोजनम्—शेखरक और अपीडक—सिर पर पहने जाने वाले दो माल्य-अलंकारों का उचित स्थान पर धारण करना।
16 नेपथ्यप्रयोगा:—अपने को या दूसरे को वस्त्रालंकार आदि से सजाना।
17 कर्णपत्रभङ्ग:—हाथी दाँत के पत्तरों आदि से कान के गहने बनाना।
18 गन्धयुक्ति:—(ल. वि. की कलासूची, 86)
19 भूषणयोजनम्—गहना पहनना।
20 ऐन्द्रजालायोगा:—इन्द्रजाल करना।
21 कौचुमारयोगा:—शरीरावयवों को मजबूत और विलासयोग्य बनाने की कला।
22 हस्तलाघवम्—हाथ की सफाई।
23 विचित्रशाकयूषभक्ष्यविकारक्रिया—साग-भाजी बनाने का कौशल।
24 पानकरसरागासवयोजनम्—भिन्न-भिन्न प्रकार का पेय (शर्बत, मद्य वगैरह) तैयार करना।
25 सूचीवानकर्माणि—सीना, पिरोना, जाली बुनना इत्यादि।
26 सूत्रक्रीड़ा—घर, मन्दिर आदि विशेष आकृतियाँ हाथों में के सूत से बना लेना।
27 वीणाडमरूकवाद्यानि—वीणा, डमरू तथा अन्य बाजे बजाना।
28 प्रहेलिका—पहेली
29 प्रतिमाला— (दे., कामशास्त्र-विनोद, अध्याय—
30 दुर्वाचक योगा:— 83, काव्य-कल्प, अध्याय—84
31 पुस्तकवाचनम्—पुस्तक पढ़ना।
32 नाटकाख्यायिकादर्शनम् नाटक, कहानियों का ज्ञान।
33 काव्यसमस्यापूरणम्—समस्यापूर्ति।
34 पट्टिकावेत्रवानविकल्पा:—बेंत और बांस से नाना प्रकार की वस्तुओं का निर्माण।
35 तक्षकर्माणि—सोने-चाँदी के गहनों और बर्तनों पर काम करना।
36 तक्षणम्—बढ़ईगिरी।
37 वास्तुविद्या—गृह-निर्माण कला, इंजीनियरिंग।
38 रूप्यरत्नपरीक्षा—मणियों और रत्नों की परीक्षा।
39 धातुवाद:—धातुओं को मिलाना, शोधना।
40 मणिरागाकरज्ञानम्—रत्नों का रंगना और उनकी खनियों का जानना।
41 वृक्षायुर्वेदयोगा:—वृक्षों की चिकित्सा और उन्हें इच्छानुसार बड़ा-छोटा बना लेने की विद्या।
42 मेषकुक्कुटलावक-युद्धविधि:—मेंढ़ा, मुर्गा और लावकों का लड़ाना।
43 शुकसारिकाप्रलापनम्—सुग्गा-मैनों का पढ़ाना।

44 उत्सादने संवाहने केशमर्दने च कौशलम्—शरीर और सिर में मालिश करना।

45 अक्षरमुष्टिकाकथनम्—संक्षिप्त अक्षरों में पूरा अर्थ जान लेना; जैसे मे. वृ.मि.-मेष, वृष, मिथुन।

46 म्लेच्छितविकल्पाः—गुप्त भाषा-विज्ञान।

47 देशभाषाविज्ञानम्—विभिन्न देश की भाषाओं का ज्ञान।

48 पुष्पशकटिका—फूलों से गाड़ी घोड़ा आदि बनाना।

49 निमित्तज्ञानम्—शकुनज्ञान।

50 यंत्रमातृका—स्वयंवह यंत्रों का बनाना।

51 धारणमातृका—स्मरण रखने का विज्ञान।

52 सम्पाठ्यम्—किसी के पढ़े श्लोक को ज्यों-का-त्यों दुहरा देना।

53 मानसी—(दे. काव्यशास्त्र-विनोद, अध्याय-83)

54 काव्यकिया—काव्य बनाना।

55 अभिधानकोश छन्दोविज्ञानम्—कोश, छन्द आदि का ज्ञान।

56 क्रियाकल्पः—(ल. वि. की कलासूची,72)।

57 छलितयोगाः—वेश वाणी आदि के परिवर्तन से दूसरों को छलना बहुरूपीपन।

58 वस्त्रगोपनानि—छोटे कपड़े को इस प्रकार पहनना कि वह बड़ा दीखे और बड़ा, छोटा दीखे।

59 द्यूतविशेषाः—जुआ।

60 आकर्ष क्रीड़ा—पासा खेलना।

61 बालक्रीड़नकानि—लड़कों के खेल, गुड़िया आदि।

62 वैनयिकीनां विद्यानां ज्ञानम्—विनय सिखानेवाली विद्या।

63 वैजयिकीनां विद्यानां ज्ञानम्—विजय दिलानेवाली विद्याएँ।

64 व्यायामिकीनां विद्यानां ज्ञानम्—व्यायाम-विद्या।

शुक्रनीतिसार

1 हावभावादिसंयुक्तंनर्त्तनम्—हावभाव के साथ नाचना।

2 अनेकवाद्यविकृतौ तद्वादने ज्ञानम्—आर्केस्ट्रा में अनेक प्रकार के बाजे बजा लेना।

3 स्त्रीपुंसोः वस्त्रालंकारसन्धानम्—स्त्री और पुरुषों को वस्त्र-अलंकार पहना सकना।

4 अनेकरूपाविर्भावकृतिज्ञानम्—पत्थर,काठ आदि पर भिन्न-भिन्न आकृतियों का निर्माण।

5 शय्यास्तरणसंयोगपुष्पादिग्रथनम्—फूल का हार गूँथना और शय्या सजाना।

6 द्यूताद्यनेकक्रीडाभीरञ्जनम्—जुआ इत्यादि से मनोरंजन करना।

7 अनेकासनसन्धानै रतेर्ज्ञानम्—कामशास्त्रीय आसनों आदि का ज्ञान।

8 मकरन्दासवादीनां मद्यादीनां कृतिः—भिन्न-भिन्न भाँति के शराब बना सकना।

9 शल्यगूढ़ाहृतौ सिराघ्रणव्यधे ज्ञानम्—शरीर में घुसे हुए शल्य आदि शस्त्रों की सहायता से निकालना, जर्राही।

10 हीनाद्रिरससंयोगान्नादिसम्पाचनम्—नाना रसों का भोजन बनाना।

11 वृक्षादिप्रसवारोपपालनादिकृतिः—पेड़-पौधों की देखभाल, रोपाई, सिंचाई का ज्ञान।

12 पाषाणधात्वादिदृतिभस्मकरणम्—पत्थर और धातुओं का गलाना तथा भस्म बनाना।

13 यावदिनुविकाराणां कृतिज्ञानम्—ऊख के रस से मिश्री, चीनी आदि भिन्न-भिन्न चीजें बनाना।

14 धात्वोषधीनां संयोगक्रियाज्ञानम्—धातु और औषधों के संयोग से रसायनों का बनाना।

15 धातुसाङ्कर्यपार्थक्यकरणम्—धातुओं के मिलाने और अलग करने की विद्या।

16 धात्वादीनां संयोगापूर्वविज्ञानम्—धातुओं के नए संयोग बनाना।

17 क्षारनिष्कासनज्ञानम्—खार बनाना।

18 पदादिन्यासतः शास्त्रसन्धाननिक्षेपः—पैर ठीक करके धनुष चढ़ाना और वाण फेंकना।

19 सन्ध्याघाताकृष्टिभेदैः मल्लयुद्धम्—तरह-तरह के दाँव-पेंच के साथ कुश्ती लड़ना।

20 अभिलक्षिते देशे यंत्राद्यस्त्रनिपातनम्—शस्त्रों को निशाने पर फेंकना।

21 वाद्य संकेततो व्यूहरचनादि—बाजे के संकेत से सेना-व्यूह की रचना।

22 गजाश्वरथगत्या तु युद्ध संयोजनम्—हाथी, घोड़े या रथ से युद्ध करना।

23 विविधासनमुद्राभिः देवतातोषणम्—विभिन्न आसनों तथा मुद्राओं के द्वारा देवता को प्रसन्न करना।

24 सारथ्यम्—रथ हाँकना।

25 गजाश्वादेःगतिशिक्षा—हाथी-घोड़ों को चाल सिखाना।

26 मृत्तिकाकाष्ठपाषाणधातुभांडादिसत्क्रिया—मिट्टी, लकड़ी, पत्थर और धातु के बर्तन बनाना।

27 चित्राद्यालेखनम्—चित्र बनाना।

28 तटाकवापीप्रसादसमभूमिक्रिया—कुआँ, पोखरे खोदना तथा जमीन बराबर करना।

29 घट्याद्यनेकयंत्राणां वाद्यानां कृतिः—वाद्य-यंत्र तथा पनचक्की जैसी मशीनों का बनाना।

30 हीनमध्यादिसंयोगवर्णाद्यै रंजनम्—रंगों के भिन्न-भिन्न मिश्रणों से चित्र रंगना।

31 जलवाय्वग्निसंयोगनिरोधैः क्रिया—जल, वायु, अग्नि को साथ मिलाकर और अलग-अलग रखकर कार्य करना, इन्हें बाँधना।

32 नौकारथादियानानां कृतिज्ञानम्—नौका, रथ आदि सवारियों का बनाना।

33 सूत्रादिरज्जुकरणविज्ञानम्—सूत और रस्सी बनाने का ज्ञान।

34 अनेकतन्तुसंयोगैः पटबन्धः—सूत से कपड़ा बुनना।

35 रत्नानां वेधादिसदसज्ज्ञानम्—रत्नों की परीक्षा, उन्हें काटना-छेदना आदि।

36 स्वर्णादीनान्तु याथार्थ्यविज्ञानम्—सोने के जाँचने का ज्ञान।

37 कृत्रिमस्वर्णरत्नादिक्रियाज्ञानम्—बनावटी सोना, रत्न आदि बनाना।

38 स्वर्णाद्यलंकारकृतिः—सोने आदि का गहना बनाना।

39 लेपादिसत्कृतिः—मुलम्मा देना, पानी चढ़ाना।

40 चर्मणां मार्दवादिक्रियाज्ञानम्—चमड़े को नर्म बनाना।

41 पशुचर्माङ्गनिर्हारज्ञानम्—पशु के शरीर से चमड़ा, मांस आदि को अलग कर सकना।

42 दुग्धदोहादिघृतान्तं विज्ञानम्—दूध दुहना और उससे घी निकालना।

43 कञ्चुकादीनां सीवने विज्ञानम्—चोली आदि का सीना।

44 जले बाह्वादिभिस्तरणम्—हाथ की सहायता से तैरना।

45 गृहभांडादेर्मार्जने विज्ञानम्—घर तथा घर के बर्तनों को साफ करने में निपुणता।

46 वस्त्रसंमार्जनम्—कपड़ा साफ करना।

47 क्षुरकर्म—हजामत बनाना।

48 तिलमांसादिस्नेहानां निष्कासने कृतिः—तिल और मांस आदि से तेल निकालना।

49 सीराद्याकर्षणे ज्ञानम्—खेत जोतना, निराना आदि।

50 वृक्षाद्यारोहणे ज्ञानम्—वृक्ष पर चढ़ना।

51 मनोनुकूलसेवायाः कृतिज्ञानम्—अनुकूल सेवा द्वारा दूसरों को प्रसन्न करना।

52 वेणुतृणादिपात्राणां कृतिज्ञानम्—बाँस, नरकट आदि से बर्तन आदि का बना लेना।

53. काचपात्रादिकरणविज्ञानम्—शीशे का बर्तन बनाना।

54 जलानां संसेचनं संहरणम्—जल लाना और सींचना।

55 लोहाभिसारशस्त्रास्त्रकृतिज्ञानम्—धातुओं से हथियार बनाना।

56 गजाश्वृषभोष्ट्राणां पल्याणादिक्रिया—हाथी, घोड़ा, बैल, ऊँट आदि का जीन, चारजामाओं का हौदा बनाना।

57 शिशोस्संरक्षणे धारणे क्रीड़ने ज्ञानम्—बच्चों को पालना और खेलाना।

58 अपराधिजनेसु युक्तताडनज्ञानम्—अपराधियों की ढंग से मरम्मत करना।

59 नानादेशीयवर्णानां सुसम्यग्लेखने ज्ञानम्—भिन्न-भिन्न देशीय लिपियों का लिखना।

60 ताम्बूलरक्षादिकृतिविज्ञानम्—पाने के बीड़े बनाने की विधि।

61 आदानम्—कलामर्मज्ञता।

62 आशुकारित्वम्—शीघ्र काम कर सकना।

63 प्रतिदानम्—कलाओं को सिखा सकना।

64 चिरक्रिया—देर-देर से काम करना।

प्रबन्धकोश

[इनका अर्थ स्पष्ट है। जो विशेष हैं, उनकी व्याख्या पिछली सूचियों में है।]

1 लिखितम्
2 गणितम्
3 गीतम्
4 नृत्यम्
5 पठितम्
6 वाद्यम्
7 व्याकरणम्
8 छन्दः
9 ज्योतिषम्
10 शिक्षा
11 निरुक्तम्
12 कात्यायनम्
13 निघण्टुः
14 पत्रच्छेद्यम्
15 नखच्छेद्यम्
16 रत्नपरीक्षा
17 आयुधाभ्यासः
18 गजारोहणम्
19 तुरगारोहणम्
20 तपःशिक्षा
21 मंत्रवादः
22 यंत्रवादः
23 रसवादः
24 खन्यवादः
25 रसायनम्
26 विज्ञानम्
27 तर्कवादः
28 सिद्धान्तः
29 विषवादः
30 गारुडम्
31 शाकुनम्
32 वैद्यकम्
33 आचार्य विद्या
34 आगमः
35 प्रासादलक्षणम्
36 सामुद्रिकम्
37 स्मृतिः
38 पुराणम्
39 इतिहासः
40 वेदः
41 विधिः
42 विद्यानुवादः

43 दर्शनसंस्कार:
44 खेचरीकला
45 भ्रामरीकला
46 इन्द्रजालम्
47 पातालसिद्धि
48 धूर्तशम्बलम्
49 गन्धवाद:
50 वृक्षचिकित्सा
51 कृत्रिम मणिकर्म
52 सर्वकरणी
53 वश्यकर्म
54 पणकर्म
55 सूचित्रकर्म
56 काष्ठघटनक्रम:
57 पाषाणकर्म
58 लेपकर्म
59 चर्मकर्म
60 यंत्रकरसवती
61 काव्यम्
62 अलङ्कार:
63 हसितम्
64 संस्कृतम्
65 प्राकृतम्
66 पैशाचिकम्
67 अपभ्रंशम्
68 कपटम्
69 देशभाषा
70 धातुकर्म
71 प्रयोगोपाय
72 केवलिविधि: